Terri McGinnis

Der Katzendoktor

Terri McGinnis D.V.M.

Der Katzendoktor

Ein illustrierter Begleiter für Katzenliebhaber

Aus dem Amerikanischen übertragen von
Dr. Ron Ferszt

Illustriert und mit 92 Abbildungen
versehen von Tom Reed D.V.M.
17 Tabellen

1978

Verlag Paul Parey · Berlin und Hamburg

Titel der amerikanischen Originalausgabe »The Well Cat Book«

CIP-Kurztitelaufnahme der Deutschen Bibliothek

McGinnis, Terri
Der Katzendoktor : e. illustrierter Begleiter für Katzenliebhaber. – 1. Aufl. – Berlin, Hamburg : Parey, 1977.
Einheitssacht.: The well cat book ‹dt.›
ISBN 3-489-73234-0

Einband: Jan Buchholz und Reni Hinsch, Hamburg, unter Verwendung zweier Fotos von Erika Kohler, MPI Wuppertal

Anschriften: D-1000 Berlin 61, Lindenstr. 44–47, D-2000 Hamburg 1, Spitalerstr. 12

Gesetzt aus der Borgis Times Roman
Satz und Druck: Saladruck Steinkopf & Sohn, D-1000 Berlin 36
Bindung: Lüderitz und Bauer, D-1000 Berlin 61

ISBN 3-489-73234-0 · Printed in Germany

.Für Luise,
die nie viel für Katzen übrig hatte,
mich aber nicht davon abhalten konnte,
Katzen zu mögen

Vorwort des Übersetzers

□ Kaum ein Tier ist vom Menschen so oft mißverstanden worden wie die Katze. Gleichwohl, ob sie in Ägypten in Form der Katzengöttin Bast verehrt, oder – was häufiger geschah – als Attribut der Hexerei gequält wurde.

□ Heute in vermeintlich aufgeklärter Zeit bleibt das Verhältnis so manches Zeitgenossen zur Katze zwischen kindlicher Verniedlichung und Katzenphobie letztlich zweideutig.

□ Auch den Katzenbesitzer, der sich von diesen Ambivalenzen frei fühlt, wird, für den Fall, daß seine Katze erkrankt, hin und wieder die Ratlosigkeit überkommen.

□ Im folgenden Buch wird die Katze von allem emotionalen Ballast befreit; es geht um ihre biologischen Eigenschaften und ihre Bedürfnisse in gesunden und in kranken Tagen.

□ Dr. Terri McGinnis ist eine Tierärztin, die sich in besonderem Maße den Katzen gewidmet hat. Sie schreibt aus reichem Erfahrungsschatz wissenschaftlich fundiert, dabei aber mit leichter Feder und stets an den Laien gerichtet. Auch in schwierigen Lagen wird der Katzenhalter hier einen verständlichen Ratgeber zur Hand haben.

□ Wenn es nunmehr gelungen ist, diese für das Buch so kennzeichnende Kombination aus fachlicher Qualität und Verständlichkeit in die deutsche Sprache zu übertragen, dann ist hier zu danken Herrn Prof. Dr. Lukas F. Müller und Herrn Prof. Dr. Eberhard Trautvetter, die das deutsche Manuskript überarbeiteten und den deutschen Verhältnissen anpaßten, sowie Frau Dr. Sybille Müller für die kritische Durchsicht des Textes.

□ So entstand »Der Katzendoktor« für den deutschen Sprachraum. Wir hoffen, daß er unter Katzenfreunden Anklang finden wird; unseren Katzen ist es zu wünschen.

Berlin, im Herbst 1977 Dr. Ron Ferszt

Inhalt

Einführung

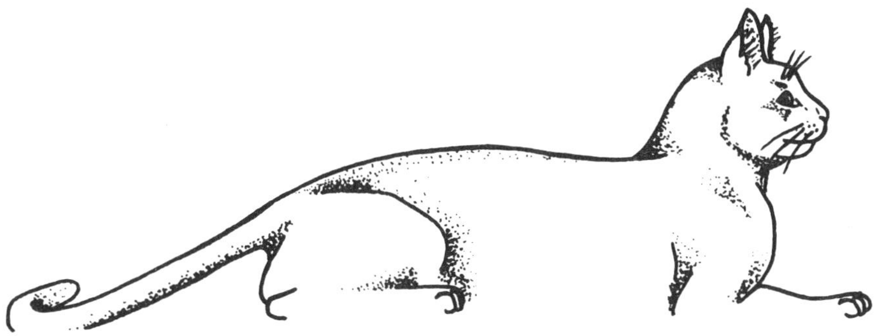

Die Katze, mit der Sie Ihr Heim teilen oder dies vielleicht beabsichtigen, hat eine lange und dunkle Geschichte. Vor über 35 Millionen Jahren tauchten ihre ersten Vorfahren auf. Allem Anschein nach stammten sie von einem wieselartigen, fleischfressenden Tier ab, einem Mitglied der Tierfamilie der *Miacidae,* aus der unter anderem Hund, Waschbär, Bär, Skunk und Hyäne hervorgegangen sein dürften. Von diesen ersten Vorfahren der Katze entsprangen zwei Gruppen katzenähnlicher Tiere. Die eine umfaßte die Säbelzahnkatzen, die allmählich aussterben, die andere die Vorläufer aller heute lebenden *Feliden* (Mitglieder der Katzenfamilie). Wir wissen nicht genau, wann die Katze zum Begleiter des Menschen wurde, Nachweisbar aber ist, daß Katzen, die den heute lebenden sehr ähnlich waren, einen bedeutenden Platz in der ägyptischen Kultur einnahmen, wo sie bereits um 2500 v. Chr. verehrt und für heilig gehalten wurden. Anscheinend wurden domestizierte Katzen von Ägypten aus über den Fernen Osten und Europa verbreitet, und erst sehr viel später kamen sie – etwa im 17. Jahrhundert – von dort nach Nordamerika. Obwohl die Katze als Zeichen des Bösen im mittelalterlichen Europa verfolgt und auch zur Zeit der Hexenjagden in Nordamerika verteufelt wurde, hat sie doch im Lauf des größten Teils ihrer Geschichte die Rolle eines wichtigen Gefährten des Menschen gespielt, möglicherweise wegen ihrer Geschicklichkeit als Schädlingsvertilger. Etwa seit 1700 steigt ihre Popularität stetig, und heute findet sie in den entwickelten Ländern nur noch im Hund einen ernsthaften Konkurrenten um die Gunst des Publikums. Allein in den Vereinigten Staaten leben 28 Millionen Katzen!

□ Obwohl Katzen den Menschen auf seinem Weg schon so lange begleiten, haben sich Tierärzte und Katzenliebhaber erst im letzten Vierteljahrhundert damit beschäftigt, eine speziell auf sie abgestimmte Gesundheitspflege zu entwickeln. Einige Katzenhalter werden es vorziehen, sich in Krankheitsfragen zurückzuhalten und dem Tierarzt jedes gesundheitliche Problem ihrer Katze zu überlassen. Viele andere aber möchten sich aktiv an der Erhaltung der Gesundheit ihres Tieres beteiligen. Für sie ist dieses Buch geschrieben, für die, die primär die Verantwortung für die Gesundheit ihrer Katze selbst übernehmen wollen und die Mühe nicht scheuen, sie zu Hause zu pflegen.

□ »*Der Katzendoktor*« unterscheidet sich von anderen Büchern über Pflege von Katzen, denn er will Ihnen das Verständnis der Krankheits- und Verletzungserscheinungen Ihrer Katze näherbringen und zeigen, wie Sie aufgrund bestimmter Krankheitserscheinungen die richtige Behandlung einleiten können. Somit sollen Sie verstehen, was Ihr Tierarzt meint, wenn er über die Gesundheit Ihres Tieres spricht; es soll Sie in die Lage versetzen, einige Erkrankungen zu Hause zu behandeln, andere von vornherein zu verhüten und schließlich auch dann Ihrem Tier zu helfen, wenn seine Erkrankung zu schwer ist, als daß sie ohne fachmännische Hilfe zu heilen wäre. Daher kann man dieses Buch als eine Art paramedizinischen Ratgeber ansehen, der Ihnen Geld sparen wird, das Sie für unnötige Besuche beim Tierarzt ausgegeben hätten, ohne dabei jedoch die Gesundheit Ihres Tieres zu gefährden.

□ Im allgemeinen sind hier nur die häufigeren Krankheiten der Katzen beschrieben. Ich habe bewußt versucht, die Fragen über die Katzenpflege zu beantworten, die am häufigsten von Katzenbesitzern gestellt werden. Dabei sind die Dinge nicht allzusehr vereinfacht worden. In vielen Fällen aber sind die technischen Informationen, die den Katzenhalter für gewöhnlich nicht interessieren und ihm auch nicht nützen, ausgelassen worden. Daher sollten Sie, wenn Sie über einige Einzelfragen mehr erfahren wollen, den Literaturangaben folgen oder einfach Ihren Tierarzt nach weiteren Büchern fragen, die Ihnen helfen könnten. Die Information hier ist nämlich dazu gedacht, Ihre Beziehung zum Tierarzt sinnvoller zu gestalten, denn sie soll nicht den Tierarzt ersetzen, sondern eben nur ergänzen. Zeigen Sie ihm das Buch daher ruhig als Zeichen dafür, daß Sie Interesse haben, eine möglichst aktive Rolle in der Gesundheitspflege Ihrer Katze zu spielen.

□ Sie müssen keine besondere Ausrüstung kaufen, um dieses Buch sinnvoll zu gebrauchen. Ihre Augen, Hände, Ohren und Nase sind die wichtigsten Hilfsmittel, vor allem anderen aber eine Beziehung zu Ihrer Katze, die von Verständnis geprägt wird. Scheuen Sie nicht davor zurück, Ihre fünf Sinne einzusetzen. Die Ähnlichkeiten zwischen Katzen und Menschen sind größer, als selbst viele Tierliebhaber meinen. Beim Lesen werden Sie wahrscheinlich feststellen, daß Sie wesentlich mehr von »Katzenmedizin« verstehen, als Sie dachten. Am besten lesen Sie dieses Buch einmal von vorn bis hinten durch. Dabei werden Sie lernen, was für Ihre Katze normal ist und wie man sie gesund erhält. Zudem aber auch, was Krankheit bedeuten kann und was Sie zu tun haben. Durch diese erste Lektüre werden Sie ermitteln, welche Kapitel Sie noch einmal lesen möchten und mit welchen Abschnitten Sie sich nur dann befassen werden, wenn eine besondere Frage auftaucht. Wenn Sie dieses Buch dazu benutzen wollen, mehr zu erfahren über irgendeine gesundheitliche Frage bei Ihrem Tier, dann schlagen Sie diese Frage im Sachverzeichnis nach, in dem auch die Krankheitserscheinungen alphabetisch aufgeführt sind.

□ Am besten fängt man mit der *Anatomie* an. Mit diesem Kapitel als Leitfaden werden Ihnen der körperliche Aufbau und die Untersuchung des Körpers Ihrer Katze bald geläufig sein. Wenn sie eine Krankheit diagnostizieren müssen, werden Sie auch hin und wieder auf dieses Kapitel zurückgreifen.

□ Das Kapitel *Präventive Medizin* befaßt sich mit allen wichtigen Fragen der Gesundheit im Katzenalltag. In diesem und in den folgenden Kapiteln sind kurze Bemerkungen jeweils zum Beginn eines wichtigen neuen Absatzes eingefügt, die Ihnen das Nachschlagen erleichtern sollen.

□ Das Kapitel *Diagnostik* ist das Kernstück des Buches. Lesen Sie es bitte gründlich, um seinen Aufbau zu verstehen. Wenn Ihre Katze dann irgendwelche Zeichen von Erkrankung oder eine Verletzung zeigen sollte, benutzen Sie dieses Kapitel, um das Richtige zu tun.

□ Das Kapitel über die *medizinische Versorgung zu Hause* enthält allgemeine Angaben zur Behandlung kranker Katzen und Ratschläge über Arzneimittel. Da Sie in den meisten Fällen wenigstens einen Teil der Behandlung zu Hause werden durchführen müssen, sollten Sie vielleicht mit diesen Dingen vertraut sein, bevor Sie anfangen, Krankheitserscheinungen zu deuten.

□ Das Kapitel über *Zucht und Fortpflanzung* informiert Sie über das Geschlechtsleben Ihrer Katze. Mit seiner Hilfe können Sie die Nachkommenschaft Ihres Tieres planen und lernen die Pflege des weiblichen Tieres vor, während und nach dem Wurf, schließlich aber auch die Pflege der neugeborenen, beziehungsweise verwaisten jungen Tiere.

□ Wenn Sie noch keinen Tierarzt gefunden haben oder mit Ihrem jetzigen unzufrieden sind, wird Ihnen das Kapitel *Sie, Ihre Katze und Ihr Tierarzt* nützlich sein. Hier werden Sie die Eigenschaften kennenlernen, die ich für einen guten Tierarzt für wichtig halte, andererseits aber auch jene Dinge, die die meisten Tierärzte wohl am liebsten bei ihren Klienten sehen würden.

□ Der Körper versucht sich immer selbst zu heilen. Diese wichtige Tatsache wird all Ihre Mühen um sinnvolle Behandlung der kranken Katze unterstützen. In vielen Fällen wird Ihre Katze keine tierärztliche Hilfe benötigen. Vergessen Sie aber nie, daß Sie mit dem Entschluß, das Tier selbst zu Hause zu behandeln, auch eine gehörige Verantwortung übernehmen. Sie müssen daher lernen zu erkennen, wann der Körper dabei ist, die Schlacht um seine eigene Heilung zu verlieren. Wenn Sie nicht ganz sicher sein können, daß Sie wirklich Ihrer Katze helfen, ziehen Sie einen Tierarzt zu Rate.

□ Eine weitere Warnung: Die Medizin malt nicht immer in Schwarz und Weiß. In der Regel gibt es verschiedene, durchaus gleichwertige und gute Wege, Krankheiten zu heilen. Ich habe das empfohlen, womit ich am meisten Erfolg hatte. Ihr Tierarzt kann durchaus anderer Meinung sein und mit anderen Methoden gleichermaßen erfolgreich; vertrauen Sie immer Ihrem Tierarzt und Ihrem gesunden Menschenverstand.

1 Anatomie

Sie lernen den Körper Ihrer Katze kennen: Muskulatur und Knochenbau, Haut, Augen, Ohren, Verdauungssystem, Fortpflanzungsorgane, Nieren und ableitende Harnwege, Atmungssystem, Herz, Kreislauf und Blut, Nervensystem und Drüsen innerer Sekretion.

1.1 Anatomie

Sie halten Ihre Katze wesentlich besser und gesünder, wenn Sie sich einige Grundlagen der *Anatomie* und der *Physiologie* aneignen. Unter *Anatomie* verstehen wir den körperlichen Aufbau und das normale Verhältnis der einzelnen Teile zueinander. Wenn man zum Beispiel weiß, wo die Augen und die Ohren der Katze zu finden sind, und außerdem weiß, wie sie normalerweise aussehen, besitzt man bereits einige Kenntnisse von der Anatomie.

□ Unter *Physiologie* dagegen verstehen wir das Wissen um die Funktion dieser einzelnen Teile des Körpers. Wenn Sie beispielsweise verstehen, wie Augen und Ohren Ihrer Katze funktionieren, um ihr Sehen und Hören zu ermöglichen, ist das bereits ein Beispiel für Ihre Kenntnisse auf dem Gebiet der Physiologie. Anatomie werden Sie buchstäblich »begreifen« und mit Leichtigkeit verstehen. Mit der Physiologie wird es etwas schwieriger sein. Kurze Abrisse darüber, wie die einzelnen Teile des Katzenkörpers funktionieren, werden Sie hier finden. Aber um zu einem wirklich tiefen Verständnis der Physiologie zu gelangen, bedarf es eines intensiven Studiums, wie es das tierärztliche Studium darstellt.

□ Die äußere Anatomie Ihrer Katze wird Sie am meisten beschäftigen. Darüber hinaus habe ich einige Abschnitte über die innere Anatomie hinzugefügt, da eine Einführung in dieses Gebiet Ihnen sehr hilfreich sein wird, wenn Sie zusammen mit Ihrem Tierarzt die Krankheiten Ihrer Katze verstehen lernen wollen. Am schnellsten und am leichtesten wird Ihnen das geläufig werden, wenn Sie neben dem Buch auch noch Ihre Katze bei der Hand haben. Betasten Sie sie, während Sie die anatomischen Beschreibungen lesen, und betrachten Sie die Zeichnungen. Wenn Sie ein junges Tier haben, untersuchen Sie es mehrmals im Lauf der Zeit, in der es wächst. In diesen Monaten werden Sie viele Veränderungen bemerken, und der körperliche Kontakt wird Sie einander näherbringen. Sich Ihre Katze genau zu betrachten und sie dabei stillsitzen zu lassen, während Sie sie untersuchen, ist sehr wichtig, um sowohl Sie als auch Ihre Katze für den Zeitpunkt vorzubereiten, zu dem pflegerische Maßnahmen nötig sein werden. Außerdem sind die Handgriffe, die Sie zu Hause üben, bei der Untersuchung grundsätzlich dieselben, wie sie der Tierarzt später anwenden wird. Wenn eine Katze zu Hause daran gewöhnt wurde, dann ist sie gewöhnlich viel ruhiger und kooperativer in der Tierarztpraxis.

□ Zur Untersuchung setzen wir sie am besten auf einen gut beleuchteten Tisch mit möglichst glatter Oberfläche. Durch die glatte Oberfläche findet sie nicht den Halt, den sie für eine schnelle Flucht brauchte; außerdem ist für einige Katzen das neue Erlebnis Des-auf-den-Tisch-gestellt-Werdens von einiger Faszination und mag sie dazu anregen, zunächst abzuwarten, statt die Flucht zu ergreifen. Fassen Sie sie zart an, und verwenden Sie nur ein Minimum an Gewalt. Die meisten Katzen reagieren auf rohe Gewalt recht ungünstig: Wenn man die Hand leicht über oder vor die Schultern oder unter den Brustkorb des Tieres legt, reicht das für gewöhnlich aus. Windet sich dann Ihre Katze und versucht zu fliehen, dann unterbrechen Sie die Untersuchung, heben das Tier rasch hoch, so daß seine Füße nicht mehr den Tisch berühren, und sagen recht energisch »Nein!«, worauf Sie sie auf den Tisch zurücksetzen. Dabei niemals aufgeben. Während Katzen von ihrem Naturell her sich nicht so leicht abrichten lassen wie etwa Hunde, so können sie doch lernen, sich nach Ihren Wünschen zu richten, wenn Sie ihnen diese klar genug machen und dabei konsequent sind. Vergessen Sie aber auch nicht, Ihre Katze zu loben, wenn sie kooperativ ist, und wiederholen Sie die oben geschilderte Erziehungsmaßnahme, wann immer sie zu fliehen versucht. Bei sehr unruhigen Katzen sollte man am besten mit häufig wiederholten, sehr kurzen Untersuchungen beginnen. Sobald die Katze sich an das Verfahren gewöhnt hat und spürt, daß ihr keine Verletzung droht, dann wird sie im Laufe der Zeit williger werden, und man kann die Untersuchungszeit etwas ausdehnen. Darüber hinaus gibt es einige strengere Verfahren, um Katzen ruhigzustellen (vgl. Sie bitte Kapitel 4.1.9), aber diese sollten nur in bestimmten Fällen angewendet werden, so etwa in der Tierarztpraxis oder wenn Sie einmal etwas für die Katze wirklich Unangenehmes an ihr durchführen müssen. Wenn Sie sich sonst auf eine konsequente Wiederholung der Erziehungsmaßnahmen und auf eine zarte, einfühlende Behandlung verlassen, dann werden Sie eine gute »Arbeitsbeziehung« zu Ihrer Katze erreichen.

Die körperliche Untersuchung

Bei der Untersuchung geht es darum, das Wissen aus der Anatomie in einer routinemäßigen und gründlichen Untersuchung entweder auf einen Teil oder auf den ganzen Körper anzuwenden. Jeder Untersucher (Tierärzte eingeschlossen) entwickelt seine eigenen Methoden für die Untersuchung. Die beste Methode ist die, bei der Sie nichts vergessen und die Ihnen dabei am leichtesten fällt. Dabei bieten sich viele Verfahren an, zum Beispiel können wir die Katze nach Organsystemen untersuchen, so wie das in der Anatomie dargelegt ist (Muskulatur und Knochenbau, Verdauungssystem usw.). Danach können wir zu den übrigen Punkten, wie Augen, Ohren und Lymphknoten, zurückkehren und schließlich auch die Temperatur bei der Katze messen.
Wir können es aber auch umgekehrt machen und zuerst die Temperatur des Tieres messen und dann die Untersuchung weiterführen, indem wir mit dem Kopf beginnen und uns

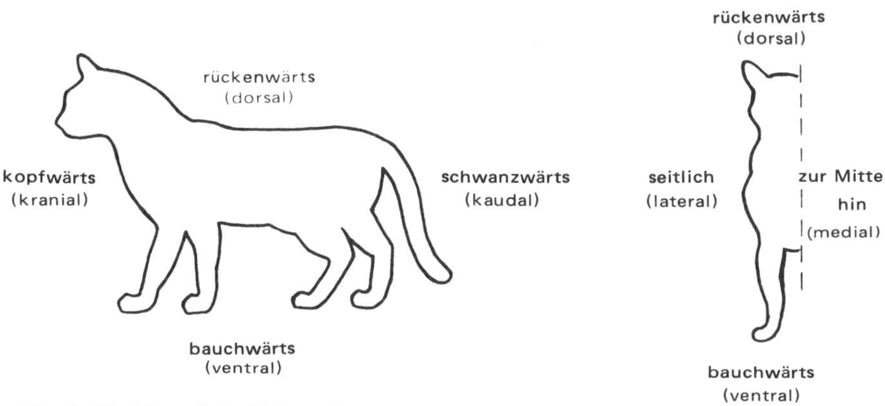

Abb. 1: Die körperliche Untersuchung

allmählich bis zum Schwanz durcharbeiten. Außer den Strukturen, die in jeder bestimmten Region ihre Bedeutung haben, so z. B. Ohren, Augen, Mäulchen und Nase im Kopfbereich, Krallen und Pfoten im Bereich der Gliedmaßen, sollte man nicht vergessen, stets die Haut mit zu untersuchen und auch die für jede Region zuständigen Lymphknoten. Anschließend sehen wir uns die Katze in Bewegung an.

Spezielle Hilfsmittel für die Untersuchung: Um eine routinemäßige Untersuchung Ihrer Katze zu Hause durchzuführen, brauchen Sie außer einem Rektalthermometer keine weiteren Hilfsmittel; die übrigen sind Ihre fünf Sinne, insbesondere der Tast-, der Gesichts- und der Geruchssinn. Spezielle Ausdrücke, die für die Untersuchung gebraucht werden: Abgesehen von den anatomischen Namen der Körperteile, die im Kapitel 1 (Anatomie) erwähnt und abgebildet sind, gibt es wenige Fachwörter, die Sie für die Untersuchung benötigen. Vielleicht werden Sie im Text die folgenden Wörter verwirren, sie sind deshalb auf dieser Seite noch einmal aufgeführt:

Palpieren – mit den Händen betasten. Dies ist eine der wichtigsten Untersuchungsmethoden, und deshalb werden Sie im Text so oft aufgefordert, Teile des Körpers Ihrer Katze zu *palpieren* oder zu *betasten.*

Um die Richtung im Tierkörper anzugeben, bedient man sich der Bezeichnungen, die in der Abbildung 1 angegeben werden.

1.2 Muskulatur und Knochenbau (Skelett und Skelettmuskulatur)

Muskelgewebe besteht aus kontraktilen Elementen, die die mechanische Energie für Willkürbewegungen, für das Atmen, für den Blutkreislauf, die Verdauung, die Drüsenfunktionen, für die Ausscheidung von Schlacken liefern und darüber hinaus für viele andere weniger wichtige Funktionen.

Es gibt drei Arten von Muskelgewebe im Körper der Katze. Die *glatte* oder *ungestreifte* Muskulatur beteiligt sich an einer Reihe von Körperfunktionen, die vorwiegend unfreiwillig ablaufen, sowie die *peristaltischen* (wellenartigen) Bewegungen des Darmes. *Herzmuskulatur* (das Myocard), die zu einer unabhängigen rhythmischen Kontraktion fähig ist, findet man nur im Herzen, der Pumpe des Kreislaufsystems. *Skelettmuskulatur* oder *quergestreifte Muskulatur* stellt die übrigen Mus-

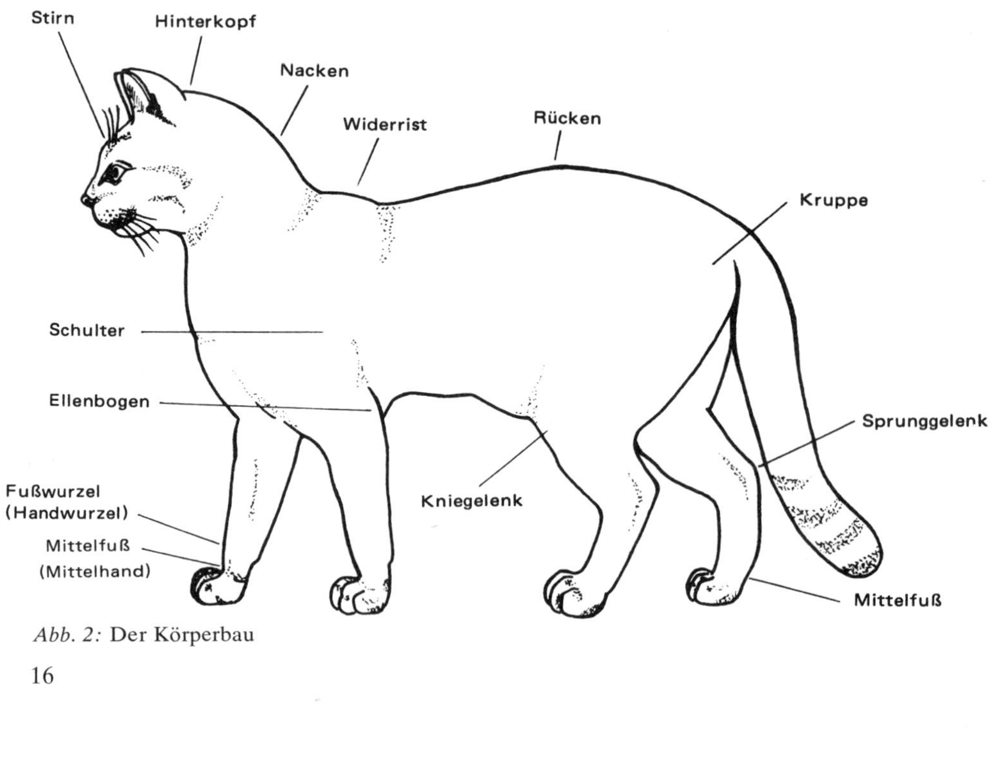

Abb. 2: Der Körperbau

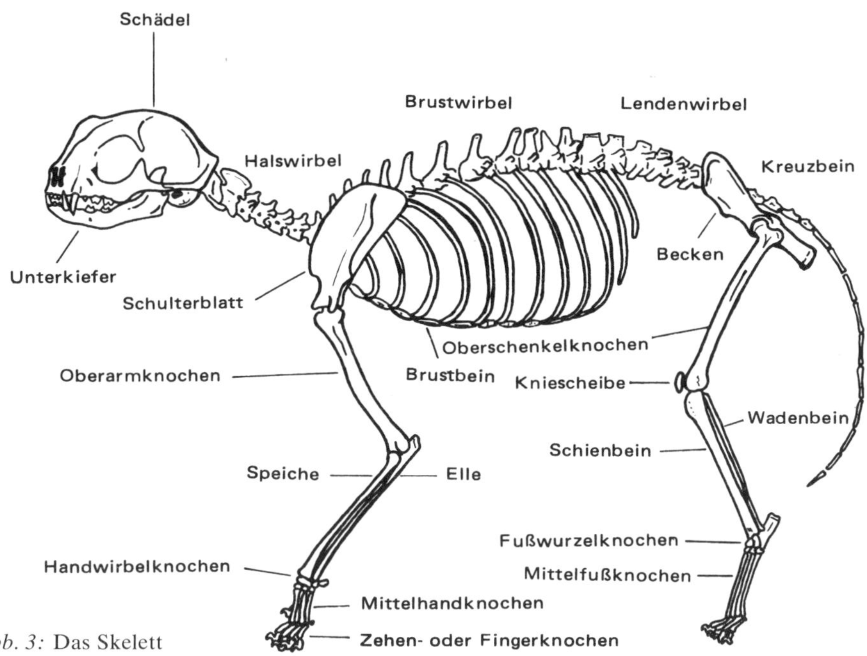

Abb. 3: Das Skelett

keln des Körpers dar, zu denen auch das Zwerchfell und bestimmte Rumpfmuskeln, die sich an der Atmung beteiligen, gehören. Eine Abbildung der Muskeln des Körpers Ihrer Katze finden Sie nicht in diesem Buch, weil die Kenntnis der einzelnen Muskeln für die alltägliche Gesundheitspflege zu Hause nicht nötig ist.

□ Im lebenden Tier ist das Knochengewebe aktiv am Stoffwechsel beteiligt und in dauernder Umwandlung begriffen. Es ist hauptsächlich aus den Elementen Kalzium und Phosphor aufgebaut, die in ein bindegewebiges Raumnetz eingelagert sind, das hauptsächlich aus Eiweiß besteht. Die wichtigen physikalischen Funktionen des Knochens sind 1. die Bildung des Skeletts, das die Weichteile (die inneren Organe, Muskulatur, Fett) des Körpers trägt und schützt, und 2., Hebel- und Widerlager für die Bewegungen der verschiedenen Skelettmuskeln zu bilden. Knochen haben aber auch andere Funktionen; im harten Knochen selbst werden Mineralien gespeichert, und im Knochenmark, das im Innern der Knochen liegt, wird Fett abgelagert, und dort können Blutzellen gebildet werden.

□ Jede Katze hat in ihrem Skelett etwa 244 Knochen. In der Skizze finden Sie die Knochen eingezeichnet, die für Sie möglicherweise wichtig sein könnten, um die Diagnose Ihres Tierarztes zu verstehen. Versuchen Sie, sie durch Tasten an Ihrer Katze wiederzufinden.

□ Fangen wir mit dem *Schädel* an; beachten Sie seine kompakte runde Form und die kurzen kräftigen Kiefer. Sowohl dünne als auch dicke Schichten von Muskulatur und Bindegewebe überlagern die Knochen des

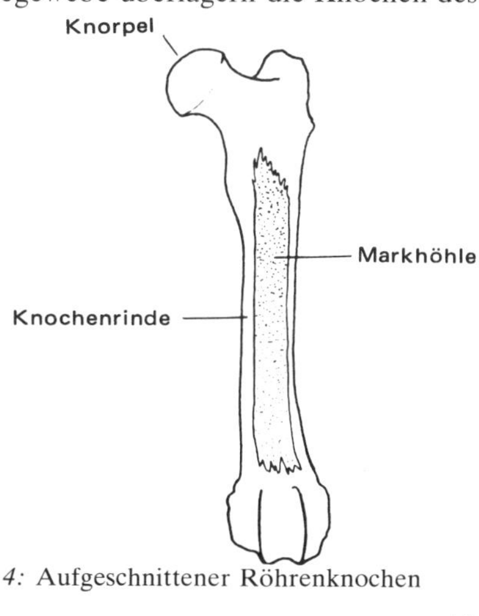

Abb. 4: Aufgeschnittener Röhrenknochen

Schädels. Aber diese Gewebe ragen nicht sehr weit vor, so daß Sie Schwierigkeiten haben könnten, Weichteile und Knochen zu unterscheiden. Die verhältnismäßig dikken paarigen Schläfen-(Temporal-)Muskeln über dem Schädeldach zwischen den Ohren werden Sie tasten können, ebenso die Kaumuskeln, die im Bereich der Bakken der Katze liegen. Gemeinsam mit kleineren Muskeln schließen diese beiden Muskelpaare das Maul. Der übrige Schädel fühlt sich sehr knochig an. Verfolgen wir die knochige Gegend zwischen den Schläfenmuskeln bis hinter die Ohren, wo sie sich verjüngt, dann finden wir an ihrem Ende einen kleinen harten Knoten, den man als *Hinterhauptshöcker* (Protuberantia occipitalis) bezeichnet und der ein normaler Teil eines jeden Katzenschädels ist. Einen anderen Knochen, den man leicht aufsuchen kann, ist der *Unterkieferknochen* (Mandibula). Diesen Knochen bewegen Sie, wenn Sie das Maul Ihrer Katze öffnen oder schließen (vgl. auch Kapitel 1.6). Die Verbindung zwischen dem Schädel und dem übrigen Skelett stellen die *Halswirbel,* Vertebrae cervicales, dar. Diese versuchen Sie zu tasten, indem Sie Ihre Finger seitlich oben am Hals mit festem Andruck hin- und herbewegen. Es wird Ihnen recht schwer fallen, dabei überhaupt irgendwelche knöchernen Strukturen zu tasten, da kräftig entwickelte Muskeln die Halswirbel hier bedecken. Zusammen mit den weiter unten liegenden Wirbeln bilden die Halswirbel das *Rückgrat* oder die *Wirbelsäule* (Columna vertebralis) der Katze.

□ Die *Brustwirbel* (Vertebrae thoracales) beginnen im Gebiet zwischen den Schulterblattkanten. Sie können die etwas geschwungene obere Kante jedes *Schulterblattes* (Scapula) in der Mitte des Rückens am *Widerrist* tasten. Sie können die freie Beweglichkeit jedes Schulterblattes zusammen mit den es bedeckenden Muskeln sehen, wenn Ihre Katze geht oder läuft. Zwischen den Schulterblättern können Sie die Dornfortsätze der Brustwirbel fühlen. Dazu benutzen Sie am besten Ihren Zeigefinger. Diese Fortsätze können Sie – sollte Ihre Katze nicht allzu fett sein – mit dem Finger bis zur Mitte des Rückens hinunter verfolgen. Hinter der letzten Rippe gehen sie in die Dornfortsätze der *Lendenwirbel* über (Vertebrae lumbales). In der Nähe der Hüfte verschwinden sie, dort sind mehrere Wirbel zum *Kreuzbein* (Os sacrum) verschmolzen. Nur die Fortsätze der Wirbelknochen sind tastbar, nicht aber der Wirbelknochen selbst. Das liegt daran, daß an jeder Seite der Wirbelsäule eine kräftige Muskelgruppe liegt, die in der Lendengegend am stärksten ausgebildet ist. Hier können Sie sie leicht fühlen, indem Sie Ihre Finger an beiden Seiten der Wirbelsäule entlang führen. Wenn Ihre Katze einen Schwanz hat, dann können Sie wahrscheinlich die einzelnen *Schwanzwirbel* (Vertebrae coccygeales) unter den sie bedeckenden Muskeln ertasten.

□ Nun untersuchen wir jedes Bein und beginnen am Fuß. In der Regel hat jede Katze fünf *Zehen* (Digiti) an jedem der Vorderläufe und vier an jedem der Hinterläufe. Katzen mit einer sogenannten *Vielzehigkeit* (Polydaktylie) sind recht selten; dabei wird die Eigenschaft, ein bis vier zusätzliche Zehenknochen an den Vorderläufen zu haben, bei normalen Hinterläufen vererbt. Betasten Sie vorsichtig jeden Zeh. Sie werden feststellen, daß jeder aus drei Knochen *(Phalanges)* besteht. Diese entsprechen den Knochen in Ihren Fingern und Zehen. Der erste Zehknochen – zusammen mit dem Nagel – wird in der Ruhigstellung durch eine Hautfalte überdeckt. Diese einziehbaren Zehennägel gestatten es Ihrer Katze, sich leise fortzubewegen. Um sie zu untersuchen, nehmen Sie den Fuß auf Ihre Handfläche, stecken Ihren Zeigefinger auf

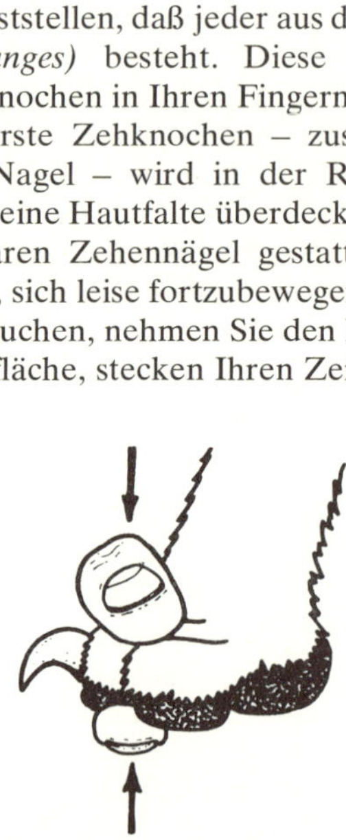

Abb. 5: Ausstülpen einer Kralle mit Daumen und Zeigefinger

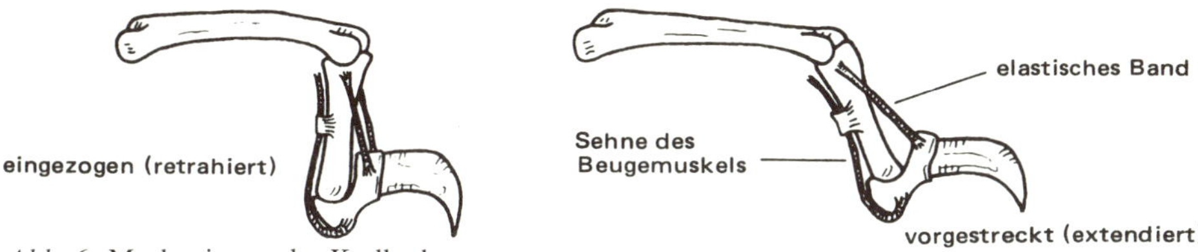

Abb. 6: Mechanismus der Krallenbewegung

das Zehenpolster des Zehes, den Sie untersuchen wollen, und legen Ihren Daumen auf die obere Seite desselben Zehes auf das Gelenk zwischen dem ersten und zweiten Zehenglied. Nun drücken Sie die Zehe zwischen den Fingern. Dabei treten Kralle und das erste Zehenglied hervor und bleiben so lange sichtbar, bis Sie loslassen. Nun führen Sie Ihre Finger allmählich aufwärts an jedem Zeh entlang bis zur Fußmitte. Hier ist jede Zehe an einem langen Knochen befestigt, der dem Knochen Ihrer Handfläche oder Ihrer Fußsohle entspricht. Diese Knochen nennt man *Metakarpalknochen* an den vorderen Läufen und *Metatarsalknochen* an den hinteren Läufen.

□ An den *Vorderläufen* bezeichnet man das Gebiet, an dem sich die *Pfote* am Bein befestigt, als *Handwurzel* (Carpus). Beugen Sie dieses Gelenk vorsichtig. Wenn Sie ganz sorgfältig palpieren (mit Ihren Händen tasten), gelingt es Ihnen vielleicht, die einzelnen kleinen Knochen zu fühlen, aus denen dieses Gelenk aufgebaut ist. Oberhalb der Handwinkel befinden sich die langen Knochen der *Vordergliedmaße*, die als *Speiche* (Radius) und *Elle* (Ulna) bezeichnet werden. Diese Knochen sind auf der *lateralen* (äußeren) Seite von Muskulatur überzogen, mit Ausnahme des Ellenbogenbereiches. Tasten Sie aber in die Tiefe, dann fühlen Sie zwischen den Muskelschichten Knochen. Auf der *Innenseite* fühlen Sie die Speiche in der Nähe der Handwurzel leicht. Legen Sie den Finger einer Hand über den Ellenbogen, mit der anderen Hand ergreifen Sie den Vorderarm, um dieses Gelenk zu beugen und zu strecken. Normalerweise bewegt sich ein Gelenk glatt und ohne daß Sie kratzende oder mahlende Vibrationen in Ihren Fingern fühlen können. Der *Oberarmknochen* schließt sich nach oben an. Er ist weitgehend von Muskeln überzogen, die denen Ihres Oberarms entsprechen. Den Oberarmknochen tasten Sie am leichtesten an der Schulter, wenn Sie aber in anderen Gegenden mit Ihrem Finger in die Tiefe gehen, so werden Sie ihn auch dort unter den Muskeln finden.

□ Beim *Hinterlauf* beginnt der Fuß an der Stelle, die man als *Sprunggelenk* bezeichnet. Dieses entspricht Ihrem Fußknöchel. Beugen und strecken Sie dieses Gelenk, um seine normale Beweglichkeit kennenzulernen. Die faserige Sehne, die man so deutlich an der Hinterfläche des Sprunggelenks fühlt, ist die »Achillessehne«. Diese Sehne ist Teil eines Mechanismus, der das Sprunggelenk sich beugen oder strecken läßt, wenn im *Kniegelenk* gebeugt oder gestreckt wird. *Schienbein* und *Wadenbein* sind die Knochen, die zwischen dem Knie und dem Sprunggelenk liegen. Ihre *äußere* Fläche wird von Muskeln bedeckt; man kann jedoch das Schienbein leicht an der äußeren Fläche des Beines durch die Muskeln hindurch fühlen. Zusammen mit dem *Oberschenkelknochen* (Femur) und der

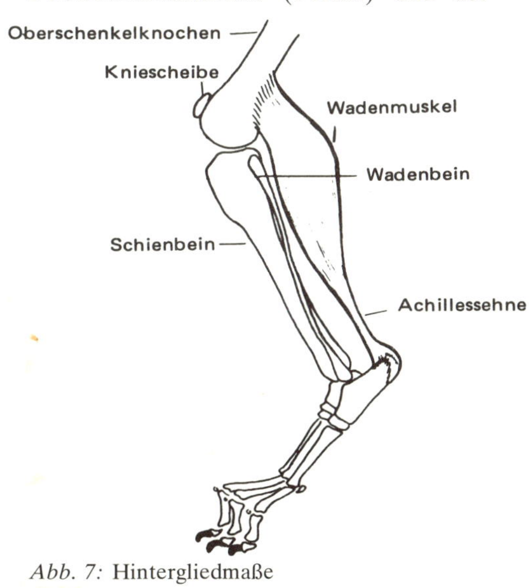

Abb. 7: Hintergliedmaße

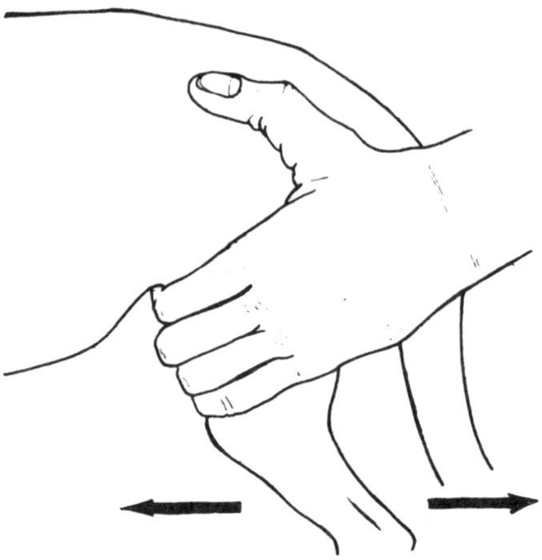

Abb. 8: Untersuchung des Hüftgelenks

Kniescheibe bildet das Schienbein das *Kniegelenk.* Legen Sie die Finger einer Hand über die Kniescheibe und beugen und strecken Sie das Kniegelenk. Dabei muß die Kniescheibe frei beweglich von oben nach unten gleiten. Nun kommen wir zum Oberschenkel mit dem *Oberschenkelknochen.* Er ist von kräftigen Muskeln bedeckt, so daß man ihn gewöhnlich nur in der Nähe des Kniegelenks tasten kann. Palpieren Sie die Oberschenkelmuskulatur und versuchen Sie, den Oberschenkelknochen zu ertasten. Er bildet mit dem Becken das Hüftgelenk. Zur Prüfung dieses Gelenks muß man den Oberschenkel mit den Fingern und der Fläche einer Hand fassen und dabei den Daumen auf das Hüftgelenk legen, dann kann man es beugen und strekken. Die andere Hand hat man dabei frei, um die Katze ruhigzustellen. Dieser Teil der Untersuchung kann durchgeführt werden entweder, indem sie auf drei Beinen steht, oder wenn sie auf einer Seite liegt. Die Untersuchung des Skeletts und des Muskelsystems wird abgeschlossen, indem man die Finger über beide Seiten des Brustkorbs der Katze gleiten läßt. Unter einem frei beweglichen Mantel aus Haut, Fett und Muskulatur sollten dabei die einzelnen Rippen leicht fühlbar sein. Suchen Sie sich eine dieser Rippen aus und streichen Sie mit den Fingern die Seite des *Brustkorbes* (Thorax) entlang bis zu ihrem Ende. Haben Sie eine der obersten neun Rippen gewählt, dann werden Sie feststellen, daß die Rippe an einem Knochen befestigt ist, der den unteren Teil (den *ventralen* Teil) des Brustkorbes bildet. Dies ist das *Brustbein* (Sternum). Die letzten vier Rippen indessen gehen keine unmittelbare Verbindung mit dem Sternum ein.

□ Nachdem Sie die wichtigsten Teile von Knochenbau und Muskulatur der Katze untersucht haben, treten Sie einen Schritt zurück und schauen sich das Tier insgesamt an. Sind die Beine gerade? Stehen die Fußgelenke aufrecht? Gibt es irgendwo ungewöhnliche Schwellungen oder Knoten? Die meisten Katzen sind in ihrer *Gestalt* den Abbildungen in diesem Buch sehr ähnlich.

□ Nun betrachten wir die Katze in der Bewegung. Alle Bewegungen sollen glatt und mühelos vonstatten gehen. Gibt es Zeichen dafür, daß das Tier lahmt? Sollten Fragen bezüglich der Gestalt oder der Bewegung Ihrer Katze auftreten, so müssen Sie den Tierarzt zu Rate ziehen.

1.3 Die Haut (Integument)

Das Integument besteht aus der Haut und ihren speziellen Anhangsgebilden, nämlich dem Haar, den Pfotenballen, den Krallen und den Analbeuteln. Aufgabe der Haut ist es, den Körper der Katze gegen schädliche Umwelteinwirkungen und insbesondere vor Krankheitserregern zu schützen. In der Haut wird aber außerdem Vitamin D gebildet, und unterhalb der Haut, im *Unterhautgewebe,* wird Fett abgelagert. Die Haut ist ein Sinnesorgan und zugleich ein Organ, das zur Ausscheidung von bestimmten Abfallstoffen des Körpers über gewisse Drüsen der Haut dient. Im Unterschied zur menschlichen Haut spielt die Haut der Katze bei der Wärmeregulation nur eine geringe Rolle. Bei Katzen kommen Hauterkrankungen vor, und der Zustand der Haut und des Felles kann gelegentlich etwas über den allgemeinen Gesundheitszustand aussagen.

□ Bei einer gesunden Katze sollte die Haut glatt und schmiegsam sein und frei von größeren Mengen von Schuppen, von unangenehm riechenden Sekreten und von Parasi-

Abb. 9: Haarlosigkeit am Ohr (präaurikuläre Alopezie)

ten. Die normale Hautfarbe liegt zwischen einem blassen Rosa und einem tiefen Schwarz, wobei alle Übergänge vorkommen. Eine gefleckte Haut ist etwas völlig Normales und wird auch bei Katzen beobachtet, deren Fell nicht gescheckt ist. Haut und Fell beziehen ihre Farbe von einem dunkelfarbigen Pigment, das man als *Melanin* bezeichnet und das von besonderen Zellen in der tiefsten Schicht der Haut hergestellt und abgelagert wird.

□ Untersuchen Sie die Haut Ihrer Katze sorgfältig. Zu diesem Zweck streichen Sie das Fell bei langhaarigen Katzen auseinander, bei kurzhaarigen fahren Sie einfach mit dem Daumen durch das Fell, und zwar in der Richtung entgegengesetzt der Wachstumsrichtung der einzelnen Haare. Achten Sie darauf, daß Sie die Haut an verschiedenen Stellen des Körpers, an den Extremitäten, unter dem Hals und auf dem Kopf untersuchen. Bei der Untersuchung des Kopfes fällt auf, daß vor den Ohren das Fell schütter wird. Es handelt sich um die sogenannte *präaurikuläre Alopezie.* Deren Ausprägung wird sich von Tier zu Tier unterscheiden, finden wird man sie immer. An dieser Stelle befinden sich die Temporaldrüsen, das sind mikroskopisch kleine Hautdrüsen, die etwas mit der Geruchsmarkierung des Tieres zu tun haben. Insektenartige Tiere, die am Fell oder an der Haut der Katze festkleben oder davonfliegen, während Sie das Fell auseinanderstreichen, werden als *äußere Parasiten* bezeichnet und haben auf einer gesunden Katze nichts zu suchen. In der Regel wird es sich um Flöhe handeln (vgl. Kapitel 2.7.10), vielleicht auch um Läuse (vgl. Kapitel 2.7.12), möglicherweise auch um Milben (vgl. Kapitel 2.7.14 u. 2.7.15) oder schließlich auch um Zecken (vgl. Kapitel 2.7.11). Kleine pfeffer- und salzähnliche, schwarze und weiße Körnchen können Floheier sein oder Flohkot. Katerbesitzer werden sich für eine bestimmte spezialisierte Stelle der Haut interessieren, nämlich für das sogenannte *Suprakaudalorgan.* Es handelt sich um eine Anzahl von großen, eine fettige Flüssigkeit produzierenden Drüsen, die an der Oberseite des Schwanzes zu finden sind. Obwohl man sie in der Regel bei allen Katzen findet, so treten sie doch nicht besonders in den Vordergrund, es sei denn, die fettigen Ausscheidungen der Drüsen sammeln sich an dieser Stelle an. Wenn dies der Fall ist, dann findet man schmierige, braune Ausscheidungen in diesem Bereich, wenn man das Fell auf der Oberseite des Schwanzes teilt. Hinzu kommt manchmal, daß die Haare in diesem Bereich fettig und verklebt sind. Dieser unansehnliche Zustand kann manchmal durch eine Kastration beseitigt werden (vgl. Kapitel 5.4).

□ Dreht man die Katze auf die Seite oder auf den Rücken, sieht man, daß die Haut die *Brustwarzen* (Zitzen) bildet. Die Milchdrüsen selbst sind Hautdrüsen, die differenziert worden sind, um Milch zu produzieren. Sowohl männliche als auch weibliche Tiere haben auf jeder Seite vier

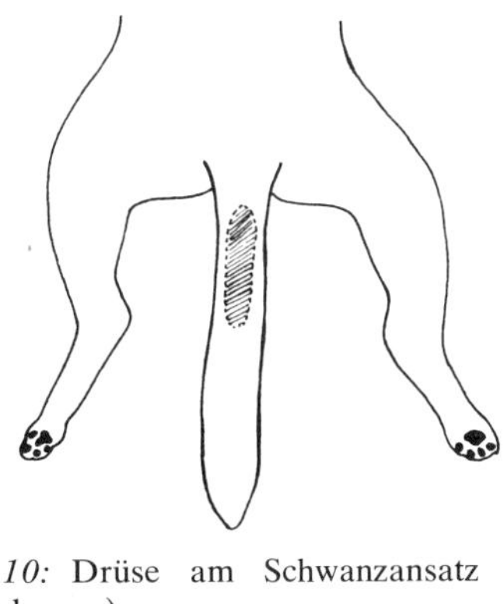

Abb. 10: Drüse am Schwanzansatz (Suprakaudalorgan)

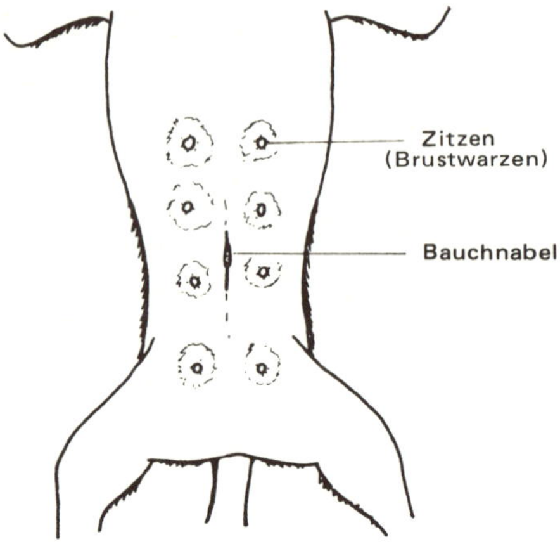

Abb. 11: Bauchansicht

Brustwarzen, manche Katzen können bis zu fünf Paare davon aufweisen. Ein Hervortreten der Warzen und der Milchdrüsen beim *weiblichen* Tier hängt vom Alter ab und verändert sich im Laufe der *Brunst* (vgl. Kapitel 5.1). Wenn man die Milchdrüsen der Katze untersucht, indem man die Gegend zwischen den Brustwarzen und deren weitere Umgebung abtastet, dann sollten sich beim normalen männlichen Tier und beim weiblichen Tier (vgl. Kapitel 5.1) keinerlei Knoten oder Höcker tasten lassen. Finden sich *irgendwelche Veränderungen* dieser Art, dann müssen sie mit dem Tierarzt besprochen werden.

□ Bei einer Katze mit kurzem Haarkleid kann man möglicherweise eine gerade noch sichtbare, narbenartige Hautregion auf der Mittellinie sehen, dort wo die Brust in den Bauch übergeht. In der Regel findet man sie, während man die Brustdrüsen untersucht. Es handelt sich um den *Bauchnabel.* Ein Höcker in dieser Gegend kann ein *Nabelbruch* sein. In Kapitel 5.16 finden Sie mehr darüber und können entscheiden, ob Sie den Tierarzt hinzuzuziehen haben.

□ Wir beschäftigen uns nun nochmals mit dem Kopf der Katze und untersuchen die Nase. Die Haut ist über der Nase so entwikkelt, daß die oberflächlichen Schichten dick und hart sind. Dieser Teil der Haut hat keine Drüsen, ist in der Regel aber feucht durch Ausscheidungen, die von den Nasenlöchern kommen, und fühlt sich kühl an, weil diese hier verdunsten. Eine feuchte kühle Nase oder eine trockene warme Nase sind indessen keine genauen Gradmesser der Körpertemperatur. Zur Beurteilung der Körpertemperatur muß man ein Thermometer einführen (vgl. Kapitel 4.1.2). Die Variationsbreite der Farben, die eine Katzennase haben kann, ist groß, und alles zwischen einem blaßen Rosa, einem Braun und einem Schwarz ist als normal anzusehen, ebenso wie fleckige Nasen. Eine deutlich gefärbte Nase allerdings, die blaß oder gar weiß wird, kann ein Krankheitszeichen sein. Sie müssen das normale Aussehen der Nase Ihrer Katze kennen (vgl. Kapitel 3.8.1). Über den Pfotenballen ist die Haut ebenfalls dick und derb ausgebildet. Deren tiefste Schicht ist sehr fettreich und dient wie ein Kissen als Stoßdämpfer. Die mittlere Schicht *(Dermis)* enthält *Drüsen*. Dies sind die einzigen Hautdrüsen der Katze, die vergleichbar sind mit den wärmeregulierenden Schweißdrüsen des Menschen. Untersucht man die Pfotenballen der Katze, wenn sie aufgeregt ist, zum Beispiel beim Gang zum Tierarzt, dann wird man feststellen, daß die Fußsohlen von der Sekretion dieser Drüsen feucht werden. Diese Drüsen sind auch verantwortlich für die manchmal sogar verdampfenden Fußabdrücke, die man sieht, wenn eine Katze an einem heißen Tag über den Bürgersteig geht.

□ Die Pfotenballen werden nach den Knochen benannt, die sie bedecken, also *Digital-*, *Metakarpal-* und *Karpalballen.* An den Hinterläufen heißen sie *Metatarsalballen.* Untersuchen Sie diese Fußpolster Ihrer Katze und lernen Sie die Namen, denn das

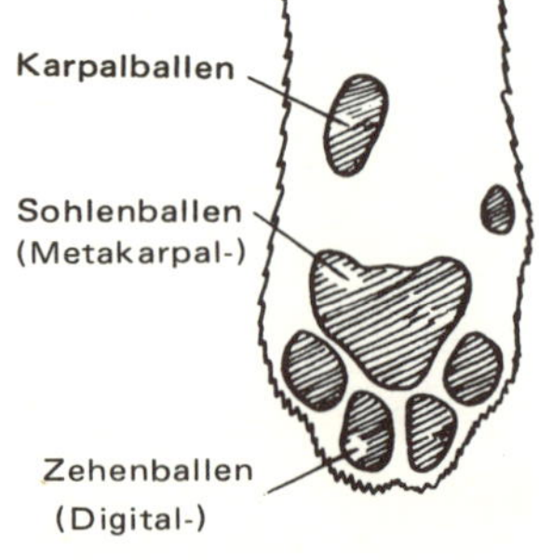

Abb. 12: Vorderpfote

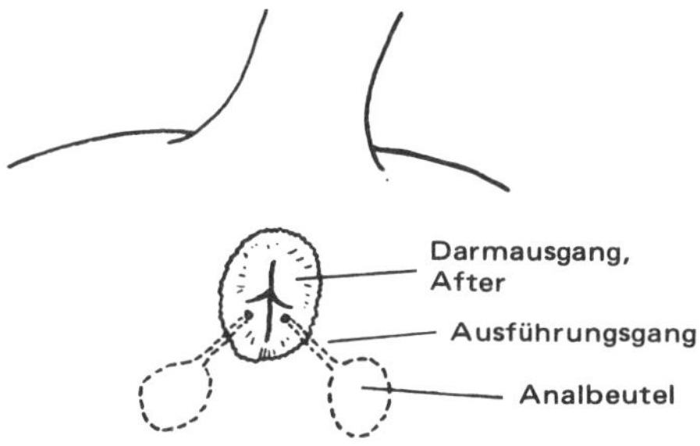

Abb. 13: Analbeutel

kann Ihnen eine große Hilfe sein, wenn Sie dem Tierarzt schildern sollen, wo sich eine krankhaft veränderte Stelle befindet.

□ Zwei etwas ungewöhnliche Gebilde in der Haut sind die sogenannten *Analbeutel.* Sie befinden sich innen unter den äußeren Schließmuskeln, rechts und links unter dem After. Wenn man den Schwanz der Katze senkrecht nach oben hebt, sieht man zwei kleine Öffnungen in der Afterschleimhaut, das Ende der Ausführungsgänge der Analbeuteldrüsen. Sind diese Drüsen gefüllt, treten ein oder zwei Tropfen einer bräunlichen Flüssigkeit aus den beiden Öffnungen heraus, während man den Schwanz anhebt. Es handelt sich dabei um einen Duftstoff, der abgesondert wird, um dem Kot der Katze eine ganz individuelle Markierung zu geben. Tasten kann man die gefüllten Analbeutel, indem man den Daumen von außen auf die eine Seite des Afters und den Zeigefinger auf die andere setzt und in dieser Stellung leicht auf- und abbewegt. Gefüllte Drüsen sind derbe Strukturen, die unter der Haut liegen und etwa die Größe einer ausgetrockneten Erbse erreichen. In seltenen Fällen kann es vorkommen, daß die Analbeutel einer Katze sich nicht regelrecht entleeren; dann muß der Tierarzt helfend eingreifen (vgl. Kapitel 3.6.5).

□ *Krallen* (Zehennägel) sind bei der Katze zum Scharren, zum Sichfestkrallen und zur Verteidigung besonders ausgebildet. Um die Krallen zu untersuchen, muß man sie erst hervortreten lassen, wie es im Kapitel 1.2 geschildert wurde. Die äußerste Schicht der Kralle ist hornartig und kann mehr oder weniger pigmentiert sein. Die innere Schicht wird als *Lederhaut* bezeichnet und ist stark durchblutet. Diese Schicht steht mit dem Bindegewebe, das das dritte Zehenglied bedeckt, unmittelbar in Verbindung. Selbst bei Katzen mit dunklen Krallen kann man die Lederhaut meist als eine leicht rötlich durchschimmernde Struktur in der Kralle sehen, wenn man sie gegen das Licht hält.

□ Katzen halten ihre Krallen durch regelmäßiges Abwetzen der abgenutzten obersten Schichten selbst scharf. Dieses ganz normale Kratzverhalten kann dann unerwünscht sein, wenn die Tiere im Hause gehalten werden. Man kann der Katze einen Holzpfahl zum Abwetzen der Krallen hinstellen oder sich selbst um die Kürzung der Krallen kümmern. Schließlich besteht aber auch die Möglichkeit, die Krallen zu entfernen (vgl. Kapitel 2.3.4).

□ Das Fell der Katze besteht aus drei verschiedenen Haararten: Schutzhaar, Wollhaar und Tasthaar. *Tasthaare,* der »Schnurrbart« der Katze, wachsen aus sehr großen, mechanisch sehr empfindlichen Haarbälgen, die in der Oberlippe und am Kinn, an der Seite des Gesichts und über den Augen zu finden sind. Ihre Tastfunktion unterstützt den Gesichtssinn und das Gehör der Katze außerordentlich und dürfte ganz besonders wichtig sein bei der Orientierung unter schlechten Lichtverhältnissen. *Schutzhaare* sind die längeren, derberen Haare, die die äußere Schicht des Felles ausmachen. Die *Wollhaare* sind weiche Härchen, sie bilden die Unterwolle. Mit einer Ausnahme, nämlich dann, wenn Ihre

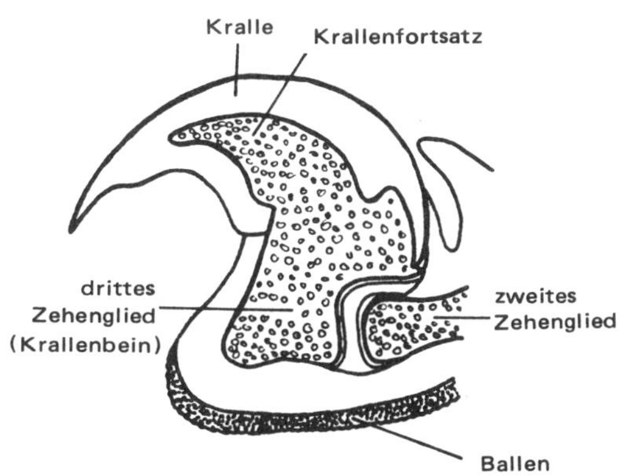

Abb. 14: Querschnitt durch eine Kralle

Katze eine *Rexkatze* ist – eine besondere Züchtung, deren Fell ausschließlich aus feinen lockigen Härchen besteht –, werden stets Schutzhaare und feine Haare, unabhängig von der Länge des Fells, zu finden sein. Versuchen Sie einmal, bei Ihrer Katze zwischen beiden zu unterscheiden.

□ Andauernd erneuert sich das Fell der Katze, möglicherweise werden Sie eine besondere Zunahme der ausfallenden Haare Ihrer Katze im Frühjahr konstatieren. Stets fallen einige Haare aus, manche befinden sich in einer Ruhephase, und andere wachsen allmählich vor. Dieser Mauserungsvorgang wird erst dann übersteigert, wenn in an sich normal behaarten Gegenden die Haut zutage tritt. Das Fell einer gesunden Katze sieht gepflegt und sauber aus, obwohl so mancher Kater bei voller Gesundheit auch sehr schmutzig und zerzaust aussehen kann. Das Fell sollte glänzen und nicht brüchig und spröde aussehen. Das dunkle Fell hat meist etwas mehr natürlichen Glanz, das sollten Sie berücksichtigen, wenn Sie sich Ihre Katze anschauen. Nach dem Schneiden oder Rasieren dauert es gewöhnlich etwa drei bis vier Monate, bis das Fell nachwächst; bei langem Fell kann es allerdings viel länger dauern.

1.4 Die Augen

Aufbau und Funktion des Katzenauges ähneln dem des Menschen. Das Licht, das ins Auge fällt, geht durch die Hornhaut (Cornea), die vordere Augenkammer, die Pupille, die Linse und den Glaskörper, bevor es auf die Netzhaut (Retina) fällt. Speziell ausgebildete Nervenzellen in der Netzhaut

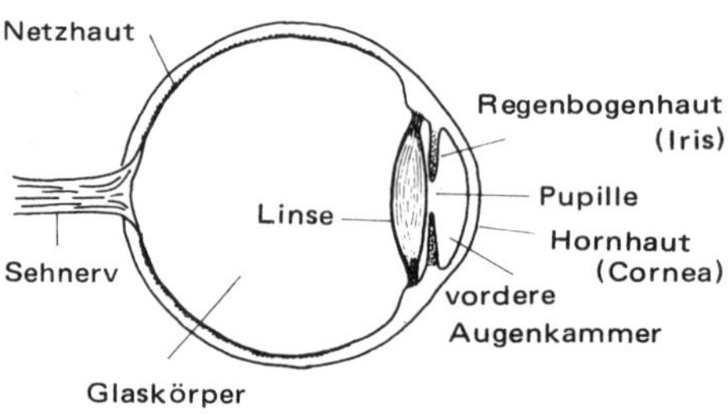

Abb. 15: Der Augapfel

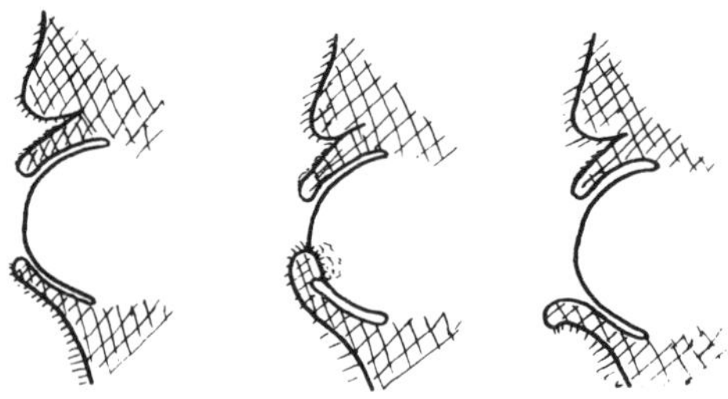

Abb. 16

(die Stäbchen und Zapfen) verwandeln das Licht, das auf sie fällt, in nervöse Signale, die über die Sehnerven zum Gehirn gelangen. Durch diese Impulse entsteht bei Katzen ein Bild, von dem man annimmt, daß es in verschiedenen Graustufen, vielleicht auch mit blauen, grünen und roten Bestandteilen und verschiedenen Helligkeitsstufen, empfunden wird. Hinter der Netzhaut liegt ein Gewebsbezirk, der als *Tapetum lucidum* bezeichnet wird. Seine Funktion besteht darin, das Licht, das durch die Zapfen und Stäbchen hindurchgetreten ist, zu ihnen zurückzuwerfen und damit die Sicht bei schwachem Licht zu verbessern. Diese Struktur bewirkt das grüne Leuchten des Katzenauges bei Nacht.

□ Der Augapfel wird von den Augenlidern umgeben. Die Ränder der Augenlider sollen glatt sein, gleichmäßig und nicht nach innen *(Entropium)* oder nach außen *(Ektropium)* gerollt sein. Katzen haben normalerweise keine Wimpern. Suchen Sie bei Ihrer Katze danach, und wenn welche vorhanden sein sollten, dann achten Sie darauf, daß sie nicht nach innen gedreht sind und so gegen das Auge reiben. Zwischen den Augenlidern, am inneren Augenwinkel, können Sie ein drittes Augenlid, die *Nickhaut,* sehen. Sie ist entweder blaßrosa oder – mehr oder weniger – pigmentiert. Ihre normale Stellung über dem Auge variiert von Tier zu Tier und steht in Beziehung zu bestimmten Krankheitszuständen (vgl. Kapitel 3.3.5).

□ Um das obere oder untere Augenlid abzuheben, müssen Sie Ihren Daumen an dessen Rand legen und es leicht nach oben oder nach unten ziehen. Damit wird der Blick frei auf die innere Auskleidung der Augenlider, eine blaß rosafarbene

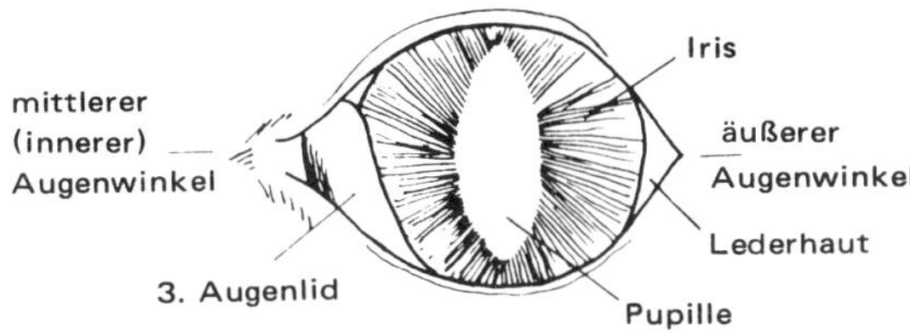

Abb. 17: Äußeres Auge

Schleimhaut, die als Bindehaut (Konjunktiva) bezeichnet wird.

□ Der sichtbare Teil des Augapfels besteht aus der Hornhaut, der dem Augapfel anliegenden Bindehaut, der vorderen Augenkammer, der Iris und der Pupille. Die dem Augapfel anliegende *Bindehaut* (Conjunktiva bulbi) stellt eine Fortsetzung der Auskleidung der Augenlider dar. Enthält sie Farbstoff, dann kann dieser Bezirk fleckig oder dunkel aussehen. In unpigmentierten Abschnitten der Conjunktiva bulbi ist sie lichtdurchlässig, so daß der weiße, stark faserige *Mantel,* der den Augapfel aufbaut, mit den ihn durchziehenden feinen *Blutgefäßen* durch sie hindurch sichtbar wird. Die Cornea sollte völlig transparent sein. Durch sie hindurch sehen Sie die vordere Augenkammer, die Iris und die Pupille. Die Farbe der Iris variiert außerordentlich stark bei Katzen. Grün und gelb kommen am häufigsten vor, aber viele andere Irisfarben sind möglich, unter anderem orange, blau oder lavendelfarben. Die Iris regelt die Farben und die Größe der Pupille. Zusammen mit den Augenlidern steuert die Pupille die Lichtmenge, die in das Auge hineinfallen darf. Im hellen Licht sollten sich Pupillen gleichzeitig verkleinern und dann in der Dunkelheit wieder größer werden. Wenn man nur ein Auge dem Licht oder der Dunkelheit aussetzt, dann sollte sich die Pupille des anderen Auges ebenfalls erweitern oder verkleinern, wenn es die dem Licht ausgesetzte Pupillc tut. Besitzt Ihre Katze normale Augen, werden Sie feststellen, daß die Pupillen rund erscheinen, wenn sie erweitert sind, und zu senkrechten Schlitzen werden, wenn sie sich bei der Reaktion auf Licht verengen.

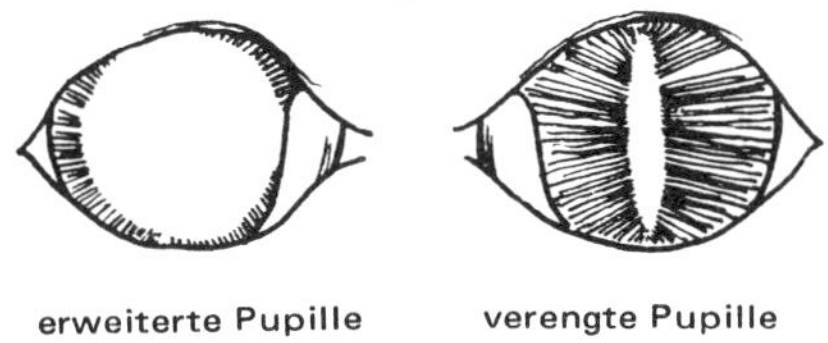

Abb. 19: Pupillenstellung

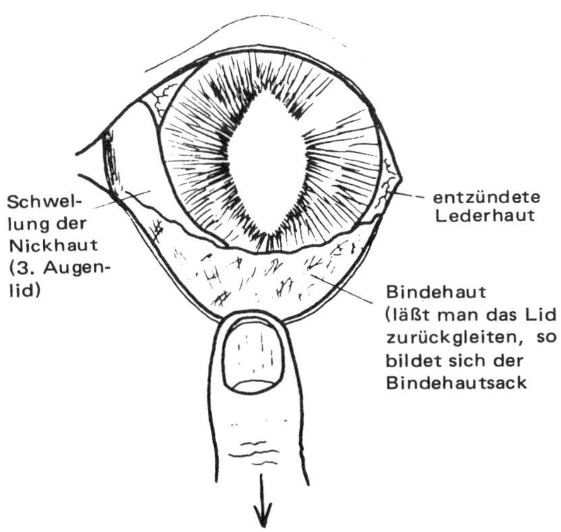

Abb. 18: Untersuchung des Auges

1.5 Die Ohren

Der äußere Teil des Ohres, den man selbst beim flüchtigen Blick sieht, wird als Ohrmuschel bezeichnet. Die Ohrmuschel empfängt Luftschwingungen und überträgt sie über den Gehörgang zum Trommelfell. An der Außenseite ist sie von behaarter Haut bedeckt, ähnlich der Haut, die den übrigen Körper überzieht. Die Innenseite ist zum Teil auch behaart, aber die Behaarung ist hier dünner als außen. Jede sichtbare, ungefärbte Hautpartie in der Ohrmuschel und im Gehörgang sollte blaßrosa gefärbt sein.

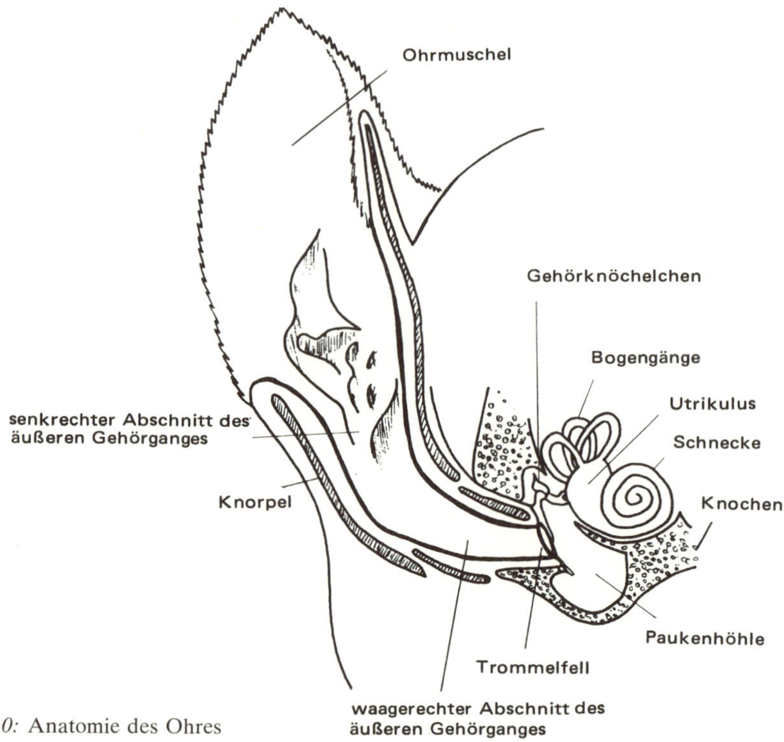

Abb. 20: Anatomie des Ohres

Kräftiges Rosa oder Rot sind abnorm. Alle sichtbaren Teile des Ohres sollten einigermaßen sauber sein. Zu den normalen Abscheidungen gehört eine geringe Menge eines gelblich-braunen, wachsartigen Materials. Größere Mengen davon, schwarzes wachsartiges Material oder klebrige, übelriechende Ausscheidungen sind nicht normal. Wenn die Ohren Ihrer Katze ganz normal aussehen oder der Tierarzt Ihnen sagt, daß sie unauffällig sind, dann riechen Sie einmal daran. So riecht ein gesundes Ohr. Abweichungen von diesem Geruch können Störungen anzeigen, selbst dann, wenn Sie keine äußerlichen Anzeichen dafür sehen.

□ Beachten Sie, daß der Gehörgang über eine Strecke senkrecht verläuft und dann waagerecht, bevor er das Trommelfell erreicht. Dadurch ist es für Sie oder auch für den Tierarzt unmöglich, sehr tief in den Gehörgang ohne ein spezielles Instrument, das man als Otoskop bezeichnet, einzusehen. Ein Vorteil dieser Bauweise des Gehörganges besteht darin, daß Sie ihn bis in die Tiefe hinein säubern können, ohne befürchten zu müssen, daß sie das Trommelfell beschädigen, solange Sie sich in der Senkrechten bewegen (vgl. auch Kapitel 4.1.8).

□ Bauweise und Funktion des Mittelohrs und des Innenohres Ihrer Katze ähneln Ihrem eigenen Ohr. Schwingungen, die das Trommelfell erreichen, werden durch das Mittelohr durch die Vermittlung von zwei *Gehörknöchelchen* zum ovalen Fenster übertragen. Vom ovalen Fenster gelangen

Abb. 21: Otoskop

die Schwingungen in das Innenohr, wo die »Schnecke« diese mechanischen Reize in Nervenimpulse umwandelt, die schließlich das Gehirn über den Hörnerv erreichen. Außer der Schnecke befinden sich im Innenohr noch die Bogengänge und der Utrikulus. Diese Organe dienen dem Gleichgewichtssinn.

1.6 Der Verdauungsapparat (Gastrointestinaltrakt)

Das Verdauungssystem besteht aus dem Verdauungsrohr (Mäulchen, Rachen, Speiseröhre, Magen, Dünn- und Dickdarm sowie After) und den damit zusammenhängenden Speicheldrüsen, der Leber mit der Gallenblase und der Bauchspeicheldrüse. Wenige der für das Wachstum und die Aufrechterhaltung eines leistungsfähigen Organismus notwendigen Nahrungsstoffe treten in den Körper in einer Form ein, in der sie unmittelbar vom Dünndarm aufgenommen und vom Körper verbraucht werden. So kommt dem Verdauungssystem die Aufgabe zu, Nahrungsmittel in resorbierbare, also vom Dünndarm aufnehmbare Nährstoffe umzuwandeln, wobei sich sowohl mechanische als auch chemische Vorgänge abspielen.

□ Vom anatomischen Standpunkt aus hat man sich hauptsächlich mit dem Anfang

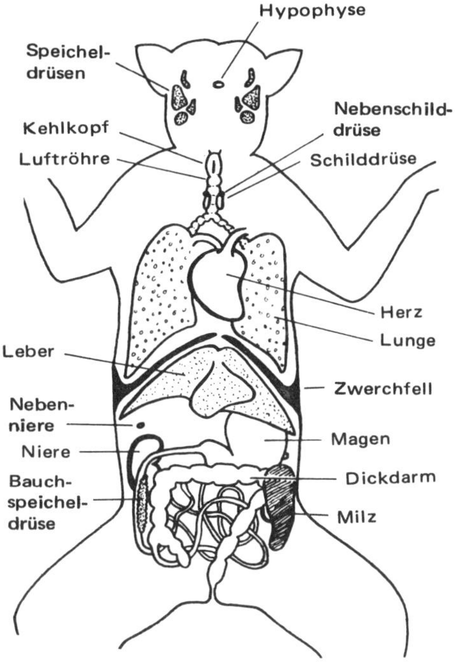

Abb. 22: Eingeweide (Übersicht)

und dem Ende des Verdauungstrakts, nämlich Mäulchen und After, zu beschäftigen. Die Anordnung der anderen Strukturen sind in der Skizze der inneren Anatomie kurz umrissen.

□ Mit einiger Übung wird einem die ertastbare Form und Größe einiger innerer Organe geläufig, weil die meisten Katzen

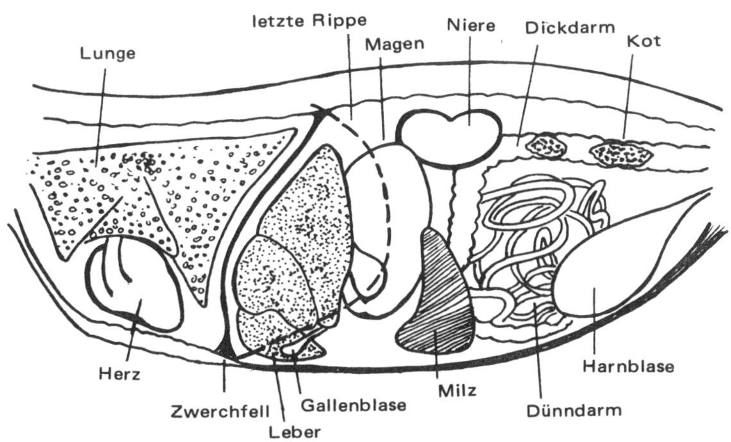

Abb. 23: Eingeweide (Längsschnitt)

klein genug sind und ihre Bauchmuskeln soweit entspannen, daß die Palpation leicht wird. *Man fühlt sanft und vorsichtig;* eine zu grobe Untersuchung kann die Katze verletzen. Beim stehenden Tier tasten Sie nach der Leber und dem Darm, indem Sie mit den Fingern an den Rändern der Rippen entlangfahren, die den Bauch abgrenzen. Die derbe, spitzwinklige Kante einer normalen Leber tastet man am leichtesten entlang dem rechten Rippenbogen. Abgerundete Leberränder oder eine Leber, die etwas entfernt über die Rippe hinausragt, können krankhaft sein. Ist der Magen der Katze gefüllt, läßt er sich als knotige, teigige Masse in der linken Seite des Abdomens in der Nähe der Rippe tasten. Ebenfalls auf der linken Seite kann die Milz tastbar sein (siehe Kapitel 1.9). Den Dünndarm tastet man, indem man mit Daumen und Fingern einer Hand in die Bauchdekken greift. Man bringt Daumen und Finger einander näher, und dann bewegt man die Hand nach unten. Dabei rutscht der Dünndarm zwischen den Fingern hindurch und fühlt sich an wie ein Knäuel aus nassen Nudeln. Greift man weit nach hinten in Schwanzrichtung in den Leib, kann man den Dickdarm der Katze, der mit Kot gefüllt ist, tasten. Er fühlt sich fest und etwa wurstförmig an. Ist einem die Form und die Konsistenz des normalen Kotes im Dickdarm geläufig, dann kann dies die Diagnose des Durchfalls oder der Verstopfung erleichtern (vgl. die Kapitel 3.6.2 und 3.6.3).
□ Bei der Untersuchung des Verdauungssystems haben Sie möglicherweise Nieren und Harnblase kennengelernt. Mehr über diese Organe steht in Kapitel 1.7.

Das Mäulchen □ Die meisten Katzen sträuben sich dagegen, das Maul untersuchen zu lassen, besonders beim ersten Mal. Hier sollte man nicht aufgeben, wenn sich die Katze schon beim Beginn der Untersuchung wegzuwinden versucht. Am besten macht man dem Tier klar, was man vorhat, und geht dann zielstrebig ans Werk. Ist man in seinen Bewegungen etwas zaghaft, werden die meisten Katzen die Situation schnell ausnutzen. Man beginnt die Untersuchung, indem man jede Oberlippe bei geschlossenen Kiefern einzeln anhebt. Dabei sollte man – wenn nötig – den Kopf der Katze mit einer Hand ruhigstellen, während man mit der anderen untersucht. Auf diese Weise kann man die *äußeren* Oberflächen der Zähne und des Zahnfleisches prüfen. Gesundes Zahnfleisch fühlt sich fest an, und seine Ränder liegen den Zähnen so eng an, als sei es an den Zähnen befestigt. Zwischen den vorderen Zähnen bilden sich V-förmige (am Unterkiefer ein kopfgestelltes V) Zahnzwischenräume aus, deren Ober- und Unterteil vom Zahnfleisch ausgefüllt wird. Dort, wo das Zahnfleisch nicht pigmentiert ist, ist es im gesunden Zustand rosafarben. Sehr blaß rosafarbenes oder weißes, gelbes oder rotes Zahnfleisch ist nicht normal, ebensowenig wie rote Streifen entlang den Zahnrändern bei sonst rosafarbenem Zahnfleisch regelrecht sind. Viele normale Katzen haben schwarzgeflecktes Zahnfleisch mit soviel Pigment, daß es schwierig ist, eine rosafarbene Gegend bei der Untersuchung zu finden.

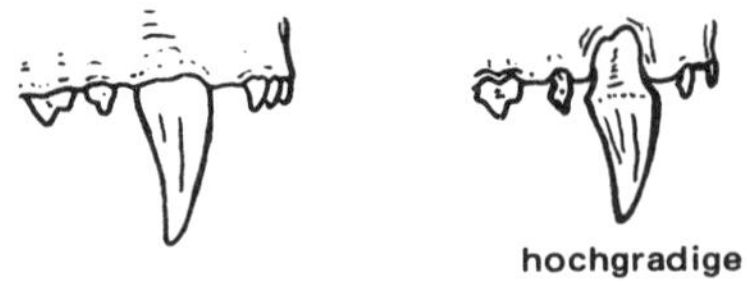

Abb. 24: Das Zahnfleisch

□ Die Zähne der Katze sind zum Greifen, Reißen und Zerfetzen konstruiert. In einem normalen Mäulchen überragen die oberen Schneidezähne (Inzisoren) knapp die unteren. Zu weites Überragen (Überbiß) ist abnorm, genauso wie ein Mäulchen, in dem die unteren Schneidezähne die oberen überdecken (Unterbiß). Ein geringer Über- oder Unterbiß scheint die Funktion des Gebisses nicht wesentlich zu beeinträchtigen. Man sollte den Biß der Katze und die Fläche jedes einzelnen Zahnes untersuchen. Bei einer jungen Katze sind die Zahnoberflächen weiß und vergilben mit zunehmendem Alter. Wenn man mit dem Fingernagel über die Zahnoberfläche kratzt, sollte sich dabei nur ein wenig Belag lösen. Versuchen Sie es einmal. Schmierig weißes Material wird als »*plaque*« oder als

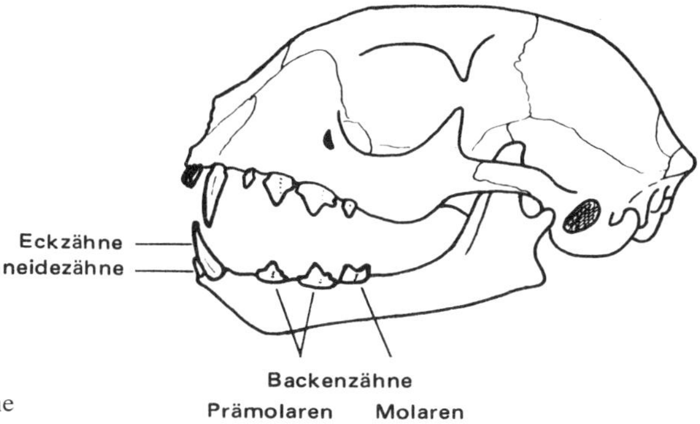

Abb. 25: Die Zähne

Materia alba bezeichnet. Es kann leicht beseitigt werden, indem man der Katze die Zähne putzt (vgl. Kapitel 2.3.5). Harte weiße, gelblich oder braune Substanz wird dagegen als *Zahnstein* bezeichnet und muß in der Regel vom Tierarzt beseitigt werden.

□ Zähne teilt man in vier Typen ein: Schneidezähne (Inzisivi I), Fangzähne (Canini C), Prämolare (P) und Backzähne (Molare M). Um Zahl und Stellung jeder Zahnart zu bezeichnen, verwendet der Tierarzt eine Formel. Ein Buchstabe gibt dabei die Zahnart an, und Nummern neben diesen Buchstaben zeigen, wieviel dieser speziellen Zahnart im Unter- und Oberkiefer einer Maulhälfte anzutreffen sind. Ein junges Tier hat 26 *Milchzähne,* die in folgender Weise angeordnet sind, wobei man in der Mitte zwischen den Schneidezähnen (Inzisivi) beginnt.

$$\frac{\text{halbe, obere Zahnreihe}}{\text{halbe, untere Zahnreihe}} = I\,\frac{3}{3}\,C\,\frac{1}{1}\,P\,\frac{3}{2}$$

□ Ein Kätzchen hat keine Molaren. Daher sind der Durchbruch der Milchzähne und ihr Ersatz durch bleibende Zähne ein guter Hinweis für die Altersbestimmung einer jungen Katze (vgl. die Tabelle 1).

□ Die erwachsene Katze hat 30 bleibende Zähne:

$$\frac{\text{halbe, obere Zahnreihe}}{\text{halbe, untere Zahnreihe}} = I\,\frac{3}{3}\,C\,\frac{1}{1}\,P\,\frac{3}{2}\,M\,\frac{1}{1}$$

□ Es ist nicht ungewöhnlich, daß Katzen weniger Zähne haben als diese Standardzahl. Viele erlangen nie die volle Zahl der Schneidezähne, andere verlieren diese Zähne verhältnismäßig früh. Sind die anderen Zähne und die Gaumen gesund, scheinen sich daraus keine Schwierigkeiten zu ergeben. Wenn einmal die bleibenden Zähne einer Katze durchgebrochen sind, wird es schwieriger, sie zur Altersbestimmung zu verwenden.

□ Nunmehr untersuchen Sie die *inneren* Flächen der Zähne, die Zunge und den hinteren Teil des Mäulchens. *Um es zu öffnen,* legen Sie eine Hand um den oberen Teil des Kopfes und drücken mit Fingern und Dau-

Tab. 1: Zähne als Alterszeichen Ihrer Katze

Alter	Vorhandene Zähne
Geburt	Keine
2 bis 3 W.	Hervortreten der Milchzähne
4 bis 5 W.	Alle Milchzähne vorhanden
$3^1/_2$–$4^1/_2$ M.	Inzisivi des bleibenden Gebisses werden geschoben
5 Monate	Canini des bleibenden Gebisses werden geschoben
6 Monate	Dritte Prämolare vorhanden
Selten können Milchzähne erhalten bleiben, während die bleibenden Zähne hervortreten. Wenn Sie die normale Erwachsenenzahnstellung stören, müssen sie vom Tierarzt beseitigt werden. Nach dem ersten Lebensjahr sind Verfärbungen und Zahnsteinansammlungen in der Regel an den Zähnen nachweisbar. Zähne können nicht mehr zur Altersbestimmung dienen, wenn eine Katze über 1 Jahr alt ist.	

Abb. 26: Öffnen des Mäulchens

men auf die Oberlippen nach innen, als ob Sie sie zwischen den Zahnreihen hindurchschieben wollten. Wenn die Katze dann anfängt, das Mäulchen zu öffnen, nehmen Sie den Zeigefinger der anderen Hand, und indem Sie auf die unteren Schneidezähne drücken, öffnen Sie den Mundspalt. Schauen Sie hinein. Sie werden die rauhe Oberfläche der Zunge unten, den harten Gaumen oben und die inneren Zahnflächen sehen. Wenn man das schnell macht, kann man mit dem Finger die Zunge zur einen Seite abdrängen und unter sie schauen. Mit dem Zeigefinger derselben Hand, die Sie zum Herunterziehen des Unterkiefers verwendet haben, drücken Sie die Zunge nach unten. Während man nach unten drückt, sollte man versuchen, die Zunge etwas nach vorn zu bewegen. Macht man das richtig, ahmt man die Technik des Tierarztes mit seinem Spatel nach und be-

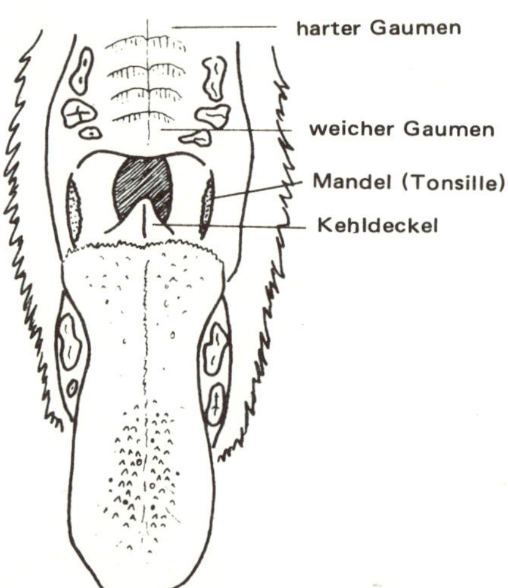

Abb. 27: Der Rachen

kommt Einblick auf den weichen Gaumen als Fortsetzung des harten Gaumens und auf die Gaumenmandeln (Tonsillen). Die Mandeln der Katzen liegen in einer Tasche (die *Tonsillenkrypte* oder *Tonsillensinus*), so daß man sie mühelos erst dann sehen kann, wenn sie vergrößert sind.

□ Gaumenmandeln (Tonsillen) gehören zum *lymphatischen* Gewebe. Dieses enthält viele Zellen, die man Lymphzellen (Lymphozyten) nennt (vgl. auch Kapitel 2.6.1). Sie ähneln den Lymphknoten, die man in

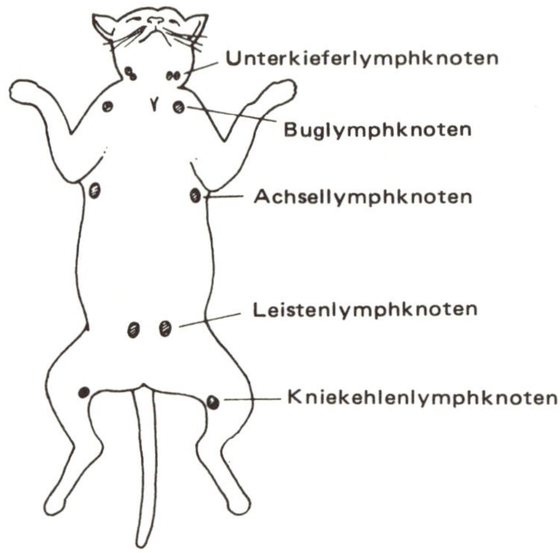

Abb. 28: Lymphknoten

anderen Teilen des Katzenkörpers findet. Am Kopf der Katze können Sie Lymphknoten unterhalb des Ohres und hinter der Backe ertasten, wo der Kopf zum Hals übergeht. Es handelt sich um sehr kleine, feste Knoten mit glatter Oberfläche, oft in der Nähe eines weiteren ähnlichen aber größeren Knotens. Der größere Knoten stellt eine der verschiedenen Speicheldrüsen der Katze dar. Sie ist die einzige tastbare Speicheldrüse. Wenn Ihnen die normalen Speicheldrüsen und die benachbarten Lymphknoten geläufig geworden sind, versuchen Sie einmal, die anderen Lymphknoten, die auf der Zeichnung angedeutet sind, zu tasten.

□ Notfalls müssen Sie dabei den Tierarzt zu Rate ziehen; wenn die Lymphknoten nicht vergrößert sind, können sie beim ersten Mal sehr schwer aufzufinden sein.

Wenn Sie den ersten gefunden haben, merken Sie sich seine normale Größe und Form. Lymphknotenveränderungen, am häufigsten Vergrößerungen, sollten zur tierärztlichen Untersuchung führen, denn sie sind oft das Zeichen einer schweren Erkrankung oder einer Infektion.

After □ Daß durch den After nichtverdauliches Material und Abfallstoffe als Kot den Darm verlassen, ist allbekannt. Manch einer jedoch fragt sich, was als normale Darmtätigkeit anzusehen sei. Andere wissen nicht, daß sich die Analbeutel in dieser Gegend befinden.

□ Die meisten erwachsenen Katzen haben täglich ein oder zwei Darmentleerungen. Ihre Zahl und die Kotmenge, die dabei produziert wird, hängen allerdings sehr von der Menge unverdaulichen Materials in der Nahrung ab. Katzen, die Trockenfutter fressen, produzieren mehr Kot als Katzen, die ein weitgehend verdauliches Muskelfleisch oder Ei- oder Milchprodukte fressen. Dies liegt am hohen Fasergehalt des Trockenfutters. Normale Stühle sind wohlgeformt und in der Regel braun, obwohl einige Nahrungsbestandteile sie dunkler machen können (Leber) oder heller (Knochen). Sehr große Mengen ungeformten, abnorm riechenden Kotes oder Stühle, die verfärbt sind, können Erkrankung des Verdauungstrakts anzeigen. Mehrere Male in der Woche sollte man sich den Kot seiner Katze ansehen.

□ Die Analbeutel sind zusammen mit der Haut behandelt worden (vgl. Kapitel 1.3). Wenn Sie sie noch nicht untersucht haben, tun Sie es jetzt, wobei Sie das normale Aussehen des Afters kennenlernen. Möglicherweise wollen Sie jetzt auch lernen, die Körpertemperatur zu messen; es handelt sich um eine rektale Messung, ein routinemäßig durchzuführender Schritt bei jeder körperlichen Untersuchung (vgl. Kapitel 4.1.2).

1.7 Fortpflanzungs- und Harnorgane (Urogenitalsystem)

Wichtige Abschnitte der Fortpflanzungsorgane des Katers befinden sich außerhalb der Reichweite Ihrer Untersuchung. Einer gründlichen Untersuchung der Geschlechtsorgane widerstreben manche Katzen;

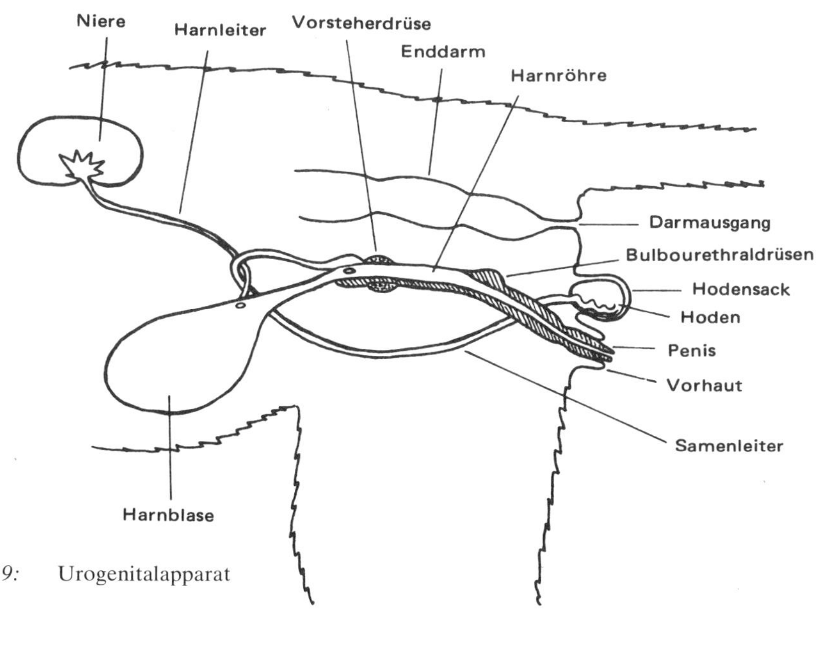

Abb. 29: Urogenitalapparat

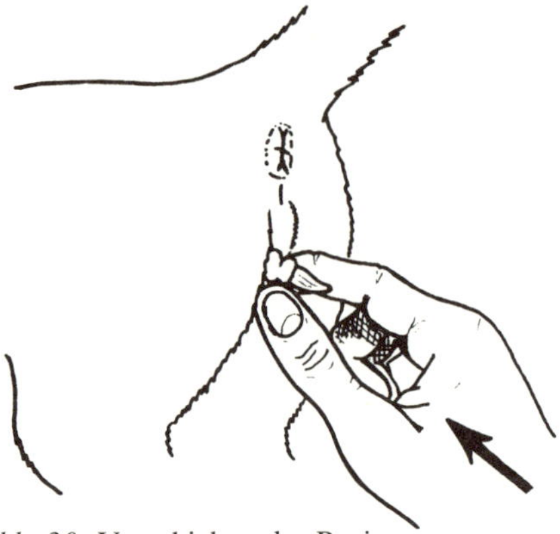

Abb. 30: Vorschieben des Penis

seien Sie also nicht entmutigt, wenn es Ihnen nicht gelingt, alle im folgenden erwähnten Abschnitte zu untersuchen. Die *Hoden* (Testes), die Samen produzierenden Organe, sind im *Hodensack* (Skrotum) des Katers schon bei der Geburt vorhanden und sollten im Alter von 6 Wochen bereits verhältnismäßig gut tastbar sein. Normalerweise sind zwei Hoden vorhanden, wobei sich jeder fest, glatt und oval unter der lockeren Hautbedeckung anfühlt. Wenn Ihr Kater einen oder gar keinen Hoden in seinem Skrotum hat (»*Monorchid*« oder »*Kryptorchid*«), sollte sich der Tierarzt darum kümmern (vgl. Kapitel 5.5). Wenn man vorsichtig palpiert, fühlt man einen kleinen Knoten, der vom hinteren Ende eines jeden Hodens absteht. Hier handelt es sich um den Schwanz des *Nebenhodens,* in dem Samen gespeichert wird.

□ Um den Penis des Tieres zu untersuchen, muß man erst die Hautfalte, die ihn bedeckt, die *Vorhaut,* zurückziehen. Zu diesem Zweck ergreifen Sie sie sanft aber fest zwischen Zeigefinger und Daumen der einen Hand. Dann schieben Sie die Hautfalte nach vorn in Richtung Kopf des Tieres. Dabei sehen Sie die rosafarbene Spitze des Penis allmählich nach hinten hervortreten. Der Penis eines Katers zeigt zum Schwanz hin. Wenn man geschickt zugegriffen hat, wird der Rest des Penis hervortreten, falls die Hautfalte ganz nach vorn geschoben worden ist, und wird hervorgetreten bleiben, solange man die Haut zurückhält. Wenn Sie Schwierigkeiten beim ersten Versuch haben, das Präputium (Vorhaut) zurückzuziehen, dann versuchen Sie besser zuzugreifen. Man sollte es mehrfach versuchen, bevor man aufgibt.

□ Die Oberfläche des Penis ist von rosafarbener Schleimhaut bedeckt. Geschwungene, hornartige *Papillen* stehen im Bereich der *Eichel* beim reifen, nichtkastrierten Kater hervor. Es wird angenommen, daß diese rauhen Fortsätze dazu dienen, das weibliche Tier nach der Paarung zur Ovulation anzuregen. Sie mögen auch zusätzliche sexuelle Stimulationen für das männliche Tier erreichen und eine Art Hakensystem darstellen. Wenn Ihr Tier sehr jung oder kastriert worden ist, werden Sie die Oberfläche der Eichel glatt vorfinden. Die Fortsätze beginnen sich etwa im Alter von zwei Jahren zu entwickeln und verschwinden in der Regel etwa sechs Monate nach der Kastration. Die Öffnung der Harnröhre kann man an der Spitze des Penis sehen. Bei männlichen Tieren ist sie außerordentlich schmal. Wenn Sie einmal sehen, wie Ihr Kater uriniert, beachten Sie, wie dünn der Urinstrahl ist. Irgendwelche Absonderungen an der Oberfläche des Penis sollten klar und durchsichtig sein, nicht aber rötlich oder farbig.

□ Die Samenflüssigkeit wird in den Samenkanälchen der Hoden produziert. Vom Hoden wandert der Samen zum Nebenhoden, wo er gespeichert wird und ausreift. Während der Ejakulation wandern die Spermien durch den Samenstrang in die Harnröhre hinein, wo sie mit Absonderungen der Vorsteherdrüse (Prostata) und der Bulbourethraldrüsen vermischt werden, ehe sie den Penis verlassen. Prostata und Bulbourethraldrüsen befinden sich im Körperinneren und sind bei einer Routineuntersuchung nicht erreichbar.

□ Scham und Kitzler sind die einzigen Geschlechtsorgane des weiblichen Tieres, die man von außen sehen kann. Die inneren Fortpflanzungsorgane – *Gebärmutter, Muttermund, Eierstöcke* und *Eileiter* – sind aus den Abbildungen zu ersehen. Die Harnröhre mündet in die Scheide in der Tiefe, wo man sie ohne spezielle Instrumente nicht darstellen kann. Den winzigen dunkelrosafarbenen Kitzler sehen Sie mögli-

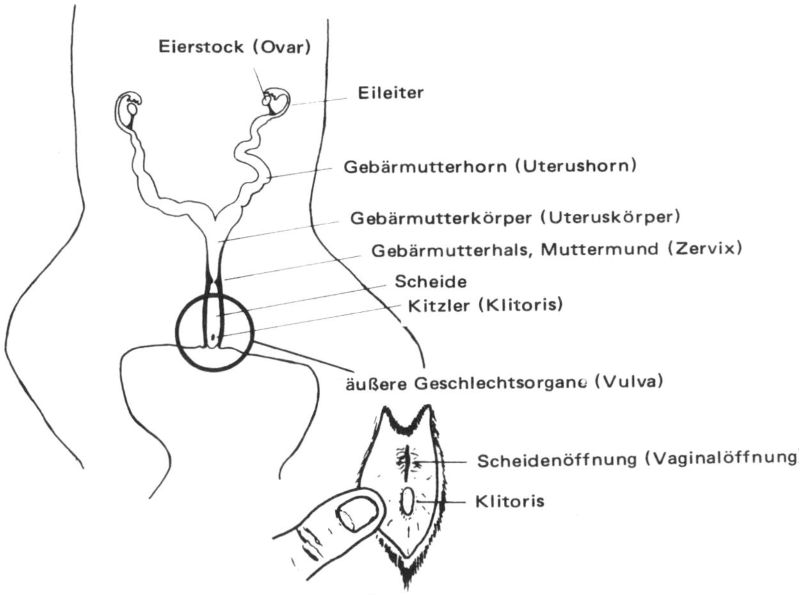

Abb. 31: Weiblicher Fortpflanzungsapparat (von bauchwärts)

cherweise in seinen Grübchen, indem Sie leicht die Schamlippen mit Ihren Fingern auseinanderspreizen. Dadurch sehen Sie außerdem einen Teil der Auskleidung von Scheide und Scheidenvorhof. Diese Schleimhäute sollen rosafarben sein; irgendwelche Ausscheidungen sind normalerweise durchsichtig.

□ Zusätzliche Informationen zum Thema »Fortpflanzung« finden Sie im Kapitel 5: »Zucht und Fortpflanzung«.

□ Die Harnorgane des männlichen und auch die des weiblichen Tieres bestehen aus zwei Nieren, zwei Harnleitern (Ureteren), der Harnblase und der Harnröhre (Urethra). Schauen Sie sich diese Organe in den Abbildungen an. In den Nieren wird das Blut filtriert, um giftige Abfallstoffe des Stoffwechsels aus ihm zu beseitigen. Sie sind darüber hinaus sehr wichtig, um den normalen Elektrolyt- und Wasserhaushalt des Körpers im Gleichgewicht zu halten. Urin, der in den Nieren gebildet wird, passiert die Harnleiter, um in die Blase zu ge-

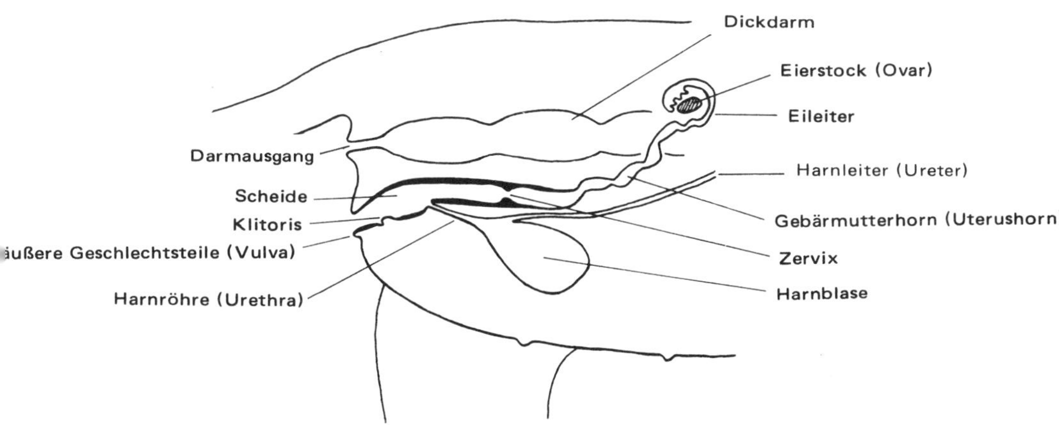

Abb. 32: Anatomie des weiblichen Geschlechtsapparates (im Schnitt)

langen, wo er aufbewahrt wird, um dann beim Urinieren durch die Harnröhre abgesetzt zu werden. Normaler Harn ist gelb und klar und hat einen charakteristischen Geruch. Dieser Geruch ist bei männlichen Tieren außerordentlich intensiv und dient zur Markierung des Reviers (vgl. Kapitel 3.7.3). Die Intensität der Gelbfärbung des Urins nimmt zu, wenn die Wassermenge, die ausgeschieden wird, abnimmt, und umgekehrt. Wenn Ihre Katze nicht fett ist, werden Sie sowohl Blase als auch Nieren ertasten können. Das stehende Tier stellen Sie ruhig, indem Sie mit einer Hand unter den Brustkorb greifen, während Sie mit der anderen im Unterbauch zwischen den Hinterläufen nach der Blase suchen. Eine uringefüllte Blase fühlt sich so ähnlich wie ein wassergefüllter Ballon an, ihre Größe liegt etwa zwischen einer Weinbeere und einer Zitrone. Tasten Sie vorsichtig und zart nach den Nieren, indem Sie mit beiden Händen – die linke Hand auf der linken Seite, die rechte Hand auf der rechten Seite – in den Bauch greifen. Dabei reichen Sie weit auf die Lendenwirbelsäule zu und bringen dann Ihre Finger aufeinander zu. Jede Niere sollte sich fest und glatt und einigermaßen oval anfühlen. Die meisten normalen Nieren einer gesunden Katze haben etwa die Größe einer kleinen Aprikose, aber mit der Körpergröße variiert auch diese Größe erheblich. Unter Umständen finden Sie die rechte Niere etwas weiter vorn als die linke. Beide bewegen sich aber frei, und man wird sie bei mehreren Untersuchungen nicht immer an genau derselben Stelle antreffen.

1.8 Der Atmungsapparat

Der Atmungsapparat der Katze besteht aus zwei Lungen, den Luftwegen, die zu ihnen führen (Nasenhöhle, Mäulchen, Rachen, Kehlkopf, Luftröhre, Bronchialbaum), dem Zwerchfell und den Muskeln des Brustkorbes. Wie auch im menschlichen Organismus, besteht die Hauptfunktion des Atmungsapparates bei der Katze darin, dem Körper Sauerstoff zuzuführen und überflüssiges Kohlendioxid, das im Stoffwechsel entsteht, abzuführen. Zusammen mit der Zunge und der Mundschleimhaut hat der Atmungsapparat außerdem noch eine sekundäre aber äußerst wichtige Funktion bei der Wärmeregulation, da die Katze über keinen besonders entwickelten Mechanismus zur Schweißabsonderung verfügt. Vom Atmungsapparat Ihrer Katze können Sie nur das Mäulchen und die Nasenhöhlen sehen. Um in die Nasenhöhlen zu blicken, sind spezielle Instrumente nötig, und sogar mit diesen ist das schwierig, da die Durchgänge so klein sind. Betrachten Sie die Nasenlöcher der Katze. Irgendwelche Absonderungen, die aus ihnen hervortreten, sollten klar und wäßrig sein; klebriger, trübe gelblicher oder grünlich verfärbter Nasenausfluß ist nicht normal.

□ Sie können den *Kehlkopf* Ihrer Katze tasten, indem Sie ihren Hals an seinem oberen Ende von unten her greifen. Der Kehlkopf fühlt sich wie ein kleiner, harter, ziemlich verformbarer Körper an. Er dient dazu, den Luftfluß durch die Luftröhre und die Lungen zu regulieren, und beherbergt die Stimmbänder, mit denen die Katze miaut. Es wird angenommen, daß das Katzenschnurren nicht aus dieser Region stammt, sondern fortgeleitet wird durch die Luftwege, nachdem es durch Vibrationen in der Wand eines großen Blutgefäßes im Brustkorb dann entsteht, wenn die Geschwindigkeit und die Turbulenz des Blutstroms zunehmen.

□ Beobachten Sie die Atmung Ihrer Katze in der Ruhe und nach Bewegungen. In der Ruhelage atmet eine normale Katze etwa 20 bis 30mal pro Minute. Die Bewegungen des Brustkorbes wirken nicht angestrengt. Nach körperlicher Bewegung ist die Atemfrequenz natürlich viel höher, und an heißen Tagen oder bei äußerster Erregung kann es zum Hecheln kommen. Veränderungen in Art und Schnelligkeit der Atmung einer Katze können Krankheitszeichen sein. Die normale Atmung in der Ruhelage an kalten und an warmen Tagen sowie während und nach Anstrengungen bei Ihrer Katze sollte Ihnen geläufig sein, damit Sie Abweichungen von der Norm feststellen können.

1.9 Herz und Blut (Kreislaufapparat)

Der Kreislaufapparat Ihrer Katze ist Ihrem eigenen sehr ähnlich. Er besteht aus einem vierfach gekammerten Herzen, das als Blutpumpe dient, und Arterien, die das Blut vom Herzen weg zu den Kapillargefäßen führen, wo der Austausch von Molekülen stattfindet, und aus Venen, die das Blut zurück zum Herzen leiten. Es gibt keine direkten Methoden, mit denen Sie dieses System untersuchen können. Ein Stethoskop (in medizinischen Spezialgeschäften zu erwerben) kann Ihnen helfen, dem Herzschlag Ihrer Katze zu lauschen, aber bei den gewöhnlichen Krankheiten braucht man es nicht. Beim ruhigen Tier schlägt das normale Herz ungefähr 110- bis 130mal in der Minute. Sie können den Herzschlag fühlen, indem Sie die Fingerspitzen oder Ihre Handfläche gegen den Brustkorb unmittelbar hinter dem Ellenbogen des Tieres auflegen. Eine andere Möglichkeit besteht darin, Ihre Hand ganz um den unteren Brustkorb zu legen, mit den Fingern auf der einen Seite und dem Daumen auf der anderen. Können Sie den Herzschlag nicht fühlen, dann können Sie ihn doch in der Regel hören, indem Sie Ihr Ohr (oder ein Stethoskop) gegen den Brustkorb legen.

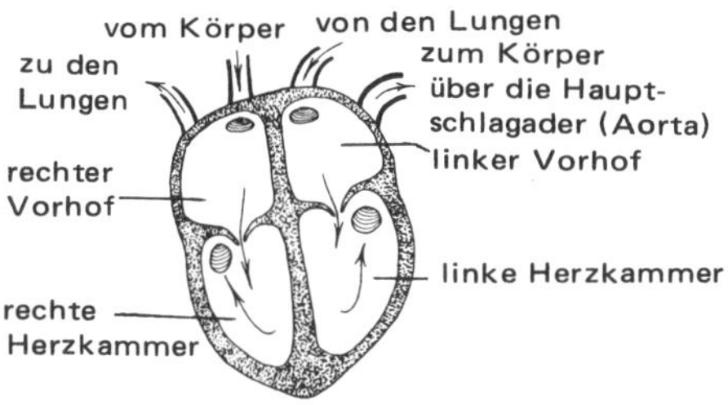

Abb. 33: Schematische Zeichnung des Herzens

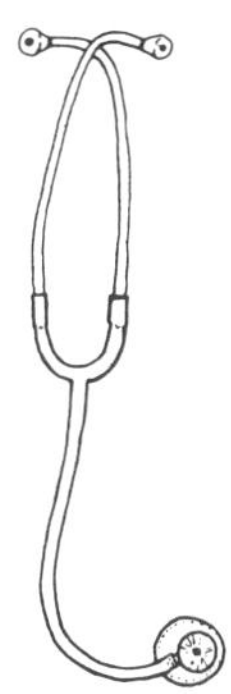

Abb. 34: Stethoskop

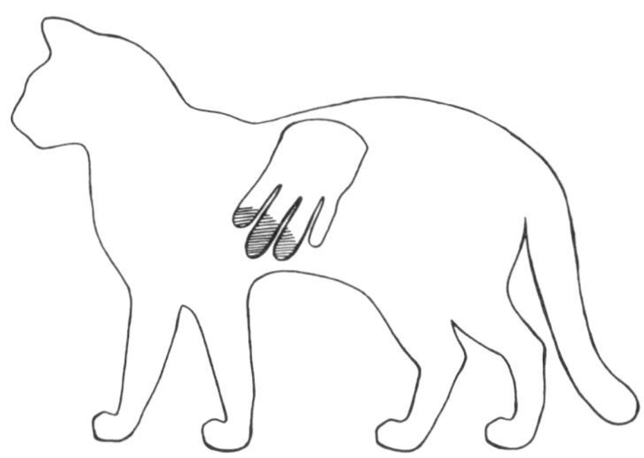

Abb. 35: Fühlen des Herzschlages

□ Jeder Herzschlag setzt sich zusammen aus einem kräftigen, dumpfen Klopfen, dem ein weniger intensives etwas höheres Klopfen und dann eine Pause folgen: Lobb-dopp ... lobb-dopp ... lobb-dopp ... usw.

□ Den Puls Ihrer Katze fühlen Sie, indem Sie Ihre Finger auf die Mitte der Innenfläche des Hinterbeins legen, dort, wo das Bein am Körper ansetzt. Hier verläuft die Oberschenkelarterie unter der Haut, und ihre Pulsationen sind tastbar. Herzschlag und Puls haben normalerweise die gleiche Frequenz. Man zählt die Herzschläge oder Pulse 15 Sekunden lang und multipliziert mit 4, um die Häufigkeit je Minute (Fre-

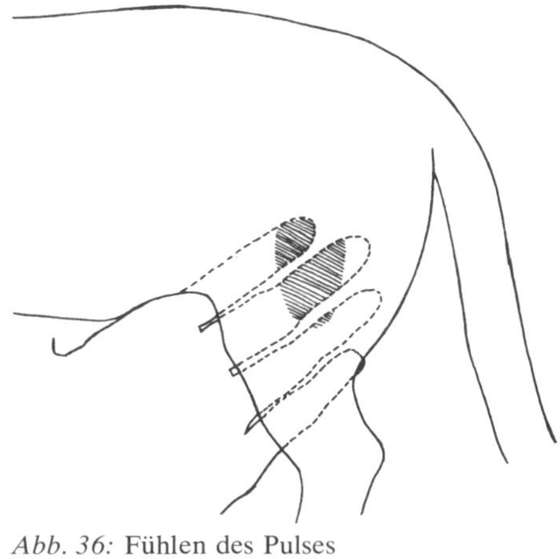

Abb. 36: Fühlen des Pulses

quenz) zu erhalten. Ein Maß für die Funktion des Kapillarkreislaufs ist die sogenannte *Kapillarfüllungszeit.* Um sie zu bestimmen, legt man einen Finger fest auf das Zahnfleisch des Tieres. Nach dem Abheben des Fingers sieht man eine blasse Zone, die sich fast sofort wieder mit Blut auffüllen soll. Dieser Parameter des Blutkreislaufs kann Ihnen bei der Diagnose des Kreislaufschocks (siehe Kapitel 3.9.2) helfen.

□ Blut ist die Flüssigkeit, die vom Kreislaufsystem transportiert wird. Es besteht aus Plasma, Blutplättchen und aus roten und weißen Blutkörperchen. Der flüssige Teil des Blutes, das Plasma, ist sehr kompliziert zusammengesetzt. In ihm werden Nährstoffe durch den Körper befördert, Abfallstoffe beseitigt (einschließlich Kohlendioxid) und schließlich auch Hormone transportiert, die von den endokrinen Drüsen stammen. Außerdem schwimmen im Plasma die eigentlichen Blutkörperchen. *Blutplättchen* (keine Zellen, sondern spezielle Zellfragmente) werden beim ausgewachsenen Tier hauptsächlich im Knochenmark produziert. Diese kleinen Körperchen dienen dazu, Blutungen zu verhindern, wenn ein Blutgefäß verletzt ist. Sie tun das, indem sie die Blutgerinnung anregen und sich aneinanderlegen, um dem Blutfluß eine mechanische Barriere zu bieten. *Rote Blutkörperchen* befördern Sauerstoff zu den Geweben und in einem sehr viel geringeren Maße Kohlendioxid von den Geweben weg. Sie geben dem Blut seine rote Farbe. Es gibt verschiedene Arten von weißen Blutkörperchen, und jede Art hat ihre spezielle Funktion. Als Gruppe sind die *weißen Blutkörperchen* am wichtigsten in der Verhütung und Bekämpfung von Infektionen. Wenn eine Katze krank wird, dann verändern sich rote und weiße Blutkörperchen oft in ihrer Zahl und Zusammensetzung. Die Bestimmung dieser Körperchen erfolgt durch Ihren Tierarzt im sogenannten *Differentialblutbild.* Dies ist oft nötig, um zur Diagnose und richtigen Therapie bei gewissen Katzenkrankheiten zu gelangen.

□ Die *Milz* ist ein Bauchorgan, das – obwohl es nicht lebensnotwendig ist – doch viele Funktionen hat, die mit dem Blut zusammenhängen. Bei der Untersuchung des Verdauungssystems werden Sie dieses Organ vielleicht schon gefühlt haben (vgl. Kapitel 1.6). Bei der erwachsenen Katze produziert die Milz einen Teil der weißen Blutkörperchen, und wenn es darauf ankommt, kann sie auch rote Blutkörperchen herstellen. Sie ist ein Blutspeicher, der eine große Anzahl von roten Körperchen sehr schnell zur Verfügung stellen kann, wenn der Organismus Sauerstoff braucht. Die Milz entfernt auch alte und abnorme rote Blutkörperchen aus dem Kreislauf und speichert einige Bestandteile der roten Blutkörperchen, wie zum Beispiel das Eisen.

□ Die *Lymphknoten* sind wichtige Strukturen, die für die Produktion besonderer weißer Blutkörperchen verantwortlich sind, die man als Lymphzellen (Lymphozyten) bezeichnet. Diese sind wichtig, wenn das Blut vor der Invasion durch fremde Substanzen, beispielsweise Bakterien, geschützt werden soll, die an den Lymphwegen entlang wandern. Um mehr Information über die Lymphknoten und die Lymphozyten zu bekommen, vergleichen Sie bitte die Kapitel 2.6.1 und 3.8.2.

1.10 Nervensystem und Drüsen mit innerer Sekretion

Die Hauptfunktion des Nervensystems und des Endokrinen Systems besteht darin, die Funktionen der verschiedenen Teile des Organismus aufeinander abzustimmen. Sie können bei Ihrer Katze normalerweise keinen Teil dieses Systems sehen oder abtasten. Indessen dauert es, wenn das eine oder das andere System nicht regelrecht funktioniert, in der Regel nicht lange, bis in Ihrem Tier augenfällige Veränderungen auftreten. Im allgemeinen ist das *Nervensystem* (Gehirn, Rückenmark und periphere Nerven) für die schnellen Anpassungsvorgänge des Organismus an äußere oder innere Reize verantwortlich. Das *Endokrine System* ist hauptsächlich verantwortlich für die langsameren Reaktionen, die durch chemische Substanzen vermittelt werden, die endokrine Drüsen in das Blut absondern *(Hormone)*. Eine vollständige neurologische und endokrinologische Untersuchung gehört nicht zur Routineuntersuchung, die Sie oder Ihr Tierarzt mit Ihrer Katze durchführen. Zu Ihrer Information ist ein kurzer Umriß der Funktionen der verschiedenen endokrinen Drüsen in Tabelle 2 zu finden. Betrachten Sie die Zeichnungen der inneren Anatomie, um herauszufinden, wo diese verschiedenen Drüsen lokalisiert sind.

Tab. 2: Endokrine Drüse

	Funktionen
Hypophyse – Hypothalamus	Reguliert die Aktivität der Eierstöcke, der Hoden, der Schilddrüse und der Nebennierenrinde. Sezerniert Wachstumshormon, das das Wachstum der Gewebe des Organismus anregt. Überwacht die Milchsekretion und das Abstillen. Beeinflußt den Wasserhaushalt des Körpers.
Schilddrüse (Thyreoidea)	Überwacht die Stoffwechseltätigkeit.
Nebenschilddrüse (Parathyreoidea)	Beeinflußt den Kalzium- und Phosphorstoffwechsel.
Nebennieren	Rinde: Beeinflußt den Kohlehydrat-, den Eiweiß- und Mineralstoffwechsel. Mark: Sezerniert Adrenalin, Noradrenalin, die dem Körper helfen, für Notfälle gerüstet zu sein.
Hoden (Testes)	Beeinflussen die Entwicklung der männlichen Geschlechtsmerkmale, beeinflussen den Sexualtrieb.
Eierstöcke (Ovarien)	Beeinflussen die Entwicklung der weiblichen Geschlechtsmerkmale, beeinflussen den Sexualtrieb, den Fruchtbarkeitszyklus und die Schwangerschaft.
Inselzellen des Pankreas	Sezernieren Insulin, Glukagon, die den Blutzuckerspiegel beeinflussen.
Niere	Renin: Beeinflußt den Blutdruck. Erythropoetin: Regt die Produktion von roten Blutzellen an.
Zellen des Verdauungstrakts	Sezernieren verschiedene Hormone, die die Beweglichkeit des Verdauungstraktes und die Absonderung von Verdauungsfermenten regulieren. Außerdem eine gewisse Kontrolle über die Insulinbildung.
Zirbeldrüse (Epiphyse)	Genaue Funktion unbekannt; beeinflußt möglicherweise die sexuelle Entwicklung und Geschlechtszyklen.

□ Seien Sie nicht überrascht, wenn die erste Untersuchung Ihrer Katze ein oder zwei Stunden gedauert hat. Wenn man ein Kätzchen oder eine erwachsene Katze hat, die zuvor nicht oft angefaßt worden ist, kann es sogar einen ganzen Tag dauern, um die Untersuchung vollständig durchzuführen, denn man wird sie in verschiedene Teile aufteilen müssen, die durch Ruheperioden getrennt werden. So gleicht man die Unwilligkeit des Tieres, bei der Untersuchung stillzuhalten, aus. Wiederholen Sie diese Untersuchung mindestens einmal in der Woche. Sie werden dabei lernen, welches der Normalbefund bei Ihrer Katze ist. Dabei werden Sie Ihre Katze zur Kooperation trainieren, und Sie werden sehr bald feststellen, daß Sie nicht mehr so oft in diesem Buch nachschlagen müssen. Die Zeit, die Sie für eine Untersuchung benötigen, wird ganz erheblich schrumpfen, in dem Maße, in dem Ihre Übung zunimmt. Schließlich sollten Sie sie in ungefähr 15 Minuten durchführen können. Die meisten Tierärzte werden bei der körperlichen Untersuchung so geschickt vorgehen, daß Ihnen zunächst gar nicht auffallen wird, daß sie eine Untersuchung vornehmen. Ihr Tierarzt wird vielleicht in fünf bis zehn Minuten eine Routineuntersuchung ablaufen lassen. Natürlich dauern Spezialuntersuchungen sehr viel länger.

□ Wie oft Sie Teile der Untersuchung wiederholen, sobald Ihnen die Anatomie Ihrer Katze geläufig ist, wird unterschiedlich sein. Allein aus ihrer Aktivität und dem Appetit können Sie sich im Alltag ein gutes Bild vom Gesundheitszustand machen. Alle zwei Wochen sollten Sie die Ohren, Augen, Zähne und Haut untersuchen. Die Milchdrüsen weiblicher Tiere insbesondere sollte man monatlich untersuchen. Wenn Ihre Katze einen wesentlichen Teil der Zeit im Freien ist, dann werden Sie wahrscheinlich etwas bewußter und sorgfältiger bei Ihren Untersuchungen sein müssen. Nehmen Sie sich einige Male in der Woche Zeit, um sich über den Zustand Ihrer Katze Gedanken zu machen; die meisten Erkrankungen lassen sich am leichtesten behandeln, wenn man sie früh entdeckt.

2 Präventiv-medizin

Die Pflege der gesunden Katze: Erziehung; Putzen; Ernährung; Verreisen mit der Katze oder das Versenden einer Katze; Impfverfahren; innere und äußere Parasiten.

2.1 Präventivmedizin oder vorbeugende Medizin

Präventivmedizin ist die beste Form der Medizin. Der Tierarzt treibt Präventivmedizin, wenn er Ihre Katze gegen bestimmte übertragbare Erkrankungen impft (vgl. Kapitel 2.6). Sie können vorbeugende Medizin zu Hause praktizieren, indem Sie Ihre Katze sorgfältig und regelmäßig pflegen, wie in diesem Kapitel dargelegt wird. Bei regelmäßiger Anwendung präventivmedizinischer Maßnahmen wird der Besuch beim Tierarzt oft auf die jährliche Untersuchung und die Impfauffrischungen beschränkt bleiben. Auf lange Sicht ist Präventivmedizin am wirtschaftlichsten, sowohl finanziell als auch in bezug auf die Belastungen für den Körper Ihrer Katze.

Stubenkatzen kontra Katzen im Freien □ Das beste, was Sie Ihrer Katze zur Verhütung mancherlei Krankheiten und Verletzungen antun können, ist, sie im Hause zu lassen. Das trifft ganz besonders zu für Stadtkatzen und Katzen, die in Gegenden leben müssen, die dicht mit anderen Katzen, Hunden und Menschen bevölkert sind. Strenges Einsperren ist nicht nötig, eine Regelung, nach der Ihre Katze den größten Teil der Zeit zu Hause verbringt und im Freien überwacht wird, ist ziemlich zufriedenstellend, was die Gesundheit Ihres Tieres angeht. Lassen Sie Ihre Katze jedoch nicht uneingeschränkt umherstreifen oder zwingen Sie sie nie, ins Freie zu gehen, wenn Sie häufige Besuche beim Tierarzt lieber vermeiden wollen. Außerdem sorgen Sie für ein sicheres Halsband und ein Namensschildchen, wenn die Katze ins Freie gelassen werden soll. Stubenkatzen und Katzen, die stets in der Nähe Ihres Heimes bleiben, entgeht nichts, was für ein gesundes und glückliches Leben notwendig ist, und diese Katzen erleben seltener Infektionserkrankungen, Automobilunfälle, Vergiftungen, Schußverletzungen und Balgereien als ihre frei herumstreunenden Altersgenossen. Die Entscheidung darüber, ob Ihre Katze freien Zugang nach draußen haben soll, müssen Sie früh treffen und dann dabei bleiben. Katzen, die als Jungtiere drinnen gehalten wurden, zeigen in der Regel wenig Lust zu streunen, selbst wenn man sie später hinausläßt.

2.2 Die Erziehung

Das Pensum, das Ihre Katze erlernen muß, damit es sich leicht mit ihr leben läßt, ist minimal verglichen mit dem, was einem Hund beigebracht werden muß, um ihn

Tab. 3: Tagebuch für vorbeugende medizinische Maßnahmen

Täglich:	Ausgewogen füttern. Vgl. Seiten 48–57. Putzen je nach den Gewohnheiten und nach dem Felltyp. Vgl. Seite 43. Die Stimmung, die Aktivität und den Appetit der Katze beurteilen. Veränderungen können eine gründliche körperliche Untersuchung erfordern. Katzentoilette säubern. Den Kot betrachten und, wenn möglich, auch noch den Urin. Bei Katzen, die viel im Freien sind, das Fell der Aftergegend nach kotverschmierten Haaren absuchen.
Wöchentlich:	Nach äußeren Parasiten fahnden und entsprechend behandeln. Siehe Seiten 70–76. Ohren untersuchen. Siehe Seiten 25–27. Zähne säubern, wenn nötig. Siehe Seite 47. Vorbeugungsmittel gegen Haarballen verabreichen. Siehe Seite 100.
Alle zwei Wochen:	Krallenlänge und -aussehen prüfen. Nötigenfalls kürzen. Siehe Seite 46. Zähne untersuchen, wenn eine wöchentliche Reinigung nicht nötig ist. Siehe Seite 47.
Monatlich:	Milchdrüsen untersuchen. Siehe Seite 22. Baden, wenn nötig. Siehe Seite 43.
Alle sechs Monate:	Eine vollständige körperliche Untersuchung durchführen, falls sie nicht schon zuvor nötig geworden ist. Stuhlprobe zum Tierarzt bringen, insbesondere dann, wenn Darmparasiten in Ihrer Wohngegend häufig sind. Siehe Seite 63.
Jährlich:	Die Katze zur Untersuchung zum Tierarzt bringen und Impfungen auffrischen, wenn nötig. Siehe Seite 58.

zum angenehmen Begleiter zu machen. Für viele Katzen besteht die Erziehung nur darin, daß sie stubenrein werden und mehr oder weniger zufällig lernen, auf ihren Namen zu hören. Es gibt aber viele andere Dinge, die man ihnen beibringen kann. Manche Katzen geben Pfötchen, holen Bälle zurück, sitzen auf Befehl und vollbringen andere Kunststücke, die zwar amüsant sind, aber nicht notwendig, um sie zu einem guten Gefährten zu machen. Da sich nur ein kurzer Abschnitt dieses Buches der Frage widmet, wie man das Verhalten seiner Katze verstehen – und wenn nötig – ändern kann, mag das folgende Buch interessant und nützlich sein: Paul Leyhausen, Verhaltensstudien an Katzen, 4. Aufl. Berlin und Hamburg: Verlag Paul Parey.

Wie Sie Ihrer Katze den Namen beibringen □ Benutzen Sie den Namen Ihrer Katze häufig im Lauf der Erziehung. Benutzen Sie ihn vor allem bei angenehmen Gelegenheiten, etwa beim Füttern, beim Spiel und wenn sie gestreichelt wird, aber auch, wenn Sie die Aufmerksamkeit des Tieres auf sich lenken wollen, um ihr Verhalten zu ändern. Wenn Sie dabei konsequent sind, wird die Katze ihren Namen sehr schnell lernen. Wenn Sie den Namen nur mit »guten« Dingen in Verbindung bringen, wird sie bald ganz zwanglos auf Anruf zugelaufen kommen.

Bestrafung □ Während viele Katzen offenbar nicht auf Strafe für begangene Missetaten reagieren, tun viele andere es durchaus. Jedesmal, wenn Sie sich eine Katze zulegen, werden Sie von neuem herausfinden müssen, welches die beste Methode für dieses Tier ist. Im allgemeinen wird man physische Bestrafungen vermeiden und sollte die Katze dazu bewegen, auf leises Zureden und Streicheln zu reagieren. Ein scharfes »Nein!« ist am Platze, wenn die Katze etwas Unerwünschtes tut, und man muß sehen, ob dies ausreicht, um sie in ihrem Verhalten zu bremsen. Wenn strenge Worte und Lob nicht ausreichen, müssen Sie dazu übergehen, die Katze im Genick zu packen und sie zu schütteln oder einen Klaps auf den Körper zu geben. (Vorsicht: Niemals eine Katze bestrafen, wenn sie auf Anruf gekommen ist; sie könnte glauben, daß Sie sie für das Kommen bestrafen.) Katzen sind intelligente Wesen, und körperliche Bestrafung führt manchmal dazu, daß sie sich gut benehmen, wenn man in der Nähe ist, aber sofort Unerwünschtes tun, wenn man das Zimmer oder die Wohnung verläßt. Ein Spritzer aus einer Wasserpistole oder einer Siphonflasche kann oft bessere Dienste leisten, als direkte Bestrafung. Halten Sie eine gefüllte Spritzpistole griffbereit. Wenn Ihre Katze an Pflanzen nagt, in den Kamin steigt, in die Vorhänge klettert oder anderen Schabernack im Rahmen ihrer Entdeckungsreisen treibt, bespritzen Sie sie. Nach ein paar Zurechtweisungen dieser Art, hört das unerwünschte Verhalten in der Regel auf. Die Wasserpistolenmethode führt oft zu langanhaltenden Erfolgen.

Spielzeug □ Ihre Katze sollten Sie mit ausreichend Ablenkungsspielzeug versorgen. Dauernde Zurechtweisungen werden nicht zur perfekt erzogenen Katze führen. Sie sollten deshalb immer für erlaubte Zerstreuungen sorgen. Viele käufliche Spielsachen sind gut, schauen Sie sie sich aber genau an, ob sie sicher genug sind. Alle Spielsachen für Katzen sollten so groß sein, daß sie nicht verschluckt werden können, selbst nicht mit Mühe. Sie sollten stabil genug sein, daß sie nicht zerrissen und aufgefressen werden. Meiden Sie Fäden und Schnüre, auch Garnknäuel; Ihre Katze könnte sie auseinanderrollen und das Garn kauen. Oft verschlucken Katzen diese Materialien, die erhebliche Beschwerden im Magen-Darmtrakt hervorrufen können. Ein Büschel Katzenminze (Nepeta cataria), Spielsachen mit diesem Geschmack, Papiertüten, leere Garnspulen, ausgestopfte Socken und Knochen, die gekaut, aber nicht verschluckt werden können, sind gute und nicht teure Spielsachen, die viele Katzen mögen. Ein stoffbezogener »Katzenbaum« ist teurer, wird aber statt des Mobilars als Sitz- und Kratzgelegenheit oft angenommen. (Mehr über Kratzpfähle lesen Sie in Kapitel 2.3.4.)

Das günstigste Alter zum Erwerb eines Jungtieres □ Wenn man die Wahl hat, bringt man sich ein neues Kätzchen nach Hause, das etwa sieben bis zehn Wochen alt ist. Wenn auch der für die Sozialisation kritische Lebensabschnitt für die Katze nicht so feststeht wie für den Hund, so kann man doch vermuten, daß junge Katzen, die vor der sechsten Lebenswoche keinen Kontakt zu anderen Katzen hatten, eher abnorme Verhaltensmuster entwickeln. Sie werden außergewöhnlich scheu oder aggressiv und lernen möglicherweise den rechten Umgang mit anderen Katzen nie. Wartet man, bis sie sieben bis zehn Wochen alt ist, ehe man sie nach Hause bringt, läßt man ihr Zeit für das richtige soziale Zusammenspiel mit den Geschwistern und der Mutter, für eine regelrechte Entwöhnung und in der Regel für die Gewöhnung an eine Katzentoilette. Man nimmt möglichst ein Kätzchen, das jung genug ist, um sich gut an den Halter und an die neue Umgebung zu Hause anzupassen.

□ Sofern Sie nicht Ihr Bett mit Ihrer Katze teilen wollen, geben Sie ihr ihren eigenen Platz von der ersten Nacht im Haus an. Man besorgt sich einen Katzenkorb oder nimmt eine Pappschachtel und überzieht sie mit einem sauberen, waschbaren Handtuch oder Laken und stellt dieses Bett an den Platz, der für die Katze bestimmt ist. Wenn Ihr Kätzchen noch nicht weiß, wie man eine Katzentoilette benutzt, ist es wahrscheinlich am besten, einen Platz in der Wohnung auszusuchen, der groß genug ist für Futter und Wasserschalen, für den Korb und für die Wanne, die als Toilette dienen soll. Um Verschmutzungen auf dem Fußboden zu vermeiden, sperren Sie die junge Katze nachts – und wenn Sie das Haus verlassen müssen – dort ein. Benutzt Ihr Kätzchen bereits eine Wanne, ist eine solche Sperre wahrscheinlich nicht notwendig. Man sollte nur sicher sein, daß die Wanne leicht erreichbar ist und daß der Korb in einer warmen und zugfreien Ecke steht. Diese Anordnung muß man streng und konsequent einhalten, wenn man nicht vorhat, sein Bett mit der Katze zu teilen. Ein bezauberndes kleines Kätzchen ein paar Nächte lang mit ins Bett zu nehmen, ist leicht; aber so ziemlich unmöglich ist es, eine erwachsene Katze von einem gemütlichen Bett fernzuhalten, das sie einmal in Besitz genommen hat.

Stubenreinheit □ Katzen sind ihrem Instinkt nach eigen darin, wo sie ihren Kot absetzen. Daher ist Stubenreinheit bei der Katze in der Regel sehr leicht zu erreichen. Oft wird ein Kätzchen schon eine Katzentoilette verwenden, wenn man es nach Hause bringt. Ist das nicht der Fall, so wird man eine Katze sehr schnell an deren Gebrauch gewöhnen können. Man nimmt eine glatte Wanne (Wannen mit einer Kunststoff- oder Emailleoberfläche sind die besten), die leicht gesäubert und desinfiziert werden kann, oder man nimmt Schachteln, die man wegwerfen kann. Zeitungspapier, Sägemehl oder Holzspäne sind hygienische Streumaterialien; aber ich halte die handelsübliche Streu für die beste. Sie ist sauber, absorbiert, reduziert Gerüche, und die meisten Katzen scheinen sie zu mögen. Mit dem Streumaterial bedeckt man den Wannenboden und stellt die Wanne dort auf, wo die Katze sie leicht erreichen kann. Wenn man ein Kätzchen hat, sollte man darauf achten, daß es am Anfang nicht zu weit laufen muß, um die Toilette zu finden; die Seitenwände der Wanne sollen nicht zu hoch und mühelos zu übersteigen sein, anderenfalls bekommt man Schwierigkeiten mit der Sauberkeitserziehung. Benutzt Ihre Katze die Toilette von Anfang an richtig, schön und gut. Wenn nicht, kann man ihr helfen, indem man sie nach dem Fressen in die Wanne hineinsetzt, auch wenn sie aufwacht und nach dem Spielen. Treten die erwünschten Folgen ein, sollte man sie loben; fängt sie an, ihren Kot an einer falschen Stelle abzusetzen, sollte man streng und prägnant »Nein!« sagen und sie wieder in die Wanne setzen.

□ Hat man sich dazu entschieden, seiner Katze freien Zugang nach draußen zu lassen, kann man mit der Katzentoilette das Eingewöhnen abschließen. Wenn die Katze sich daran gewöhnt hat, ein- und auszugehen, dann bewegt man ihre Toilette ganz langsam von der ursprünglichen Stelle zum am häufigsten benutzten Ausgang hin. Sollte Ihre Katze dabei mal nicht die Wanne benutzen, schiebt man sie für ein paar Tage zur letzten Stelle zurück, bevor man fortfährt. In ein paar Tagen wird Ihre Katze die Toilette benutzen. Daraufhin stellt man die Wanne unmittelbar an die Außenseite des Ausgangs. Nachdem Ihre Katze nun die Wanne ein paar Tage lang draußen verwendet hat, nimmt man sie ganz und gar weg. Die meisten Katzen werden dann ihren Kot weiterhin draußen absetzen. Katzenkot kann allerdings im Garten für Menschen gesundheitlich bedenklich sein (siehe Kapitel 2.7). Wenn Ihre Katze im Garten Kot absetzt, dann nehmen Sie bei der Gartenarbeit Handschuhe – oder zumindest waschen Sie sich danach gründlich die Hände. Lassen Sie Kinder, deren Gewohnheiten weniger hygienisch sein dürften, auch nicht an Stellen spielen, an denen Ihre Katze möglicherweise ihren Kot verscharrt.

□ Entfernen Sie den Kot aus der Streuwanne täglich. Am besten mit einem löffelartigen Streusieb, das man beim Fachhändler oder im Warenhaus kaufen kann. Wenn man Wegwerfeinsätze verwendet oder ganz und gar wegwerfbare Streuwannen, sollte man sie mindestens alle vier Tage austauschen. Sonst wäscht man die Wanne gründlich jeden vierten Tag. (Dies tut man im Freien oder in einem Becken, das nicht zum Geschirrspülen oder Baden verwendet wird.) Verwenden Sie heißes Wasser, Seife und ein chlorhaltiges Scheuermittel, spülen Sie die Wanne gut aus und lassen Sie sie gründlich trocknen, bevor Sie die Streu erneuern. Verwenden Sie auf keinen Fall Desinfektionsmittel, die Phenol (Karbolsäure) enthalten, Kresole, Resorcinol oder Hexoresorcinol; diese Stoffe können für Katzen giftig sein. Sollte dieser Reinigungsplan nicht ausreichen, um die Geruchsbelästigung minimal zu halten, kann man Backpulver als harmloses Mittel versuchen. Man beschichtet den Boden der Wanne mit einem 3 : 1 Gemisch Streu und Backpulver bei jedem Streuwechsel.

□ Gelegentlich wird eine Streuwanne Ihnen gefallen, aber Ihrer Katze nicht. Die meisten Katzen mögen keine feuchten oder schmutzigen Wannen und beginnen ihren Kot an ungewöhnlichen Stellen abzusetzen, wenn sie mit ihrer Toilette nicht zufrieden sind. Deshalb sollte man stets Streu auswechseln und angefeuchtetes Material erneuern, selbst wenn dies etwas öfter geschieht, als normalerweise vorgesehen. Die Verschmutzung ungewöhnlicher Stellen der Wohnung kann auch vorkommen, wenn die Katzentoilette sauber und trokken ist. Manchmal liegt es daran, daß man die Streusubstanz verändert hat, nachdem man ein und dieselbe Sorte über längere Zeit benutzt hatte. Findet man bei einer stubenreinen Katze Kot oder Urin an ungewöhnlichen Stellen im Hause, sollte man die Katzentoilette überprüfen. Mehr über Kotabsatz an unerwünschten Stellen finden Sie in den Kapiteln 3.6.2, 3.7.2 und 3.7.3.

2.3 Putzen

Ob man einem bestimmten Programm für die Pflege seiner Katze folgt oder nicht, hängt größtenteils davon ab, wie lang und wie dicht ihr Fell ist, ob sie den größten Teil ihrer Zeit drinnen oder draußen verbringt und ob sie sich selbst gut putzt. Gewöhnlich brauchen draußen lebende Katzen mehr Pflege, um sie zu angenehmen Hausgefährten zu machen, als Katzen, die die ganze Zeit im Hause sind. Stubenkatzen müssen oft die Nägel gekürzt werden. Lesen Sie sich den Abschnitt durch und treffen Sie die Entscheidung, welches Programm Sie für diese Pflege wählen.

2.3.1 Baden

Obwohl Katzen sich selbst putzen, machen es nicht alle oft genug oder gründlich genug, um sich selbst so sauber zu halten, daß sie angenehme Begleiter sind und Fell und Haut gesund und gut aussehen. Kater, die viel draußen sind, scheinen hier die schlimmsten Sünder zu sein, aber jede Katze mag gelegentlich ein Bad brauchen, wenn sie schmutzig wird oder aus gesundheitlichen Gründen.

Wann fängt man mit dem Baden an □ Um spätere Schwierigkeiten zu vermeiden, soll man seine Katze früh im Leben an das Baden gewöhnen. Ich halte es für das beste, eine junge Katze ungefähr einmal im Monat zu baden. Man beginnt etwa im dritten Lebensmonat, und zwar allein zu dem Zweck der Gewöhnung ans Baden. Man kann aber auch ein Kätzchen, das sieben oder acht Wochen alt ist, baden. Man sollte das schnell tun und die Möglichkeit, daß es sich verkühlt, ausschalten. Das Baden selbst verursacht keine Erkrankung, aber die Belastung durch Unterkühlen kann jede Katze, insbesondere eine junge, für eine Krankheit disponieren. Ist Ihre Katze erst einmal an das Baden gewöhnt und macht sie mit, dann richtet man sich am besten nach ihrem Aussehen und nach dem Fellgeruch, um die Häufigkeit der Bäder festzulegen.

Wie oft man badet □ Bei einer durchschnittlichen hautgesunden Katze reicht ein monatliches Bad gewöhnlich aus.
□ Hat Ihre Katze keine spezielle Hauterkrankung, für die spezielle medizinische Shampoons vom Tierarzt empfohlen werden, verwenden Sie ein gutes Katzenhaarwaschmittel oder ein sanftes Shampoon für menschlichen Gebrauch (Baby-Shampoon) zum Baden.

Welches Shampoon man benutzt □ Vermeiden Sie Kernseife und Geschirrspülmittel, denn sie scheinen das Fell ganz besonders stark auszutrocknen und reizen bei manchen Katzen die Haut sehr. Dem Shampoonieren kann eine Creme-

Spülung (für Menschen oder für Haustiere) folgen, um das Auskämmen bei Langhaarkatzen zu erleichtern.

Wie man badet □ Vor dem Baden ist es sinnvoll, wenn nicht sogar notwendig, Gehörgänge und Augen der Katze vor Seife und Wasser zu schützen. Dies geschieht durch große Wattetupfer, die man fest in die Ohren hineinsteckt, und durch eine nichtreizende Augensalbe, Vaseline oder durch einen Tropfen Öl, den man in jedes Auge einführt. Langhaarkatzen sollte man vor dem Baden auskämmen, um das spätere Putzen zu erleichtern.

□ Setzen Sie Ihre Katze in ein Waschbekken oder in die Badewanne und benutzen Sie warmes Wasser. Handelt es sich um ein erwachsenes Tier, das sich sträubt, dann halten Sie es unter Kontrolle und vermeiden Sie es, von ihm gekratzt zu werden, indem Sie es mit einer Hand am Hinterkopf hinter den Ohren oder am Nacken greifen (siehe Kapitel 4.1.9). Daraufhin nehmen Sie Ihre freie Hand zum Einseifen und Spülen. Ist Ihre Katze äußerst unsicher, dann kann man sie in der Wanne halten, indem man eine weiche Schnur um ihren Hals legt und diese fixiert (aber nie am Heißwasser-Hahn). Lassen Sie aber nie eine Katze, die so festgebunden ist, allein. Besser als diese Methoden ist in die Badewanne gelegte Fliegengaze oder ähnliches. Die meisten Katzen werden sich daran festkrallen und in der Wanne bleiben, so daß Ihnen beide Hände zur Arbeit freibleiben. Loben Sie Ihre Katze, wenn sie mitmacht, und versuchen Sie, sie mit einem »Nein!« zu korrigieren, wenn sie es nicht tut. Als letztes Mittel kann Ihnen der Tierarzt Beruhigungsmittel verschreiben, wenn Sie einmal eine widersetzliche Katze baden müssen.

□ Das Bad beginnen Sie, indem Sie die Katze gründlich naß machen und dann das Haarwaschmittel auftragen, bis es schäumt. Ist die Katze sehr schmutzig, dann sind eventuell zwei Shampoonierungen nötig. Nach dem Einseifen folgt eine gründliche Spülung, denn jede Seife, die auf der Haut zurückbleibt, kann reizen, und betäubte Parasiten (s. ab Kapitel 2.7.10), die auf der Haut zurückgeblieben sind, können aufwachen und wieder aktiv werden. Wenn Sie eine Cremespülung verwenden, spülen Sie gründlich nach. Das Abtrocknen mit dem Handtuch reicht gewöhnlich aus. Vorausgesetzt, es gelingt Ihnen, Ihre Katze an das Geräusch zu gewöhnen, können Sie auch einen Haartrockner zur Beschleunigung des Trockenvorgangs verwenden.

2.3.2 Die Pflege zwischen den Bädern

Wie Sie das Fell Ihrer Katze zwischen den Bädern pflegen, hängt von dessen Länge und Art ab. Kurzhaarige Katzen benötigen meist wenig Putzpflege. Wenn Sie wollen, können Sie sie zweimal in der Woche bürsten, um das Fett im Fell zu verteilen und loses Haar zu beseitigen. Dadurch wird weniger Haar in der Wohnung auftauchen, und die Menge der beim Selberputzen verschluckten Haare wird reduziert. Gute Dienste leistet ein Bürsthandschuh.

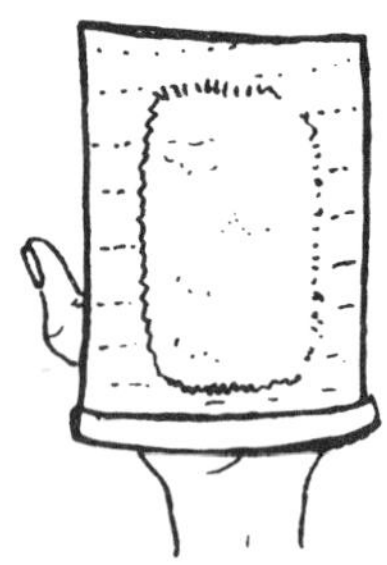

Abb. 37: Putzhandschuh

□ Um das Verfilzen des Fells zu vermeiden und um die Bildung von Haarballen (Bezoaren) unwahrscheinlicher zu machen, muß man langhaarige Katzen häufig bürsten (siehe Kapitel 3.6.1). Haarverfilzungen kommen hinter den Ohren und zwischen den Beinen vor; man sollte deshalb diese Gebiete beim Kämmen und Bürsten nicht vergessen. Kleine Verfilzungen kann man oft mit dem Kamm lösen, größere muß man mit der Schere wegschneiden.

Haarverfilzungen durch Teer, Farbe, Öl □ Teer, Farbe und Öl sind Substanzen, deren Entfernung aus dem Fell Schwierigkeiten bereiten kann. Unter keinen Umständen verwendet man hierzu Benzin,

Terpentin, Petroleum, Farblöser oder ähnliches. Kleinere Teer- oder Farbflecke kann man ausschneiden, größere ohne Schneiden entfernen, indem man den betroffenen Fellbezirk mit Pflanzen- oder Mineralöl circa 24 Stunden lang einweicht (das heißt man bandagiert die teerverschmutzten Pfoten mit ölgetränkten Verbänden), dann wäscht man mit Seifenwasser ab. Kleine Ölflecke auf dem Fell kann man auch mit Stärke betupfen, die Öl aufsaugt, und dann ausbürsten. Größere Mengen behandelt man mit Mineralöl genauso wie Teer. Als letztes Mittel kann man ein Bad mit einem Geschirrspülmittel verwenden, zum Beispiel wenn die ganze Katze mit Öl bedeckt ist.

Haarverfilzungen durch Grannen □ In Gegenden, wo Wilde Gerste oder andere lästige Pflanzengrannen vorkommen, wird man im Frühjahr, im Sommer und im Herbst bei Katzen, die sich draußen aufhalten, das Fell täglich untersuchen müssen. Obwohl Pflanzengrannen bei Katzen viel seltener vorkommen als bei Hunden, können Grannen, die nicht gefunden und entfernt werden, die Haut leicht durchdringen und Reizung und Infektion hervorrufen.

2.3.3 Ohren

Die meisten Katzen, die sich gut putzen, halten ihre Ohren äußerst sauber und brauchen Ihre Hilfe dafür nicht. Kleinere Mengen Ohrenschmalz sind normal. Entfernt Ihre Katze sie nicht, können Sie es leicht mit einem feuchten Handtuch oder Lappen nach dem Bade tun. Sie wickeln den Lappen über Ihren Zeigefinger und reinigen den Gehörgang soweit von überschüssigem Ohrenschmalz und Schmutz, wie Ihr Finger in den Gehörgang reicht. Falten und Nischen, die man nicht mit dem Finger erreichen kann, sollte man mit einem Wattetupfer, der mit Wasser oder Mineralöl angefeuchtet wurde, reinigen. Wenn man so vorgeht, kann man das Trommelfell der Katze nicht beschädigen, es sei denn, man ist außerordentlich grob, denn die Gehörgänge sind schmal und tief.

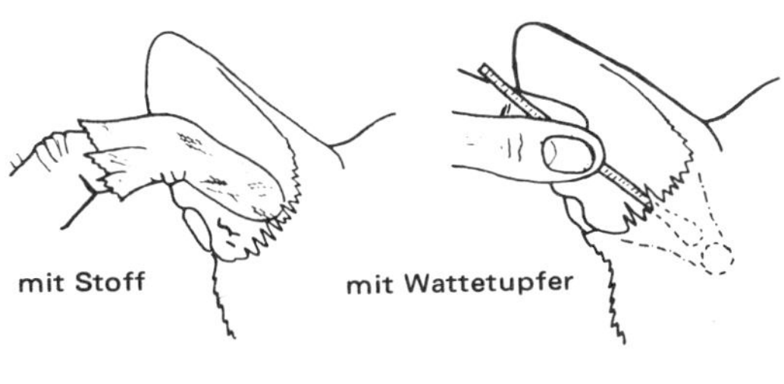

Abb. 38: Das Ohrenreinigen

□ Liegt bei Ihrer Katze eine Entzündung oder eine Infektion am Ohr vor (Otitis), wird eine besondere Ohrreinigung nötig sein (siehe Kapitel 3.3.6).

2.3.4 Krallen

Kratzen ist normal □ Als Teil ihrer angeborenen Neigung, sich selbst zu reinigen, pflegen Katzen auch ihre Krallen (Zehnägel). Sie tun es, indem sie Gegenstände bekratzen, die die äußere abgenutzte Kralle abwetzen und die darunterliegende neue scharfe Kralle freilegen. Wenn es sich dabei auch um ein völlig normales Verhalten handelt, so kann es doch für Katzenbesitzer, die die Katze in der Wohnung halten, ein Problem werden. Wenn man der Katze keinen Kratzpfahl oder ein Kratzbrett zur Verfügung stellt, wird sie zum Kratzen Teppiche, Möbel und Vorhänge verwenden und sie beschädigen oder ganz zerstören. (Katzen entfernen die abgenutzten äußeren Krallen auch mit den Zähnen, aber das sieht man seltener, und dabei entstehen für den Katzenbesitzer keine Schwierigkeiten.)

Geben Sie der Katze einen Kratzpfahl, wenn sie jung ist □ Um spätere Probleme zu vermeiden, geben Sie Ihrer Katze, schon wenn sie sehr jung ist, einen Kratzpfahl oder ein Brett. Sie können dabei handelsübliche Kratzpfähle verwenden – es handelt sich um waagerechte oder senkrecht angebrachte Pfosten, die gewöhnlich mit Teppichstoff bedeckt sind –, oder Sie können selbst einen Kratzpfahl herstellen. Ein Brett, das etwa 20 cm breit und etwa 30 cm lang ist – unbedeckt oder mit Stoff überzogen –, kann man an der Wand anbringen. Die Höhe sollte so gewählt sein, daß Ihre

Katze beim Krallenwetzen bequem auf ihren Hinterläufen ruhen kann. Man wird das Brett also mit zunehmendem Wachstum der Katze unter Umständen versetzen müssen. Aus einem unbedeckten oder mit Stoff überzogenen Brett, das waagerecht oder senkrecht steht, kann man ebenfalls einen guten Kratzpfahl herstellen. Viele Katzen scheinen einen Holzklotz oder einen Ast, an dem noch Borke ist, zu mögen.

□ Wenn man mit der Erziehung anfängt, stellt man den abzuwetzenden Gegenstand in die Nähe des Schlaf- oder Ruheplatzes der Katze, da sie sich im allgemeinen kurz nach dem Aufwachen recken und kratzen wird. Dann loben und streicheln Sie sie immer, wenn sie den Kratzpfahl benutzt. Kratzt sie Möbel oder andere verbotene Gegenstände an, dann nehmen Sie sie zum Kratzpfahl und ermahnen Sie sie. Mit etwas Hartnäckigkeit und Wiederholung wird Ihre Katze bald den Kratzpfahl verwenden und andere Gegenstände in Ruhe lassen.

□ Wenn man eine erwachsene Katze hat, die in der Jugend nicht an einen Kratzpfahl gewöhnt wurde, kann das Problem schwieriger werden. Die Prinzipien des Ermahnens und Lobens sind dieselben, aber es kann sehr viel länger dauern, bis man die erwünschten Erfolge erzielt. Bedeckt man den Kratzpfahl nicht mit einem Material, das zumindest genauso erwünscht ist wie die Dinge, die zuvor abgewetzt wurden, wird man nicht sehr weit kommen. Zumindest ein Verhaltensforscher ist der Meinung, daß Stoffe mit längs angeordneten Fäden bevorzugt werden; es wird jeden ein bißchen Experimentieren kosten, bis man genau den richtigen Stoff gefunden hat. Während der Erziehung werden Sie möglicherweise die Krallen Ihrer Katze kürzen müssen, um Beschädigungen der Möbel zu vermeiden.

Wie man Krallen kürzt □ Nagelscheren für Menschen kann man zum Kürzen von Katzenkrallen verwenden, oder auch Geräte, die speziell für Haustiere entwickelt wurden. Zum Kürzen fährt man die Kralle aus, wie es in Kapitel 1.2 geschildert wurde. Wenn man das bei gutem Licht tut und es sich nicht um dunkelpigmentierte Nägel

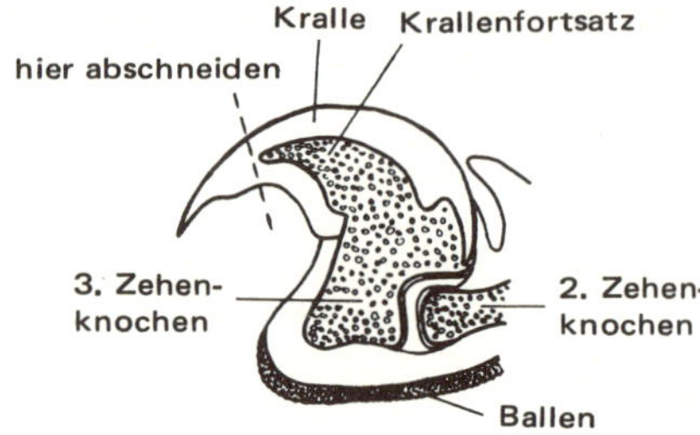

Abb. 39: Die Krallen (Querschnitt)

handelt, dann sieht man einen rosafarbenen, durchbluteten Teil (Lederhaut). Wo dieser Teil gerade endet, schneidet man die Kralle ab. Schneidet man in die Lederhaut hinein, so verursacht das Schmerzen, und es blutet in der Regel auch etwas. Das Bluten hört auf, aber der Schmerz wird Ihre Katze beim nächsten Krallenschneiden mißtrauisch machen. Es ist etwas schwieriger, pigmentierte Krallen zu kürzen, wenn man auch den durchbluteten Teil bei gutem Licht sehen kann. Gelingt es nicht, diesen Krallenteil sichtbar zu machen, dann folgt man am besten der Regel, daß der Nagel dort abzuschneiden ist, wo er sich nach unten zu krümmen beginnt. Schneiden Sie dabei aus Versehen ins »Leben« hinein und die Blutung kommt nicht zum Stillstand, dann können Sie einen blutstillenden Stift ansetzen oder die Lösung von Monsel (Eisensulfat, in der Apotheke erhältlich), oder Sie können die Pfote etwa eine Stunde lang fest verbinden (siehe Kapitel 4.1.10).

□ Hat man seine Katze bereits in jungem Alter daran gewöhnt, angepackt zu werden, dann kann eine Person das Krallenschneiden vornehmen. Empfindet Ihre Katze die Prozedur besonders unangenehm, versuchen Sie, sie daran zu gewöhnen, indem Sie langsam vorgehen und nur wenige Nägel auf einmal abschneiden und sie auch ermahnen, wenn sie sich schlecht benimmt. All dies sollten Sie versuchen, bevor Sie jemanden um Hilfe bitten.

Die Krallenentfernung □ Auf das Entkrallen (Onchyectomie) kann man zurückgreifen, wenn das Krallenkürzen und der Versuch, das Tier an einen Kratzpfahl zu gewöhnen, ohne Erfolg geblieben sind. Es kann auch bei Katzen notwendig werden, die beim Spielen ihre Krallen nicht einziehen. Man sollte es aber nicht zu einem Routineverfahren für Haustiere werden lassen. Es ist ein zu schmerzhafter Eingriff, als daß man ihn unnötigerweise durchführen sollte, darüber hinaus haben entkrallte Katzen in manchen Situationen Nachteile. Die Krallenamputation ist in der Bundesrepublik Deutschland nicht gestattet (Tierschutzgesetz vom 24. 7. 1972, § 6).

2.3.5 Zähne

Bei fast allen Katzen muß man den Zähnen besondere Aufmerksamkeit schenken. Nur so erhält man sie gesund und reduziert den Geruch aus dem Mäulchen auf ein Minimum.

Zahnstein □ Wie bei den meisten Menschen, entsteht auch bei den meisten Katzen eine Ablagerung auf den Zähnen, die als Zahnstein bezeichnet wird. An den Backenzähnen (Prämolaren und Molaren) sind diese Auflagerungen am augenfälligsten und imponieren als harte, gelblichbraune oder grau-weiße Ablagerungen, die weder durch Bürsten oder durch Kratzen mit dem Fingernagel entfernt werden können. Diese Ablagerungen sind nicht normal (siehe Kapitel 1.6). Sie können Erkrankungen des Zahnfleisches (Gingivitis, Periodontitis) hervorrufen und zum Verlust der Zähne führen. Bei vielen Katzen treten Erkrankungen des Zahnfleisches und lokkere Zähne auf. Bei den meisten Katzen entstehen keine Löcher in den Zähnen, sie verlieren sie aber, weil ihre Besitzer die frühen Stadien der Zahnfleischerkrankungen übersehen.

Die Zahnsteinentfernung □ Ist es zur Bildung von Zahnstein gekommen, kann dieser nur mit speziellen Werkzeugen beseitigt werden. Es handelt sich entweder um Schaber oder um einen Ultraschall-Zahnreiniger. Der Tierarzt entfernt den Zahnstein, aber wenn Sie es gerne lernen möchten, wird er es Ihnen wahrscheinlich auch zeigen. Zahnstein entwickelt sich aus einer weichen, weißen oder gelblichen Substanz, die auf den Zähnen abgelagert als Materia alba oder als Beläge (Plaque) bezeichnet werden. Es handelt sich um Material, das nach dem Fressen auf den Zähnen liegen bleibt. Diese Beläge können Sie beseitigen und damit der Zahnsteinbildung vorbeugen, wenn Sie die folgenden Regeln beachten:

□ 1. Einen großen Teil der Nahrung sollte Ihre Katze als Trockenfutter bekommen. Wenn harte Nahrung auch nicht unbedingt bei allen Katzen die Zahnsteinbildung verhindert, so haben Experimente doch gezeigt, daß Katzen bei Trockenfutterdiät weniger Zahnstein haben und sehr viel weniger Beläge zeigen als Katzen, die nur weiche, feuchte Nahrung bekommen.

□ 2. Ermuntern Sie Ihre Katze dazu, große, harte Knochen anzuknabbern, nicht aber aufzufressen und zu verschlucken. Durch Abschaben werden Zahnbeläge beseitigt. Die meisten Katzen werden nicht an Spielzeugen aus Hartgummi oder Leder knabbern, wie es Hunde tun. Geben Sie ihnen aber schon als Jungtiere große, harte Knochen mit ein wenig Fleisch daran, nehmen auch Katzen die Gewohnheit an, Knochen zu knabbern. Röhrenknochen von Rind oder Hammel sind gut. Knochen, die splittern, wie Schweinerippchen oder Hühnerknochen, sollte man nicht geben.

□ 3. Reinigen Sie selbst die Zähne Ihrer Katze ein- oder zweimal wöchentlich. Dazu können Sie eine Zahnbürste verwenden, aber ein Mulltupfer oder grober Stoff tun es genausogut. Feuchten Sie diese Hilfsmittel mit Wasser an und scheuern Sie Zähne und Zahnfleisch kräftig. Dabei ist es nicht notwendig, die inneren Zahnflächen zu reini-

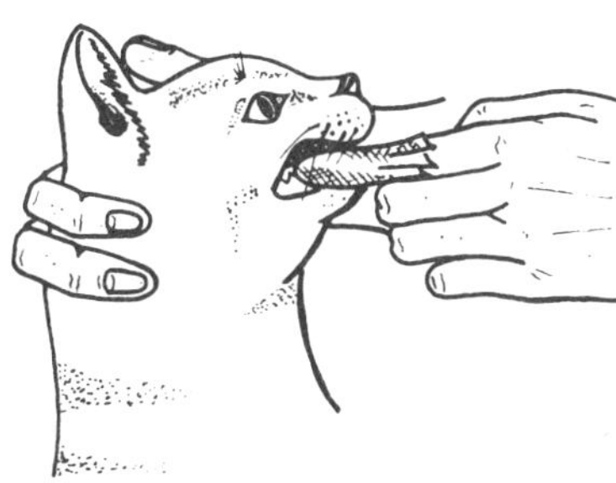

Abb. 40: Zahnsäuberung

gen, denn die Bewegung der Zunge hält sie verhältnismäßig frei von Zahnbelägen.

□ Blutet das Zahnfleisch der Katze, obwohl es sonst gesund aussieht, liegt es gewöhnlich nicht daran, daß Sie zu fest geschrubbt haben, sondern an einem frühen Stadium einer Zahnfleischentzündung. Bei guter Zahnpflege heilen frühe Stadien von selbst aus. Sieht man lockere Zähne, von denen sich das rotgefärbte Zahnfleisch zurückzieht (retrahiert), oder bessert sich blutendes Zahnfleisch bei guter Pflege nicht, muß man wahrscheinlich tierärztliche Hilfe in Anspruch nehmen. Man kann zu Hause mit einer täglichen Zahnfleischmassage beginnen. Nehmen Sie dazu Ihren bloßen Finger oder ein Tuch auf den Finger oder einen Stieltupfer. Machen Sie zarte, kreisförmige Bewegungen und drücken Sie dabei fest gegen das Zahnfleisch.

2.4 Ernährung

Allgemeine Informationen über das Füttern □ Genauso wie Menschen decken die Katzen ihren Nahrungsbedarf, indem sie Proteine, Fette, Kohlenhydrate, Vitamine und Mineralstoffe aufnehmen. Im Gegensatz zu Menschen und Hunden weiß man aber über den Mindestbedarf der notwendigen Nahrungsstoffe bei Katzen nicht genau Bescheid. Daher kann es schwierig sein, eine zweckmäßige Diät in der Wachstumsphase, im Erwachsenenalter und beim alten Tier zusammenzustellen, insbesondere dann, wenn besondere Bedürfnisse oder Gewohnheiten in der Ernährung vorliegen. Man sollte dabei immer vor Augen haben, daß sich erst nach Monaten oder nach Jahren der Mangelfütterung Krankheitszeichen einstellen und daß die Auswirkungen einer unzweckmäßigen Ernährung in der Regel nicht wiedergutzumachen sind.

Proteine □ Eiweiße (Proteine) sind lebenswichtige Substanzen und dienen dem Wachstum und der Wiederherstellung. Außer aus Eiweiß können sie im Körper nicht aus anderen Nahrungsmitteln hergestellt werden; deshalb sind Proteine außerordentlich wichtige Nährstoffe. Sie sind aufgebaut aus Aminosäuren und können sich stark unterscheiden, je nachdem, welche Aminosäuren enthalten sind und in welchem Verhältnis. Essentielle Aminosäuren können nicht im Körper der Katze aufgebaut und müssen in besonderen Mengen mit dem Futter zugeführt werden, wenn sie optimal verdaut werden sollen. Proteine, die essentielle Aminosäuren in fast optimalen Verhältnissen liefern, werden als Proteine mit einem hohen biologischen Wert bezeichnet, da sie vom Körper wirksam verwendet werden können. Proteine mit einem hohen biologischen Wert sind am besten zu verfüttern, und sie bilden den besten Ausgangspunkt für käufliches Futter; sie sind am wirtschaftlichsten in bezug auf vom Körper zu leistende Arbeit und bei gleichem Gewicht wirtschaftlicher als Proteine, die nicht so vollständig verdaut und aufgenommen werden können, wenn man sie allein verfüttert. Beispiele für Proteine mit hohem biologischem Wert sind Eier, Milch, Fisch, Muskelfleisch, Sojabohnen und Hefen.

□ Für wachsende junge Katzen kommt ein Futter dem Proteinbedarf am nächsten, dessen Trockengewicht zu etwa 34 bis 40 Prozent aus Proteinen verschiedener Herkunft zusammengesetzt ist. Zur Aufrechterhaltung des Stoffwechsels beim erwachsenen Tier reichen etwa 25 Prozent Proteinanteil. Diese Mengen sind nötig, um den Proteinbedarf für Katzen zu decken, der nach Schätzungen zwischen zwei- bis viermal so hoch ist wie für Hunde in entsprechenden Wachstumsphasen. Dieser hohe Proteinbedarf legt nahe, daß zumindest aus diesem einen Grund – dem Proteingehalt – Mahlzeiten, die für Hunde gedacht sind, für Katzen nicht immer zweckmäßig sind.

□ Eier sind eine hervorragende Proteinquelle, wenn man sie als Nahrungszusatz verwendet. Verfüttert man oft Eier, dann sollten sie allerdings gekocht sein. Das Eiweiß wird roh nicht so gut verdaut wie gekocht, und rohes Eiweiß enthält eine Substanz, als Avidin bezeichnet, die das Biotin (ein B-Vitamin) bindet und somit dessen Aufnahme im Verdauungstrakt verhindert.

Obwohl der Biotinbedarf der Katzen noch nicht feststeht, halte ich es doch für das beste, für die sichere Zufuhr der meisten Vitamine zu sorgen. Rohes Eigelb kann verfüttert werden, wenn man es von dem Eiweiß trennt.

□ Milch und Milchprodukte wie Quark oder Joghurt sind auch gute Proteinquellen und darüber hinaus reich an Kalzium und Phosphor. Allerdings bekommen manche Katzen Durchfälle, wenn man sie mit Milchprodukten füttert. Andere bekommen Durchfälle nur, wenn sie große Mengen fressen. Durchfall, der beim Verfüttern von Milchprodukten auftritt, entsteht durch unverdauten Milchzucker (Laktose). Unverdaute Laktose zieht Wasser in den Dünndarm und verursacht so Durchfall. Fügen Sie daher Milch und Milchprodukte nur vorsichtig zur Katzennahrung hinzu. Stellen sich bei der Milchfütterung lockere Stühle ein, hören Sie sofort damit auf und warten Sie, bis sich die Stühle normalisieren, bevor Sie neue Milchprodukte ausprobieren. Katzen, die keine Milch trinken können, ohne Durchfall zu bekommen, können oft Joghurt fressen, der einen sehr viel niedrigeren Laktosegehalt hat.

Fette □ Fette stellen von den notwendigen Nahrungsbestandteilen die konzentrierteste Energiequelle dar (9 Kalorien pro Gramm). Sie sind außerdem Träger der fettlöslichen Vitamine A, D, E, K und liefern Fettsäuren (das heißt Linolen und Linolsäure), die wahrscheinlich bei Katzen genauso wie bei anderen Tieren wichtig sind für gesunde Haut und gesundes Fell. Der Fettgehalt eines zweckmäßigen Katzenfutters muß sehr viel höher sein als Futter für Hunde. Ein höherer Fettgehalt verbessert nicht nur den Geschmack, sondern junge Katzen, die einen hohen Fettgehalt gefüttert bekommen, wachsen auch besser als jene, deren Futter weniger Fett enthält. Ein Futter, das 25 bis 30 Prozent Fett enthält, ist empfehlenswert. Die meisten fertigen Trockenfutter und halbfeuchten Nahrungsmittel enthalten das Fett in für Katzen nicht optimaler Menge und können ergänzt werden durch Schweinefett, Butter oder Öl. Zu jedem Kilo Trockenfutter füge man 9 große Löffel Öl. 7 Löffel Öl reichen für ein Kilo halbfeuchtes Futter.

Kohlenhydrate □ Kohlenhydrate (Zukker, Stärke, Zellulose) werden von der Katze als Energiequellen verwendet und helfen unter normalen Stoffwechselbedingungen, den Blutzuckerspiegel aufrechtzuerhalten. Da Kohlenhydrate als Energiequelle gut verdaulich sind, sparen sie Proteine und erlauben dem Körper, sie für die wichtigeren Aufbauarbeiten zu verwenden. Zellulose, ein Kohlenhydrat, das Katzen nicht verdauen, liefert die notwendigen Füllstoffe für eine richtige Darmfunktion.

□ Obwohl nicht nachgewiesen ist, daß Kohlenhydrate in der Nahrung unbedingt notwendig sind, können sie von Katzen als Energiequelle aufgenommen werden, insbesondere im gekochten Zustand (Weizenmehle, Kartoffeln und bestimmte andere Gemüsesorten). Bei ausreichendem Fett- und Proteingehalt dürfen auch Kohlenhydrate bis zu 33 % der Nahrung ausmachen.

Wasser □ Katzen brauchen etwa 60 ml Wasser pro Kilo Körpergewicht. Dieses Wasser nehmen sie mit der Nahrung und in den Flüssigkeiten, die sie trinken, auf. Wasser ist außerdem ein Nebenprodukt des Stoffwechsels, besonders des Fettstoffwechsels. Eine Katze, die feuchtes Futter erhält (etwa 75 % Wasser), kann ohne Trinken auskommen. Katzen mit einer anderen Futterzusammensetzung trinken häufig, und die tatsächlich benötigte Flüssigkeitsmenge für eine Katze hängt, abgesehen von der Nahrungsbeschaffenheit, von vielen Faktoren ab, unter anderem von der Bewegung, von der Umgebungstemperatur, von der Körpertemperatur und gegebenenfalls von Erbrechen oder Durchfällen. Daher ist die Wasseraufnahme am besten reguliert, wenn Sie dafür sorgen, daß Ihre Katze allzeit Zugang zu sauberem Wasser hat (Milch kann als zusätzliche Wasserquelle dienen, wenn sie nicht zum Durchfall führt). Geben Sie Ihrer Katze nur Trinkwasser, und ist der freie Zugang zum Wasser nicht möglich, dann bieten Sie ihr wenigstens 3mal am Tag Wasser an.

□ Eine Katze kann über Tage hinaus ohne Fressen auskommen und 30 bis 40 % ihres normalen Körpergewichts verlieren, ohne zu sterben. Andererseits führt ein Wasserverlust von 10 bis 15 % zum Tode. Wenn Katzen aufhören zu fressen, zum Beispiel wenn sie erkranken, müssen sie mehr Wasser trinken, um die reduzierte Nahrungsaufnahme auszugleichen und die Wassermenge zu ergänzen. In Kapitel 4.1.6 lesen Sie etwas über die Wasserzufuhr für die kranke Katze.

Vitamine □ Obwohl die exakt benötigten Mengen aller lebensnotwendigen Vitamine, die in der Katzennahrung vorkommen müssen, nicht genau feststehen, sind doch einige Tatsachen über die Bedeutung der verschiedenen Vitamine bekannt und auf diese sollte man achten. Die Tabelle auf Seite 51 zeigt die z. Z. gültigen Vitamindosierungen. Besonderheiten werden im folgenden behandelt.

Vitamin A □ Katzen haben im Vergleich zu Hunden einen sehr hohen Bedarf an Vitamin A. Da sie nicht in der Lage sind, beta-Karotin, das man in grünem Gemüse findet, zu Vitamin A umzubauen, wie es Hunde tun, muß man dafür sorgen, daß andere Quellen des fertig synthetisierten Vitamin A zur Verfügung stehen, um eine unzureichende Nahrung zu vermeiden. Vitamin A-Mangel kann zu Veränderungen in der Haut, in den Augen und am Fortpflanzungsapparat führen. Andererseits kann ein Zuviel an Vitamin A in der Nahrung zu Skelettverformungen und zur Verkrüppelung führen.
□ Um Vitamin A-Mangel oder -Überangebot zu vermeiden, verwendet man als Grundfutter fertige Katzennahrung, der Vitamin A zugefügt wurde (s. Seite 53). Leber, die reich an Vitamin A ist, gibt man nur als Zusatz, nicht als Hauptbestandteil der Nahrung. Einer erwachsenen Katze sollte man nicht mehr als 25 bis 30 g Rinderleber zweimal in der Woche verfüttern. Wenn nötig, kann man als Nahrungszusätze auch ausgewogene Vitamin-Mineralpräparate verwenden. Nehmen Sie nur die Präparate, die Ihnen Ihr Tierarzt empfiehlt.

Vitamin E □ Ob *bei ausgewogener Fütterung* ein Mangel oder ein Überangebot an Vitamin E auftreten kann, ist fraglich. Jedoch sind Fälle von Vitamin E-Mangel bei Katzen vorgekommen. Sie resultieren aus einer einseitigen Fütterung, die schlecht informierte Katzenbesitzer für gut halten und die gewöhnlich aus großen Mengen Thunfisch besteht. Vitamin E-Mangel tritt auch gelegentlich nach dem Verfüttern von Fisch, Fischtran (Lebertran) oder großen Lebermengen auf.

Pansteatitis □ Vitamin E-Mängel können zu einer Oxidation des Körperfetts und einer allgemeinen Entzündung, die als *Pansteatitis* (Steatitis) bezeichnet wird, führen. Zeichen dafür sind Appetitmangel, Fieber und Schmerz, begleitet von einer Bewegungsunwilligkeit. Die Krankheit kann zum Tode führen. Vitamin E-Mangel sollte vom Tierarzt diagnostiziert und behandelt werden. Was wichtiger ist, Sie können ihn verhindern. Verwenden Sie eine vollständige fertige Katzennahrung als Basisfutter und vermeiden Sie häufiges Verfüttern von rohem Thunfisch. Thunfisch, der verfüttert wird, sollte zugesetztes Vitamin E enthalten. Verwenden Sie keine Fischöle (also keinen Lebertran) als Nahrungszusätze, füttern Sie Leber wie oben empfohlen.

B-Vitamine (Thiamin, Riboflavin, Pyridoxin, Pantothensäure, Niacin, Vitamin B 12) □ Katzen haben einen sehr hohen Bedarf an B-Vitaminen. Soweit der Bedarf für Katzen feststeht, weiß man, daß sie pro kg Körpergewicht etwa die doppelte Menge wie ein Hund benötigen, um gesund zu bleiben. Verschiedene B-Vitamine werden durch Erhitzen zerstört, so wie es beim Verarbeiten von Fertignahrungen geschieht. Vergewissern Sie sich deshalb, daß die Fertignahrung, die Sie kaufen, B-Vitamin-Zusätze enthält. Leber hat einen hohen Anteil an B-Vitaminen, ebenso wie an Vitamin A. Man kann sie daher zur Deckung des Vitaminbedarfs einer Katze verwenden. Bakterien im Darm der Katzen können verschiedene B-Vitamine erzeugen, dadurch wird die Notwendigkeit einer äußeren Zufuhr reduziert. Darmstörungen

Tab. 4: Vitaminbedarf der wachsenden Katze

Vitamin	Nahrungsbedarf	(trocken (kg))	90 % trocken	Bedarf/Tag/Katze
A	IE/kg	27,777	25,000	1000-2000 IE
D	IE/kg	1,111	1,000	50- 100 IE
E	IE/kg	151	136	0,4-4,0 mg
K	Bedarf sehr niedrig, wahrscheinlich werden im Darm ausreichende Mengen von der Bakterienflora erzeugt			
B				
Thiamin	mg/kg	4,4	4	0,2-1,0 mg
Riboflavin	mg/kg	4,4	4	0,15-0,2 mg
Pyridoxin (B_6)	mg/kg	2,2	2	0,2/0,3 mg
Niacin	mg/kg	44	40	2,6/4,0 mg
Pantothensäure	mg/kg	5,5	5	0,25/1,0 mg
Biotin	} Bedarf sehr niedrig			0,1 mg
Folsäure				
B 12	Bedarf nicht festgelegt			
Cholin	mg/kg	3,333	3,000	100 mg
Inositol	mg/kg	222	200	10 mg
C (Ascorbinsäure)	wird von der Katze synthetisiert			

mg = Milligramm, 1/1000 g.
IE = Internationale Einheit, ein Maß der Vitaminaktivität

(Durchfälle) können diese innere Quelle für B-Vitamine versiegen lassen, deswegen sollte man nicht vergessen, bei längeren Krankheitszuständen, die den Darm mit einbeziehen, die Nahrung durch B-Vitamine zu ergänzen.

Mineralien □ Während der Vitaminbedarf der Katzen wesentlich höher zu liegen scheint als der für Hunde, ist ihr Mineralbedarf offenbar wesentlich niedriger; ein weiterer Grund, die Katzen nicht mit Hundefutter zu versorgen. Obwohl es über den Mineralbedarf von Katzen nur wenige Studien gibt, scheint es unwahrscheinlich, daß eine Katze, die ein ausgewogenes Futter bekommt, je Mineralmangelzustände erleiden wird. Unwissende Katzenhalter können leichter unzweckmäßige als unzureichende Mineralmengen mit dem Futter zuführen. Ein gutes Beispiel für dieses Problem liegt in der engen Beziehung zwischen den Mineralien Kalzium und Phosphor und dem Vitamin D. Das Gleichgewicht zwischen diesen Mineralien wird oft gestört durch ein Überangebot und/oder indem man die Katze nur nach ihrer Vorliebe, nicht aber nach ihrem tatsächlichen Bedarf füttert.

Kalzium, Phosphor, Vitamin D □ Kalzium und Phosphor sollten in der Katzennahrung im Verhältnis von 1 : 1 vorkommen. Gibt man ausreichende Mengen dieser Mineralien, stimmt aber das Verhältnis nicht, kann es zu abnormen Knochenverkalkungen beim wachsenden Tier, aber auch bei erwachsenen Katzen kommen. Werden ausreichende Mengen von Kalzium und Phosphor zwar im richtigen Verhältnis aber ohne ausreichend Vitamin D gegeben, treten wiederum Knochenveränderungen auf. Ungenügende Vitamin D-Spiegel stören die Kalziumaufnahme im Darm. Bei ausreichenden Kalzium- und Phosphorgaben und exzessiven Vitamin D-Mengen können eine zu starke Knochenverkalkung, abnorme Zähne und Verkalkungen in den Weichteilen des Organismus auftreten. Damit wird deutlich, wie schwierig diese Beziehungen sind.

□ Gedankenlose oder unwissende Katzenhalter verschieben oft das Gleichgewicht zwischen Kalzium und Phosphor in der

Katzennahrung, indem sie fast ausschließlich Fleisch verfüttern, das aus Muskulatur oder aus Leber, Herz oder Niere besteht. Alle diese Fleischsorten sind fast kalziumfrei. Da so das Verhältnis zwischen Kalzium und Phosphor bei 1 : 15 oder mehr liegt, führt lang anhaltende Ernährung auf diese Weise zu einer schweren Entkalkung der Knochen, zu Schmerzen und manchmal zu Knochenbrüchen oder Lähmungen. Eine erwachsene Katze kann mit solcher Nahrung jahrelang auskommen, ohne Krankheitserscheinungen zu zeigen. Der Vitamin D-Bedarf der Katze ist niedrig, gesundheitliche Gefahren durch diesen Nahrungsfaktor werden am besten vermieden, indem man ein Überangebot vermeidet (siehe Kapitel 2.4.1). Man sollte sich immer daran erinnern, daß die wilden Vorfahren und auch die lebenden Verwandten der Hauskatze ein breites Nahrungsspektrum haben, das auch aus Gemüsen besteht. Folgen Sie den Fütterungsvorschlägen in diesem Buch, und folgen Sie dem Rat eines erfahrenen Tierarztes, um fütterungsbedingte Erkrankungen Ihrer Katze zu vermeiden.

2.4.1 Die Wahl des Katzenfutters

Ein Bundesgesetz schreibt vor, daß Tierfertigfutter mit einer Aufstellung der Zusammensetzung versehen wird. Die Aufstellung muß so geordnet sein, daß die hauptsächlichen Bestandteile zuerst genannt werden. Andere Vorschriften verlangen eine Analyse über den Minimal- und Maximalgehalt bestimmter Nahrungsbestandteile im Futter, so über Proteine, Fett, veraschungsfähige Stoffe, Wasser und Kohlenhydrate. Leider gestatten diese Vorschriften es Ihnen nicht, die einzelnen Katzenfertigfutter direkt zu vergleichen oder deren Nahrungsqualität zu beurteilen. Die Analyse enthält keine Angaben über die Qualität, also über die Verdaubarkeit oder Nützlichkeit der vorhandenen Nährstoffe, noch gibt sie die genau vorhandenen Mengen wieder. Man muß sich also darauf verlassen, daß die Firmen ein nahrhaftes Produkt für Ihre Katze erzeugen. Immerhin werden die Herstellerfirmen daran gehindert, ihre Erzeugnisse falsch zu deklarieren. Bestimmte Hersteller stellen Forschungen an und führen eigene Fütterungsversuche durch, um gutes Futter zu produzieren, das man möglichst wenig zu ergänzen hat. Die folgenden Informationen werden Ihnen helfen, unter den handelsüblichen Katzennahrungen Erzeugnisse zu finden, die als Grundfutter für Ihre Katze dienen können.

1. Es gibt drei Arten von Katzenfutter:

Trockene (ca. 90 % Trockensubstanz) und Büchsennahrung (etwa 22–28 % Trockensubstanz). Im allgemeinen sind die Trokkenfutter am preiswertesten und als Basisfutter für Ihre Katze am ausgewogensten. Die meisten Katzen fressen diese Produkte gut, insbesondere wenn sie schon als Jungtiere daran gewöhnt wurden. Abgesehen von der Ernährungsdiät, die nur der Tierarzt verschreiben kann, halte ich sie für das beste Grundfutter, wenn es darum geht, Kosten und Qualität abzuwägen. Ihr Hauptnachteil liegt im Fettgehalt; dieser ist meist zu niedrig, um dem Nahrungsbedarf von Katzen gerecht zu werden. Füttert man sie damit, dann muß also Fett zugefügt werden (s. Seite 53).

□ *Weich-feuchte* Nahrungen sind im allgemeinen auch sinnvoll und vollständig. Sie sind aber eher teuer im Vergleich zu Trokkenfutter und enthalten ebenso wie diese zu wenig Fett. Feuchtigkeitserhaltende Stoffe und Konservierungsmittel sowie große Mengen an Saccharose führen bei diesen Erzeugnissen dazu, daß manche Katzen darauf mit Verdauungsstörungen reagieren. Ich halte sie deshalb eher für eine Diätergänzung als für ein Grundfutter.

□ Am teuersten ist im allgemeinen *Büchsenfutter.* Ausschließliche Büchsenernährung kann für Katzen ein ausgezeichnetes Futter sein. Wählt man sie aber als Grundlage der Nahrung, dann sollte man sich die Aufschriften auf dem Etikett genau durchlesen und sichergehen, daß die Katze ein Produkt erhält, das als Vollnahrung vorgesehen ist und nicht nur als Nahrungsergänzung. Büchsenfutter besteht entweder allein aus Fleisch und Fleischprodukten, das wäre unausgewogen, oder man hat Ge-

Tab. 5: Katzenfutter

Nährstoff	Trockenfutter		weich-feucht		Büchsenfutter		vollständiges Büchsenfutter	
	a (%)	b (%)	a (%)	b (%)	a (%)	b (%)	a (%)	b (%)
Protein	30	34,	27	40,9	12	54,5	12	42,8
Fett	8	9,1	8,5	12,9	6	27,2	7	25
Kohlenhydrate	43	48,8	23,7	35,9	0,25	1,1	7	25
Asche	3,3	3,8	3,3	5	2,25	10,2	1,5	5,4
Fasermaterial	4,0	4,4	3,5	5,3	1,5	6,8	0,5	1,8
Wasser	12		34		78		72	

a = Futter; b = Trockengewicht
Menge und Qualität der Nährstoffe variieren beim Büchsenfutter. Der Wassergehalt ist am ehesten konstant

treide und/oder Vitamine und Mineralien zugefügt, so daß es ausgewogene und vollständige Rationen darstellt. Geht aus der Verpackungsaufschrift nicht eindeutig hervor, daß es sich um eine vollständige Nahrung handelt, dann verwenden Sie das Futter nur zusätzlich zu einem breiten Spektrum anderer Futtermittel und vollständiger Nahrungen. Vermeiden Sie Büchsenfutter, in denen große Knochenstücke oder große Knochenanteile oder Blutgefäße und andere unverdauliche Materialien vorkommen. Im allgemeinen handelt es sich dabei um ein Futter schlechter Qualität, das schlecht verwertbar ist.

□ Suchen Sie sich unter den 3 Futterarten eine Katzennahrung heraus, und vergleichen Sie sie mit anderen auf der Grundlage des *Trockengewichtes.* Qualitätserzeugnisse tragen im allgemeinen garantierte Analysenangaben, die der obengenannten in Tabelle 5 ähnlich sind.

2. Lernen Sie vollständige von sogenannten ausgewogenen Nahrungen zu unterscheiden. Vollständige Nahrungen haben in Futterversuchen bewiesen, daß sie auch bei alleiniger Fütterung ausreichen, um eine vernünftige Ernährung zu gewährleisten. *Ausgewogenes Futter* ist derartigen Fütterungsversuchen nicht unterzogen worden. Es enthält Bestandteile in Mengen, die für Katzen als ausreichend angesehen werden. Leider kennt man die Nahrungsbedürfnisse nicht genau. Daher muß eine ausgewogene Nahrung für eine Katze nicht unbedingt ausreichen. Lesen Sie sich also die Verpackungsaufschriften gründlich durch, und wählen Sie möglichst eine Vollnahrung als Futter für Ihre Katze. Ausgewogene Nahrungen sind im Rahmen eines vielfältigen Fütterungsprogrammes wahrscheinlich annehmbar (s. Seite 54).

3. Suchen Sie nach einem Verhältnis zwischen Kalzium und Phosphor, das bei etwa 1 : 1 liegt. Zur Vermeidung des Kalziummangels sollte man auf Büchsenfutter verzichten, dessen Kalzium : Phosphorverhältnis man nicht bestimmen kann.

4. Suchen Sie nach Katzenfertignahrungen, denen Vitamine zugesetzt wurden. Bei der Zubereitung können wichtige Vitamine zerstört werden. Einige Nahrungsmittel (zum Beispiel Fleisch), die bei der Herstellung von Katzenfutter verwendet werden, enthalten von vornherein ungenügende Mengen bestimmter Vitamine. Auf dem Etikett der vollwertigen Futter finden Sie Angaben, die Ihnen sagen, ob das Produkt wenigstens dem bekannten Bedarf entspricht. Liegen derartige Angaben nicht vor, dann schauen Sie nach, ob die Vitamine A, E und D hinzugefügt wurden.

5. Achten Sie auf den Preis. Besonders bei Büchsenfutter ist das wichtig. Billiges Katzenfutter enthält oft billige Bestandteile: Eiweiße geringer Qualität und Nährstoffe, die schlecht verdaulich sind und unausgenutzt den Katzendarm passieren. Katzennahrung für »Feinschmecker« mag hochwertige Bestandteile aufweisen, ist aber oft unverhältnismäßig teuer.

6. Achten Sie darauf, welche Wirkung die verfütterte Nahrung hat. Führt ein Produkt zu Durchfällen oder Blähungen, dann sollte man es nicht weiter verwenden. Voluminöse Kotmengen nach dem Verfüttern von Fertigfutter weisen darauf hin, daß exzessive Mengen von Rohfasern oder von anderen unverdaulichen Substanzen enthalten sind.

Füttern Sie eine abwechslungsreiche Diät □ Wenn Sie die vorhandenen Futtersorten in bezug auf ihre Eignung geprüft haben, bedeutet der nächste Schritt, einen Fütterungsplan zusammenzustellen. Vollständige Nahrungen, die sich in Fütterungsversuchen bewährt haben, sollten allein ausreichen. Ernährungsfachleute haben aber den genauen Nahrungsbedarf von Katzen bislang nicht ermittelt, deshalb ist es wohl das beste, nicht davon auszugehen, daß ein Fertigprodukt allen Bedürfnissen der Katze gerecht wird. Man sollte sich darüber hinaus nicht allzusehr auf die Ehrlichkeit des Herstellers bei der Auswertung seiner Fütterungsversuche verlassen. Außerdem spricht ein weiterer Grund dafür, fertige Nahrung nicht allein zu verwenden: Katzen entwickeln sehr leicht recht einseitige Vorlieben, was das Futter anlangt.

Katzen sind nicht mäklig □ Geben Sie also stets nur eine Sorte Futter oder immer nur das Lieblingsfutter, dann wird Ihre Katze es oft ablehnen, andere nahrhafte Futter zu fressen, und gegenüber neuen Futtersorten zurückhaltend sein. Das kann leicht zu einer nahrungsbedingten Erkrankung führen, denn es ist wissenschaftlich erwiesen, daß Katzen, denen man die freie Wahl ihrer Nahrungsmittel läßt, nicht immer eine Diät wählen, die ihren Nährstoffbedürfnissen gerecht wird. Im Gegensatz zu dem, was die Werbung uns einreden will, sind Katzen natürlicherweise keine Feinschmecker, und die Tatsache, daß ihnen etwas schmeckt, ist kein Beweis dafür, daß dieses Futter als Nährstoff adäquat ist. Vermeiden Sie Unzulänglichkeiten sowie Unausgewogenheiten in der Ernährung und somit mäklig fressende Tiere, indem Sie ein abwechselungsreiches Futter schon von Jugend an verfüttern. Eine an Nährstoffen vollständige und genügend abwechslungsreiche Diät sollte etwa wie folgt aussehen:

Täglich füttern: vollständige oder ausgewogene fertige Katzentrockennahrung – fügen Sie Tafelöl, Butter oder Margarine hinzu: 1 Eßlöffel pro 100 g Futter. Füttern Sie einmal täglich, oder lassen Sie freien Zugang zum Futter.
Vollständiges oder ausgewogenes Büchsenfutter – ca. 1 Büchse/$2^1/_4$ kg Körpergewicht. Einem Büchsenfutter, das weniger als 5 % Fett enthält, muß Fett zugefügt werden. Verändern Sie die Geschmacksrichtung oft, um Geschmackseinseitigkeiten und dadurch entstehende Mangelzustände zu vermeiden.

Füttern Sie zweimal in der Woche: Rindsleber – 28 g/erwachsene Katze. Überreichliches Verfüttern von Leber kann ein Vitaminüberangebot hervorrufen, daneben Durchfälle und dunkelfarbige Stühle. Innereien, wie Milz, Herz, Niere, können Leber ersetzen, enthalten aber nicht den hohen Vitamin- und Mineralienanteil der Leber. Leichtes Kochen verhindert die Übertragung von Parasiten (siehe Kapitel 2.7.1), ohne dabei die wichtigen Vitamine zu zerstören.

Füttern Sie gelegentlich: Käse, Joghurt, saure Sahne, Milch, gekochte Gemüse, Suppen, gekochte Teigwaren, Babynahrung, Hefe, gekochte Muscheln oder Fisch. Mancher rohe Fisch enthält Thiaminase, ein Enzym, das Thiamin zerstört; und wenn Fisch dieser Art mehr als 10 % der Nahrung ausmacht, kann er Thiaminmangelzustände hervorrufen. Katzen können auch andere Menschennahrung verzehren, wie Obst, rohes Gemüse, Süßigkeiten und Gewürze, und zwar als besondere Leckerbissen, solange sie nicht Verdauungsstörungen verursachen. Man muß nur immer daran denken, daß derartige Nahrungsmittel zur Ernährung nicht wesentlich beitragen.

Vitamin- und Mineralzusätze □ Füttern Sie Ihrer Katze eine abwechslungsreiche Nahrung, die auf vollständiges Futter guter Qualität aufbaut, dann sind Zusätze von Vitaminen und Mineralien im Alltag nicht nötig. Tatsächlich führt eine übermäßige Zufuhr eher zu nahrungsbedingten Erkrankungen, die genauso schlimm sind wie

Erkrankungen, die durch Mangelzustände verursacht werden. Manchmal aber sind Vitamin-Mineralzusätze, die Vitamine und Mineralien in zweckmäßigen Mengen und in einem ausgewogenen Verhältnis enthalten, das bekannten oder errechneten täglichen Bedürfnissen entspricht, für Katzenfutter wertvoll. Kaufen Sie nur derart ausgewogene Zusätze, entweder von Ihrem Tierarzt oder in Fachgeschäften, und folgen Sie dem Rat des Tierarztes oder der Beschreibung sorgfältig. Vermeiden Sie den Gebrauch von nicht ausgewogenen Nahrungsmittelzusätzen, wie Knochenmehl, Weizenkeimen oder Lebertran. Solche Produkte sind nicht nur teuer, wenn man den Preis auf den Nährwert bezieht, sondern derart nicht ausgewogene Zusammenstellungen können leicht zu einem Überangebot führen. Beispielsweise wird Lebertran oft als Nährzusatz für Katzen mißbraucht. Ein halber Teelöffel Lebertran enthält etwa 156 IE Vitamin D. Bereits ein kleiner Teelöffel Lebertran pro Tag kann bei Katzen zu einer Vitamin D-Vergiftung führen, die mit Knochen- und Weichteilveränderungen einhergeht, da deren Bedarf für dieses Vitamin niedrig ist; nicht mehr als 50–100 IE werden als täglicher Bedarf empfohlen.

□ Ausgewogene Vitamin-Mineralpräparate verwendet man am besten nur, um die Nahrung von kranken (siehe Kapitel 4.1.6), trächtigen oder säugenden (siehe Kapitel 5.13) oder älteren Katzen (siehe Kapitel 3.11.1) zu ergänzen. Ich empfehle sie bei Katzen jeden Alters, die keine abwechslungsreiche Nahrung, wie die obige Musterdiät, erhalten.

2.4.2 Das Füttern der jungen Katze

Um bei einem jungen Tier die durch Wachstum und Entwicklung gesteigerten Nahrungsbedürfnisse zu befriedigen, muß man nicht nur ein Futter, das für ein erwachsenes Tier ausreichen würde, verabreichen. Man muß außerdem für doppelt so viele Kalorien/kg Körpergewicht sorgen und für 36–60 % mehr an Proteinen. Durch häufiges Fressen wird eine junge Katze den Kalorienbedarf decken können, vorausgesetzt, daß die Diät ausgewogen ist. Den Bedarf an Eiweißen erfüllt man mit fertigem Vollfutter am leichtesten, wenn dessen Trockengehalt an Proteinen 34 % oder mehr beträgt und man hochwertige eiweißreiche Nahrungsmittel als Zusätze zum Grundfutter verwendet. Eier, Milch und Milchprodukte, wie Hüttenkäse, Sauermilch und Joghurt, enthalten hochwertige Proteine, die wertvolle Futterzusätze für junge Katzen sind. Vermeiden Sie Milchprodukte, die Durchfall hervorrufen. Kleine Mengen gekochten Fisches, Muskelfleisch und Rindsleber (ca. 2 Teelöffel/kg Körpergewicht/Woche) sind auch sehr gute Proteinzusätze. Man sollte sie schon früh benutzen (siehe Seite 56), um das Entstehen von Futtervorlieben zu vermeiden.

Das Ändern der Diät beim jungen Tier □ Stellen Sie fest, was Ihr Kätzchen zu fressen bekommen hat, bevor Sie es mit nach Hause nehmen. Wurde das junge Tier nicht bereits mit einer gut ausgewogenen Diät auf der Grundlage qualitativ hochwertigen Futters ernährt, dann benutzen Sie das ursprüngliche Futter einige Tage weiter und fügen dann allmählich neues Futter hinzu, wobei man die Mengen des neuen Futters allmählich erhöht und die des alten reduziert, bis die junge Katze die neue Diät gut aufnimmt. Dann führt man anderes, neues Futter in kleinen Mengen ein, um Verdauungsstörungen zu vermeiden. Milchersatz kann in den frühen Fütterungsstadien sehr helfen. Wenn man Fertigfutter mit ihnen vermischt, wird es kaufähiger. Es ähnelt der Muttermilch und wird deshalb in aller Regel angenommen. Durchfälle, wie zuweilen bei Kuhmilch, treten nicht auf. Achten Sie darauf, daß Ihr junges Kätzchen jederzeit frisches Wasser hat, ganz gleich ob Flüssigkeiten – wie Milchersatz oder Kuhmilch – gegeben werden.

Wie oft man füttern soll □ Selbst bei bestem Futter ist es für ein kleines Kätzchen physisch unmöglich, auf einmal genug Fressen aufzunehmen, um damit seinen täglichen Kalorienbedarf zu decken. Um herauszufinden, ob Ihr junges Kätzchen genug aufnimmt, lassen Sie es sich selbst versorgen. Dabei wird das Futter dort gelassen, wo es freien Zugang hat, und ausgewechselt, damit es frisch bleibt. Die meisten Kätzchen überfressen sich dabei nicht; außerdem hilft es gegen Langeweile. Das Selbstversorgen muß man aufgeben oder geringere Mengen anbieten, wenn die Katze zu fett wird.

□ Beim Füttern nach einem Schema bieten Sie Ihrem Kätzchen mehrere Mahlzeiten pro Tag an. Das führt in der Regel dazu, daß die Katze schon aufs Fressen wartet, wenn die Zeit für die Mahlzeit heranrückt, und das erlaubt Ihnen auch festzustellen, ob ihr Appetit normal ist oder nicht. Dadurch kann sie aber auch zu sehr auf das Fressen fixiert werden, sich bei den Mahlzeiten vollschlingen und fett werden. Wenn Sie sich für diese Methode entscheiden, bieten Sie Ihrer jungen Katze 4–5 Mahlzeiten pro Tag an, bis sie 12 Wochen alt ist, 3 Mahlzeiten pro Tag, bis sie 6 Monate alt ist, und dann zweimal täglich. Man kann den freien Zugang zum Futter und Fütterungsprogramme kombinieren, kann sich aber auch auf das eine oder andere System festlegen. Viele bieten eine Reihe verschiedener Fertignahrungen an, die sich die Katze aussucht, und verwenden Nahrungsmittelzusätze als besondere Leckerbissen.

Wieviel man füttern soll □ Man kann die Kalorientabelle als groben Wegweiser dazu verwenden, den täglichen Bedarf des Jungtieres zu ermitteln. Die Information auf den Katzenfutterpaketen kann man ebenfalls als Hinweis benutzen. Man sollte aber nicht vergessen, daß jede Katze ein Individuum ist, und als solches hat sie individuelle kalorische Bedürfnisse. Das Aussehen Ihrer jungen oder erwachsenen Katze kann man als Futtermaß verwenden. Betrachten und befühlen Sie Ihr Kätzchen. Glänzendes und schuppenfreies Fell, gleichmäßige Gewichtszunahme, gute Gesundheit und Lebhaftigkeit sind Zeichen, die zeigen, daß zweckmäßige Nahrung gefüttert wird. Schlechtes Wachstum, schwaches Fell oder häufige Erkrankungen können möglicherweise bedeuten, daß die Nahrung Ihres Kätzchens nicht ausreicht.

□ Wenn Sie nach einem Programm füttern, sollte jede Mahlzeit das Kätzchen bequem sättigen. Wenn sein Bauch nach der Mahlzeit aufgebläht und fest ist oder wenn es kurz nach dem Fressen erbricht, dann frißt es möglicherweise zuviel auf einmal. Häufigere, kleinere Mahlzeiten sind dann notwendig.

□ Fütterungsschwierigkeiten bei Kätzchen, die nicht schnell zu Hause behoben werden können (also innerhalb von 24–36 Stunden), sollte man mit dem Tierarzt besprechen. Wegen ihres schnellen Wachstums, ihrer geringen Größe und ihrer verhältnismäßig hohen Stoffwechselrate kann, was zunächst nach einer leichten Verdauungsstörung aussieht, sehr schnell zu einer schweren Erkrankung führen.

Tab. 6: Kalorienbedarf

Alter in Wochen	Tägl. Kal.-Bedarf/kg Körpergewicht
0–1	380
1–5	250
5–10	200
10–25	130
25–30	100
Erwachsene (weibliche oder kastrierte männliche Katze)	ca. 80 oder weniger
Erwachsener Kater	100
Erwachsen, rollig	100
Erwachsen, säugend	250

2.4.3 Das Füttern der erwachsenen Katze

Obwohl die meisten erwachsenen Katzen ungefähr 100 cal./kg Körpergewicht pro Tag brauchen, hat jede einzelne Katze ihren eigenen, individuellen Bedarf, und das, was auf den Packungen steht, kann man nur als Hinweis zur Fütterung verwenden. Bewegungsfreudige Katzen brauchen mehr Kalorien als ruhige; unkastrierte Kater verbrauchen mehr Kalorien als kastrierte. Wie bei den meisten Menschen bedeutet Fettsucht bei den meisten Katzen, daß man zuviel füttert. Wenden Sie die Fütterungsmethode an, die Ihnen am zweckmäßigsten erscheint, aber führen sie alle notwendigen

Nahrungsstoffe zu. Die meisten Katzen scheinen am zufriedensten zu sein, wenn man ihnen regelmäßig mindestens 2 Mahlzeiten pro Tag anbietet und freien Zugang zum Futter oder eine Kombination von freiem Zugang und Zusatzmahlzeiten ermöglicht. Natürlich wird der freie Zugang zum Futter eingeschränkt werden müssen, wenn man merkt, daß die Katze Übergewicht bekommt.

2.4.4 Das Füttern einer älteren Katze

Katzen unterliegen Altersveränderungen – wie Menschen auch – und können besondere Ernährungsbedürfnisse entwickeln, wenn sie sich ein Maximum an Gesundheit und Aktivität im hohen Alter erhalten sollen. Im allgemeinen brauchen ältere Tiere weniger Kalorien pro kg Körpergewicht als in ihrer Jugend.

□ In der Regel muß die angebotene Futtermenge reduziert werden, um den Fettansatz bei zunehmendem Alter zu vermeiden. Veränderungen im Organismus können dazu führen, daß Nährstoffe weniger ausgenutzt werden, und zusätzlich kann die Aufnahme von Nährstoffen im Darm behindert sein. Die Verwendung eines ausgewogenen Vitamin-Mineral-Präparates, um das Futter einer älteren Katze zu ergänzen, sollte man daher durchaus erwägen. Bestimmte Zustände, wie wiederholte Verstopfung (siehe Kapitel 3.6.3) und Herz- oder Nierenversagen, die man bei älteren Tieren häufiger antrifft, erfordern eine spezielle Diät. Bevor man jedoch irgendeine Spezialdiät verfüttert, sollte man einen derartigen Krankheitszustand vom Tierarzt diagnostizieren lassen.

□ Informationen über das Füttern während der Trächtigkeit und Säugeperiode siehe Kapitel 5.8 und 5.12. Informationen über das Füttern verwaister Kätzchen finden Sie im Kapitel 5.14. Informationen über das Füttern kranker Tiere sind im Kapitel 4.1.6 zusammengestellt.

2.5 Reisen mit der Katze oder Versendung einer Katze

Gewöhnen Sie Ihre Katze frühzeitig an das Reisen □ Katzen fahren mit ihren Besitzern gewöhnlich nicht so häufig im Auto wie Hunde. Besuche beim Tierarzt, Ferienreisen oder Umzüge finden jedoch häufig genug statt, und es ist durchaus von Vorteil, wenn Sie Ihre Katze schon früh an das Reisen gewöhnen. Katzen, die früh an das Autofahren und an das Eingesperrtsein im Fahrzeug gewöhnt werden, sind nicht nur entspannter, wenn sie auf Reisen gehen, oft entwickeln sie sogar Spaß daran. Ich kenne einige Katzen, die ausgesprochene »Reisefanatiker« geworden sind; bei ihnen kann man sich darauf verlassen, daß sie sich unterwegs nicht allzu häufig aus dem Bereich ihres Besitzers entfernen, denn sie sind in diesem Sinne früh erzogen worden. Nehmen Sie Ihre Katze zunächst häufiger auf kurze Autofahrten mit, dann verlängern Sie die Fahrten allmählich. Während der Fahrt – insbesondere während der ersten Fahrten – sperren Sie Ihre Katze in einen Tragekorb ein. Dadurch erhält sie einen eigenen Platz, in dem sie fährt, und auch eine bewegliche Zuflucht in der fremden Umgebung (in Hotelzimmern, in Tierarztpraxen usw.). Außerdem vermeidet man so das lästige und manchmal sogar gefährliche Herumklettern einer Katze, die sich beim Fahren nicht wohlfühlt. Wenn man auch allmählich ein Gefühl dafür bekommt, daß eine Katze beim Fahren keine Schwierigkeiten mehr bereitet, halte ich es trotzdem für das beste, sie während der Fahrt in einen Tragekorb oder Käfig einzusperren, um unerwartete Schwierigkeiten zu vermeiden.

Reisen und Versenden mit Speditionen □ Folgende Punkte werden Ihnen helfen, zusammen mit Ihrer Katze ein Verkehrsmittel zu benutzen oder sie mit einem Spediteur zu verschicken.

1. Fluggesellschaften verlangen ein Gesundheitsattest, das von einem hierfür zugelassenen Tierarzt stammt, und andere Verkehrsträger tun es zuweilen auch. Man

sollte sich deshalb mit dem Unternehmen rechtzeitig in Verbindung setzen, um Zeit zur Beschaffung der nötigen Dokumente zu haben. In den USA und auch in der übrigen Welt hat jeder Staat seine eigenen Einfuhrvorschriften für Katzen. Was die Information über fremde Länder betrifft, sind die jeweiligen konsularischen Vertretungen hierfür die besten Informationsquellen.

2. Scheint Ihre Katze gegenüber fremden Menschen und ungewohnten Geräuschen besonders ängstlich zu sein, kann Ihr Tierarzt ungefährliche, beruhigende Medikamente verschreiben. Manche Katzen reagieren allerdings auf Beruhigungsmittel in unvorhersehbarer Weise; sie werden äußerst wild und erregt. Katzen, denen in ihrer Jugend das Reisen im Tragekorb angewöhnt wurde, brauchen in der Regel keine Beruhigungsmittel, und das ist auch wünschenswert.
□ Oft kann man besondere Vereinbarungen treffen, damit die Katze zusammen mit dem Besitzer im Passagierraum reisen darf. Man sollte sich nach diesen Möglichkeiten erkundigen, wenn man der Meinung ist, daß eine Katze im Gepäckraum ungünstig untergebracht ist.

3. Ein Reisekäfig sollte stabil und geräumig genug sein, um der Katze das Aufstehen, das Umdrehen und das bequeme Hinlegen zu gestatten. Ein Handtuch oder einen anderen weichen, der Katze wohlbekannten Stoff kann man in den Käfig hineintun, zusammen mit einem kleinen Karton, der Streu enthält. Diese Dinge sind jedoch nicht unbedingt notwendig, und bei kurzen Reisen führen sie oft zu einem größeren Durcheinander, als eigentlich notwendig erscheint.

4. Befestigen Sie eine Erkennungsmarke *sowohl* an der Transportkiste *als auch* an der Katze selbst. Auf dieser Marke sollten der Name des Besitzers, der Name der Katze, deren Heimatadresse und der Zielort verzeichnet sein.

5. Acht Stunden vor dem Verladen sollte das Tier nicht gefüttert werden.

6. In den beiden Stunden vor dem Verladen sollte man die Wassergabe vermeiden; es sei denn, sie ist aus gesundheitlichen Gründen oder wegen der hohen Temperaturen unerläßlich.

7. Geben Sie weder Futter noch Wasser in die Kiste. Eine *gesunde* Katze kann 24 Stunden ohne Wasser auskommen, falls die Umgebungstemperatur nicht ungewöhnlich hoch ist. Wesentlich länger kann sie ohne Fressen auskommen. Dauert die Fahrt voraussichtlich länger als 24 Stunden oder erfordert es die Umgebungstemperatur, dann treffen Sie unter allen Umständen Vereinbarungen, damit das Tier Futter, Wasser und Bewegung bekommt.

2.6 Impfverfahren

Es gibt zwei wesentliche Infektionserkrankungen der Katze, für die aber sichere und wirksame Impfstoffe zur Verfügung stehen – Tollwut und Katzenseuche (Panleukopenie, auch Enteritis der Katze oder Katzenstaupe genannt). Jede dieser beiden Erkrankungen kann leicht zum Tod einer nicht speziell geschützten Katze führen. Wir sind in der glücklichen Lage, derart schwere Krankheiten mit einem technisch einfachen Verfahren der Schutzimpfung verhüten zu können. (Weitere Informationen über Impfstoffe für Katzen finden Sie im Kapitel 3.4.1.)

2.6.1 Die Wirkungsweise der Impfstoffe

Wie Impfstoffe funktionieren □ Bei *Antigenen* handelt es sich um Moleküle, an deren Oberfläche sich bestimmte Areale befinden, die der Organismus als fremd erkennen kann. Bei *Antikörpern* handelt es sich um Eiweißsubstanzen, die im Organismus erzeugt werden und dafür verantwortlich sind, diese Antigene zu erkennen.
□ Antikörper werden von Zellen produziert, die man als *Lymphozyten* bezeichnet und die vom Knochenmark stammen, sich aber im Bries (Thymus), Milz und Lymphknoten vermehren. Erkennen Lymphozy-

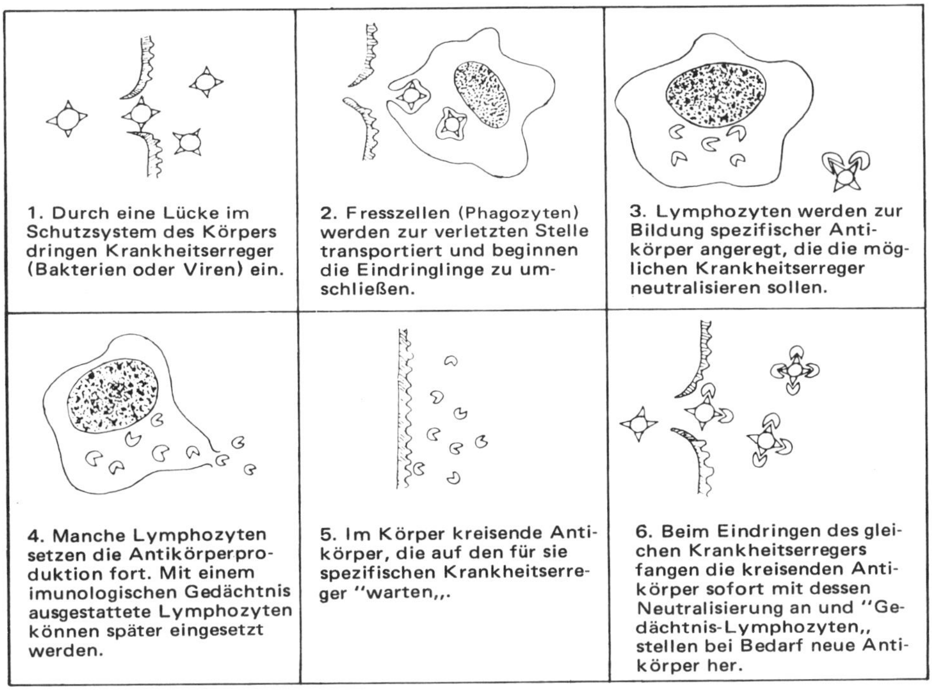

1. Durch eine Lücke im Schutzsystem des Körpers dringen Krankheitserreger (Bakterien oder Viren) ein.

2. Fresszellen (Phagozyten) werden zur verletzten Stelle transportiert und beginnen die Eindringlinge zu umschließen.

3. Lymphozyten werden zur Bildung spezifischer Antikörper angeregt, die die möglichen Krankheitserreger neutralisieren sollen.

4. Manche Lymphozyten setzen die Antikörperproduktion fort. Mit einem imunologischen Gedächtnis ausgestattete Lymphozyten können später eingesetzt werden.

5. Im Körper kreisende Antikörper, die auf den für sie spezifischen Krankheitserreger "warten,,.

6. Beim Eindringen des gleichen Krankheitserregers fangen die kreisenden Antikörper sofort mit dessen Neutralisierung an und "Gedächtnis-Lymphozyten,, stellen bei Bedarf neue Antikörper her.

Abb. 41

ten, daß eine fremdartige Substanz – ein Virus oder ein Bakterium – in den Organismus eingedrungen ist, beginnen sie, große Mengen von gegen den Eindringling gerichteten Antikörpern zu produzieren. Lymphozyten, die in der Lage sind, Antikörper gegen den Eindringling zu erzeugen, vermehren sich und erzeugen so eine Nachkommenschaft von Zellen, die die gleichen Antikörper herstellen können. Ein Teil dieser Zellen nimmt die Produktion von Antikörpern sofort auf, andere aber werden zu ruhenden Zellen, die als »Gedächtnis« des Körpers gegen ähnliche zukünftige Eindringlinge dienen. Tritt der gleiche oder ein sehr ähnlicher Eindringling noch einmal später auf, können diese Zellen rasch auf dessen Anwesenheit reagieren.

□ Bei der Impfung wird ein modifizierter Krankheitserreger (Antigen) in den Körper eingeführt. Um einen Erreger so zu ändern, daß er keine Krankheit mehr hervorruft, muß man ihn häufig töten oder solange züchten, bis er sich zu einem unschädlichen Erreger umgewandelt hat. Veränderte Viren oder Bakterien können die Lymphozyten anregen, Antikörper zu produzieren, die den Organismus gegen Krankheiten schützen, ohne daß dabei die Krankheit selbst auftreten muß. In der Regel produziert der Körper einen höheren und meist besser schützenden Antikörperspiegel (das bedeutet die Zahl der vorhandenen Antikörper; Anmerkung des Übersetzers), und diese Antikörper sind ganz besonders speziell gegen einen Krankheitserreger gerichtet, wenn der Körper zum zweiten Mal einem Impfstoff ausgesetzt wird. Verschiedene Impfstoffe unterscheiden sich in ihrer Fähigkeit, einen schützenden Antikörperspiegel bei der ersten Konfrontation mit dem Impfstoff zu bewirken. Die Länge des »Gedächtnisses« des Körpers unterscheidet sich auch je nach Virus und Bakterium. Aus diesen beiden Gründen unterscheiden sich je nach Erkrankung die Zahl der Erstimpfungen, die zum Schutz nötig sind, und die Häufigkeit der nötigen Auffrischimpfungen.

Junge Tiere sind besondere Fälle □ Zusätzliche Faktoren beeinflussen die Impfung eines jungen Tieres. Durch den Mutterkuchen (Placenta), das Organ, das vor der Geburt die Verbindung zwischen Mutter und Kind herstellt, erhalten Katzen und Hunde eine geringe Menge von Antikörpern. Mit der ersten Milch (Kolostrum) und der Säuglingsmilch erhalten sie eine wesentlich größere Menge. Obwohl Kätzchen im Laufe von einigen Tagen nach der Geburt in der Lage sind, einige Antikörper durch ihren Darm aufzunehmen, sind die ersten 24 Stunden am wichtigsten. Ob die jungen Tiere selbst bei adäquater Versorgung eine schützende Antikörpermenge erhalten, hängt davon ab, wie lange es her ist, daß das Muttertier der Erkrankung ausgesetzt war, oder wie lange dessen Impfung zurückliegt. Denn die Zahl der Antikörper, die gegen jede einzelne Krankheit aufgenommen wird, hängt vom Spiegel der Antikörper im Blutkreislauf des Muttertieres ab. Der Antikörper, den eine junge Katze erhält, kann bei aller Nützlichkeit auch einen Nachteil mit sich bringen, denn er kann eine Impfung stören, indem er das durch die Impfung eingeführte Antigen bindet, noch bevor es das Abwehrsystem des jungen Tieres anregen kann. Der Schutz, den junge Katzen früh in ihrem Leben gegen die Katzenseuche (Panleukopenie) erhalten, ist ein Beispiel dafür.

□ Manche Kätzchen verlieren ihren Schutz gegen die Katzenseuche, den sie während der Säuglingszeit erhalten, schon im Alter von 6 Wochen, andere erst 4 Monate nach der Geburt. Deshalb ist der Impfplan für jede junge Katze einzeln anzufertigen, wenn sie vernünftig geimpft werden soll. Es gibt Untersuchungen, um den Antikörperspiegel gegen Panleukopenie bei einem Kätzchen zu bestimmen, aber in der Regel sind sie zu teuer und erfordern zu viel Zeit, als daß man sie im Routineverfahren verwendet.

□ Die Impftechniken sind verhältnismäßig einfach. Wichtig ist das Wissen um die richtige Handhabung von Impfstoffen und über die Physiologie der Antwort des Körpers auf den Impfstoff; daher sollte man die Impfung von einem Tierarzt durchführen lassen, der sich für jedes Tier als Individuum interessiert. Die Impfung durch einen guten Tierarzt stellt auch sicher, daß jede Katze eine körperliche Untersuchung erhält, wenn sie jung ist, und dann auch später; sie ist darüber hinaus wichtig, um wesentliche Veränderungen zu finden, die Sie übersehen haben. Wenn ein Tierarzt eine Katze ohne gründliche Untersuchung impft, stimmt etwas nicht.

2.6.2 Die Katzenseuche (Panleukopenie)

Panleukopenie der Katze ist eine sehr häufige, sehr ansteckende und oft tödliche Viruserkrankung, die bei Katzen – sowohl bei Haus- als auch bei Wildkatzen –, bei Waschbären und bei anderen Mitgliedern der Waschbärfamilie vorkommt. Obwohl diese Krankheit gewöhnlich als *Staupe* bezeichnet wird, hat sie überhaupt *nichts* mit der *Hundestaupe* zu tun, die oft bei jungen Hunden vorkommt. Andere häufige Bezeichnungen für die Panleukopenie sind infektiöse Enteritis, Katzenfieber und Katzenpest.

□ *Die Inkubationszeit,* die Zeit zwischen dem Angestecktwerden und den ersten Krankheitszeichen, beträgt für die Panleukopenie in der Regel etwa 7 Tage, obwohl sie zwischen 2 und 10 Tagen variieren kann. Insbesondere bei jungen Katzen (bei solchen, die jünger als 6 Monate sind), kann die Krankheit so schwer sein und so rasch einsetzen, daß das Tier zu Tode kommt, bevor der Besitzer die Krankheitszeichen eigentlich wahrgenommen hat.

Zeichen der Panleukopenie □ Sehr oft sind die ersten Zeichen Fieber, häufig zwischen 40 und 41 °C, Schlaffheit, Appetitlosigkeit und Erbrechen, in der Regel von extremer Austrocknung begleitet. Eine Katze scheint dabei trinken zu wollen, manche sitzen mit ihren Köpfen über oder in der Nähe ihrer Wasserschalen, werden aber oft nicht trinken oder bald nach dem Trinken erbrechen. Durchfall kann die ersten Krankheitserscheinungen begleiten, tritt aber oft erst später ein. Der Kot ist gewöhnlich sehr wäßrig und kann Teile der inneren

Auskleidung des Darmes und manchmal Blut enthalten.

Die Prophylaxe der Panleukopenie □ Wie man bei der Erstimpfung gegen Panleukopenie vorgeht, hängt unter anderem vom immunologischen Status, also vom Grad des bereits vorhandenen Schutzes, ab und davon, inwiefern Sie in der Lage sind, Ihre Katze vor der Exposition gegenüber dem Erreger zu bewahren, bis ein vollständiger Impfschutz erreicht ist. Vor Bestehen eines vollständigen Impfschutzes sollte man seine Katze unter allen Umständen von Tieren fernhalten, die eventuell als Ausscheider des Erregers in Frage kommen. Abgesehen davon sollte man das Tier von durch Panleukopenie verseuchten Gegenden entfernt halten. Das Panleukopenievirus wird mit allen Körperausscheidungen abgegeben und leicht von einer Katze zur anderen übertragen, ohne daß es zur direkten Berührung mit dem Überträgertier kommen muß. Es handelt sich um eins der widerstandsfähigsten Viren, das über mehrere Monate sogar noch nach gründlicher Reinigung der betreffenden Wohnungen am Leben bleibt und als Infektionsquelle für anfällige Tiere in Frage kommt. Man sollte eine für die Krankheit empfängliche Katze erst nach 3 oder 4 Monaten in eine Wohnung lassen, in der sich eine andere Katze befand, die an Panleukopenie erkrankt war. *Unter keinen Umständen* sollten Sie eine Ihnen unbekannte Katze mit ungeimpften Tieren in Kontakt kommen lassen. Halten Sie sie hinter verschlossener Tür, bis ein voller Impfschutz gewährleistet ist. Wenn Sie den Tierarzt besuchen, halten Sie Ihre Katze auf dem Schoß oder in einer Tragetasche und somit entfernt von anderen, möglicherweise kranken Katzen.

□ Zur Erstimpfung bringt man seine Katze zum Tierarzt, wenn sie 8–10 Wochen alt ist. Dabei wird ein guter Tierarzt sie erst einmal gründlich untersuchen, ehe er die Impfung vornimmt. Er wird bei dieser Gelegenheit auch Fragen beantworten, die Sie ihm zum Thema Katzenpflege stellen. Haben Sie keine Scheu davor, Fragen zu stellen, denn keine Frage ist dumm, und möglicherweise lernen Sie etwas sehr Wichtiges. Die Injektionsnadel wird gewöhnlich unter die Haut *(subkutan)* in den Rücken gegeben, und zwar zwischen die beiden Schulterblätter. Wie die meisten Impfungen, scheint auch diese ziemlich schmerzlos zu sein. Viele Kätzchen verhalten sich so, als spürten sie den Eingriff gar nicht. Der Tierarzt wird Sie bitten, Ihre Katze zu einer zweiten oder dritten Impfung in einem Abstand von 2 oder mehreren Wochen vorzustellen. Zwischendurch sollten Sie dafür sorgen, daß sie von Krankheiten ferngehalten wird. Gewöhnlich sind zum Erreichen des vollen Impfschutzes 2 oder 3 Impfungen insgesamt nötig. Es gibt verschiedene Arten von Impfstoffen, und das Alter der Katzen ist bei der Erstimpfung unterschiedlich. Daher können unterschiedlich häufige Impfungen notwendig sein. Wichtig ist dabei nur, daß unabhängig vom Beginn der Impfung ein Kätzchen erst *nach* 12–16 Wochen sein Impfverfahren abgeschlossen haben sollte. Wenn Sie meinen, daß die Impfungsreihe vor diesem Alter abgeschlossen ist, oder wenn man Ihnen dies gesagt hat, dann sollten Sie das Kätzchen noch einmal impfen lassen.

Die Behandlung der Panleukopenie □ Steckt sich Ihre Katze einmal mit Panleukopenie an, ist es wichtig, daß sie vom Tierarzt untersucht wird und bereits früh eine intensive Behandlung bekommt. Um die endgültige Diagnose festzulegen, ist eine Blutuntersuchung erforderlich, denn das Virus ruft eine deutliche Reduktion der Zahl der weißen Blutkörperchen hervor, und manchmal wird darüber hinaus zur erfolgreichen Behandlung die Einweisung in eine Tierklinik notwendig sein. Möglicherweise werden Sie aber gemeinsam mit Ihrem Tierarzt ein Therapieprogramm für zu Hause ausarbeiten können. Die Behandlung besteht darin, adäquate Antibiotika und Vitamine zu verabreichen und die Abwehrkräfte des Tieres zu unterstützen, indem man Flüssigkeit zuführt, mit der Hand füttert und Mittel gegen Durchfall gibt. In manchen Fällen hat man sogar zu »heroischen« Maßnahmen, nämlich Blutübertragungen, greifen müssen.

□ Obwohl die Panleukopenie oft tödlich

ist, besteht kein Grund, bei den ersten Krankheitszeichen alle Hoffnung fahren zu lassen. Viele Katzen haben schwere Fälle durchgestanden und führten anschließend ein normales und gesundes Leben.

2.6.3 Tollwut (Rabies)

Tollwut wirkt auf das Nervensystem □ Das Tollwutvirus kann jeden Warmblüter infizieren, Menschen eingeschlossen. Es führt zu einer Erkrankung des Nervensystems, die sich zunächst in Verhaltensstörungen äußert und später in Lähmungen übergeht, die zum Tode führen. Die hauptsächlichen Träger des Tollwuterregers in den USA sind Stinktiere, Waschbären, Fledermäuse und Füchse*. Fledermäuse und Stinktiere können das Tollwutvirus mit dem Speichel abgeben, ohne ein Verhalten zu zeigen, das tollwutverdächtig wäre. Man sollte bei jedem Wildtier, das Menschen nahe genug an sich heran läßt, um sich berühren zu lassen, Tollwut vermuten und dieses Tier folglich in Ruhe lassen.

Die Übertragung der Tollwut □ Tollwut wird im allgemeinen dann übertragen, wenn ein tollwütiges Tier ein anderes beißt und somit das Virus aus seinem Speichel in die Bißwunde abgibt. Das Tollwutvirus kann indessen durch jede Hautverletzung eindringen, auch durch die Mundschleimhäute und wahrscheinlich auch durch die Schleimhäute der Nase und der Augen (Bindehäute). Nach dem Eintritt in den Organismus wird das Virus an das Nervengewebe gebunden und vermehrt sich dort. Tollwutzeichen treten in der Regel in einem Abstand von 2 Wochen bis 2 Monaten nach der Infektion auf. Allerdings wurden auch Fälle beobachtet, bei denen die Erkrankung erst im Abstand von mehr als einem Jahr nach der Infektion auftrat.

Zwei Formen der Tollwut □ Tollwütige Katzen zeigen meist zuerst Veränderungen ihres Temperaments. Da die Krankheitszeichen derart variieren, ist die Tollwutdiagnose in diesem Stadium besonders schwierig. Eine Katze kann dabei unruhig, ängstlich, überaus liebevoll oder auch scheu werden. Sie wird in diesem Stadium oft zum Verstecken neigen. Manche Katzen werden fiebrig sein und erweiterte Pupillen haben. Nach diesen Frühzeichen wird das Tier oft äußerst wild und beißt oder krallt nach Gegenständen, ohne daß es dazu gereizt worden wäre. Man bezeichnet dies oft als die *rasende* Form der Tollwut. Derartige Tiere werden schmerzunempfindlich, und wenn man sie einsperrt, können sie am Käfig beißen und wetzen. Durch eine unvollständige Stimmbandlähmung verändert sich ihre Stimme. Krampfanfälle können auftreten und zum Tode führen.

□ Die *stille* Wut kann auf die rasende Wut folgen, kann aber auch allein auftreten. In der Hauptsache ist sie durch Lähmungen charakterisiert. Das Katzenmäulchen kann dabei offen herabhängen, und Speichel kann herabfließen. Da diese Katzen weder fressen noch trinken können, werden sie ausgesprochen dehydriert. Häufig kommt es bei stiller Wut zu Bewegungsstörungen und Lähmungen der Hinterläufe. Allmählich setzt völlige Lähmung ein, und ihr folgt der Tod.

Tollwutimpfung □ Die Möglichkeit einer spontanen Erholung ist bei Tollwut so außerordentlich selten, daß man sie am besten gar nicht in Betracht ziehen sollte. Obwohl man Katzen, die nur in der Wohnung leben und nie einer Tollwutansteckung ausgesetzt sind, nicht impfen muß, sollte man Katzen, die nach draußen gehen, impfen, insbesondere wenn sie sich in Gegenden befinden, in denen sie mit Überträgern zusammenkommen können. Dadurch wird man nie dem Problem gegenüberstehen, ein tollwütiges Tier zu besitzen. Katzen sollte man zuerst im Alter von 3–4 Monaten gegen Tollwut impfen. Es gibt verschiedene Impfstoffe, daher sollte man das Impfdatum für seine Katze individuell mit dem Tierarzt vereinbaren. Meist braucht man zur Erstimpfung eine oder zwei Injektionen, gefolgt von Auffrischimpfungen in

* In der Bundesrepublik Deutschland sind Füchse die hauptsächlichen Träger des Tollwuterregers.

ein- oder zweijährigen Abständen. Ist Ihre Katze einem tollwutverdächtigen Tier begegnet, dann ist das verdächtige Tier einzusperren und der Ortspolizeibehörde oder dem Amtstierarzt Anzeige zu erstatten. Alle Bißwunden sollten mit reichlichen Mengen von Seifenwasser gründlich ausgespült werden.

2.7 *Innere und äußere Parasiten*

Wie man diesen Abschnitt am besten verwendet □ Bei *Parasiten* handelt es sich um Lebewesen, die zu irgendeinem Zeitpunkt ihres Lebens auf einen Wirt (zum Beispiel auf Ihre Katze) angewiesen sind. Nicht alle Parasiten sind schädlich. Tatsächlich überschätzen die Besitzer der meisten Kleintiere Parasiten als Krankheitsursache. Andererseits rufen manche Parasiten unter bestimmten Umständen tatsächlich Krankheiten hervor. *Gehen Sie aber nicht davon aus,* daß Ihre erkrankte Katze Würmer hat oder Flöhe haben muß, wenn sie sich kratzt.

□ Glauben Sie, Ihre Katze hätte mit Parasiten zu tun, so schlagen Sie im Sachverzeichnis unter dem Begriff der Krankheitserscheinung nach. Vergessen Sie dabei nicht, daß nicht alle Tiere, die mit einem Parasiten infiziert sind, Symptome zeigen. Finden Sie die Krankheitszeichen, schlagen Sie nach und entscheiden Sie, ob Sie den Tierarzt aufsuchen wollen oder nicht. Bei den meisten inneren Parasiten werden Sie ohne tierärztliche Hilfe nicht auskommen. Oft kann man äußere Parasiten selbst bekämpfen.

□ Wenn Sie der Meinung sind, daß Ihre Katze keine Parasiten hat, lesen Sie dennoch den folgenden Abschnitt kurz durch, um Ihre Kenntnisse über die vorbeugende Medizin zu vervollständigen. Ich habe diese Angaben in diesem Kapitel untergebracht, weil die Parasitenbekämpfung auf der Vorbeuge beruht. Diese wiederum erfordert eine gute tägliche Pflege. Wenn Sie den Lebenszyklus bestimmter Parasiten bei der täglichen Pflege nicht berücksichtigen, werden Sie trotz der Behandlung mit den Parasiten nicht fertig. Wenn Sie die verschiedenen Parasiten kennengelernt haben, finden Sie auch Möglichkeiten, Ihrer Katze eine gesunde Umgebung zu schaffen und schwere, wiederholte Infektionen zu verhüten. Darüber hinaus können Sie auch Infektionen des Menschen durch bestimmte Parasiten verhindern.

□ Wie bei den Erkrankungen im Kapitel »Diagnostik«, so werden auch hier nur die häufigeren Parasiten der Katze besprochen. Es handelt sich um:

□ Innere Parasiten: Einzeller (Protozoen, s. Seite 63), Saugwürmer (s. Seite 65), Bandwürmer (s. Seite 66) sowie folgende Rundwürmer: Spulwürmer (s. Seite 67), Hakenwürmer (s. Seite 69), Fadenwürmer (s. Seite 69), Lungenwürmer (s. Seite 69), Peitschenwürmer (s. Seite 70).

□ Äußere Parasiten: Flöhe (s. Seite 70), Zecken (s. Seite 73), Läuse (s. Seite 73), Milben (s. Seite 74) und Fliegen (s. Seite 75).

Innere Parasiten

Zu den *Endoparasiten* gehören: *Einzeller, Saugwürmer* (Egel), *Bandwürmer* und *Rundwürmer.* Zum größten Teil leben deren reife Formen im Darm. *Sie müssen keine Krankheitszeichen hervorrufen, und sie brauchen nicht im Kot zu erscheinen.* Nur bei einem der größeren Parasiten mag einmal ein Exemplar im Kot sichtbar werden.

Eine Kotprobe kann wichtig sein □ Nehmen Sie an, daß Ihre Katze Darmparasiten hat, sind dessen aber nicht sicher, weil Sie sie nicht gesehen haben, oder falls Sie einen Katzenwelpen haben, bringen Sie eine frische Kotprobe zum Tierarzt (etwa 1 Löffel). Der Tierarzt kann Parasiten und/oder deren Eier aus dem Kot isolieren und die Infektion mit dem Mikroskop nachweisen.

2.7.1 Einzeller (Protozoen)

Es gibt wenige Dünndarmprotozoen, die bei Katzen Krankheiten hervorrufen. Die Infektionszeichen, wenn überhaupt vorhanden, sind wechselhaft, oft kommt aber

Durchfall vor, der mit häuslichen Behandlungsmaßnahmen nicht gestoppt werden kann. Zu Hause können Sie diese Parasiten weder feststellen, noch behandeln. Sie müssen sich daher auf die Hilfe des Tierarztes verlassen, der ihr Vorhandensein mit dem Mikroskop nachweisen und ein entsprechendes Arzneimittel verordnen kann.

Taxoplasmose □ Ein Einzeller, der unser besonderes Interesse verdient, ist *Toxoplasma gondii.* Dieser mikroskopisch kleine Organismus, der in allen Teilen der Welt gefunden wird, gehört einer Klasse der Protozoen an, die als *Kokzidien* bezeichnet werden. Wie die anderen Mitglieder seiner Klasse, kann er Zeichen einer Darmerkrankung (das heißt Durchfälle) bei Katzen hervorrufen. Es gibt ihn aber auch in einer Gewebsphase, in der er eine schwere Allgemeinerkrankung hervorrufen kann und manchmal zu einer Bedrohung der menschlichen Gesundheit wird.

Wie Toxoplasmose übertragen wird □ Katzen und auch andere Säugetiere, Menschen eingeschlossen, können vor der Geburt mit *Toxoplasmose* infiziert werden, wenn es bei der Mutter zur Infektion im Laufe der Schwangerschaft gekommen war oder wenn eine zuvor erworbene Infektion aktiviert wurde.

□ Häufiger infiziert sich die Katze durch Aufnahme von rohem oder ungenügend gekochtem Fleisch, einschließlich wilder Nagetiere, deren Fleisch den Erreger in einem infektiösen Stadium enthält, oder durch das Fressen von *Oozysten,* die mit dem Kot infizierter Katzen abgehen.

Zeichen der Toxoplasmose □ Nach der Infektion hängt das Auftreten von Krankheitszeichen von vielen Faktoren ab, wie vom Alter des Tieres und seiner allgemeinen Gesundheit. Stellen sich Symptome ein, dann können sie so einfach sein wie Durchfälle oder so kompliziert, daß sie vielen anderen Erkrankungen ähneln. Zu den Symptomen gehören Fieber, Appetitlosigkeit, vergrößerte Lymphknoten, Abmagerung, Husten und Atemnot. Zeichen einer Leberinfektion sind Erbrechen und gelblich verfärbtes Zahnfleisch, Sehstörungen und nervöse Störungen. Bei tragenden Katzen kann es zum Abort kommen. Wegen der vielen Erscheinungsformen kann die Diagnose nur vom Tierarzt gestellt werden, der Laboruntersuchungen zu Hilfe nimmt.

Beim Menschen verläuft die Toxoplasmose gewöhnlich symptomlos □ In populären Zeitschriften sind reißerische Artikel über die Toxoplasmose bei Mensch und Katze geschrieben worden. Dabei wurde die Übertragung auf das Kind schwangerer

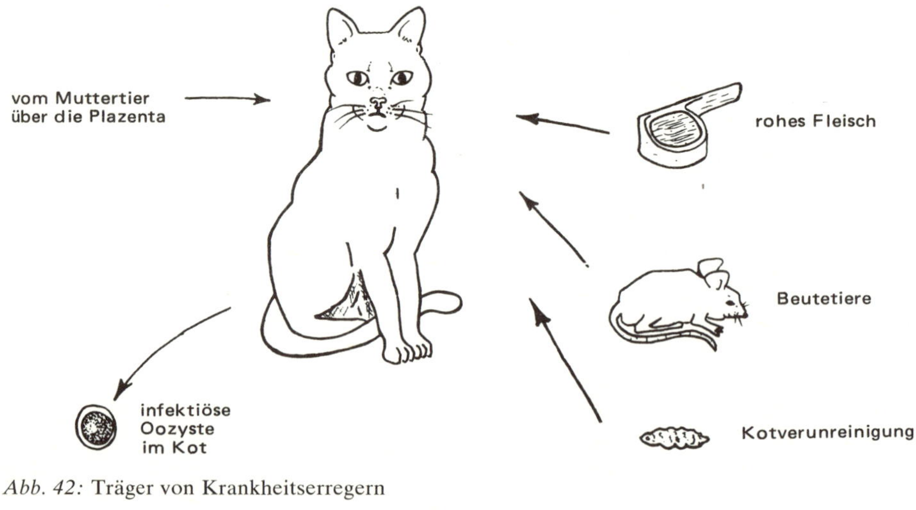

Abb. 42: Träger von Krankheitserregern

Frauen, die zu schweren Mißbildungen und zum Tod des Kindes führen kann, betont und oft auf die Möglichkeit der Infektion durch Katzenkot eingegangen. Tatsächlich sind Geburtsfehler durch *Toxoplasmose* selten, und die Erkrankung beim Menschen in aller Regel so leicht, daß sie gar nicht diagnostiziert wird. Nach wissenschaftlichen Untersuchungen haben bis zu 80 % aller Erwachsenen den Erreger der Toxoplasmose aufgenommen, ohne je krank gewesen zu sein. Obwohl sich der Mensch über den Katzenkot infizieren kann, steht rohes oder ungenügend gekochtes Fleisch für die menschliche Infektion an erster Stelle.

Die Verhütung der Toxoplasmose □ Zur Verhütung der Toxoplasmose bei seiner Katze folgende Regeln beachten:

1. Verfüttern Sie käufliche Katzennahrung, die beim Zubereiten erhitzt worden ist, und kochen Sie alles Fleisch, das Sie Ihrer Katze geben. Fleisch, das auf Temperaturen unter − 20 °C gefroren und vor dem Verfüttern aufgetaut wurde, ist ebenfalls sicher, aber die meisten Gefrierfächer entsprechen nicht diesen Anforderungen.

2. Schränken Sie die Bewegungsfreiheit Ihrer Katze ein, um zu verhindern, daß sie *toxoplasmainfizierte* Vögel oder Nagetiere fängt und verzehrt, und um weiterhin zu verhindern, daß sie mit dem toxoplasmahaltigen Kot in Berührung kommt.

□ Ihr Hausarzt kann Blutuntersuchungen durchführen, wenn Sie herausfinden möchten, ob Sie mit *Toxoplasma* infiziert wurden und ob Sie infolgedessen gegen eine weitere Infektion immun sind. Schwangere Frauen, insbesondere wenn sie zuvor noch nicht infiziert worden sind, sollten folgende Empfehlungen zur Verhütung der *Toxoplasmainfektion* streng beachten:

1. Vermeiden Sie das Verzehren von rohem oder ungenügend gekochtem Fleisch, ganz gleich welcher Herkunft (erhitzen Sie das Fleisch bis 60 °C), und waschen Sie sich die Hände, nachdem Sie rohes Fleisch angefaßt haben.

2. Katzen mit verdächtigen Krankheitserscheinungen sollten vom Tierarzt untersucht werden, der eine Stuhluntersuchung zum Nachweis von *Toxoplasmen* vornehmen kann. Katzen, die Oozysten ausscheiden, sollten abgesondert werden, bis die Ausscheidung nach etwa 10–14 Tagen beendet ist, um eine weitere Übertragung zu verhüten.

3. Beachten Sie die Regeln zur Verhütung der *Toxoplasmainfektion* bei Katzen.

4. Vermeiden Sie den Umgang mit Katzenkot und mit Tieren, die einer Infektion mit *Toxoplasmen* ausgesetzt sind. Entfernen Sie den Kot aus der Streuwanne täglich. Toxoplasmen werden bei Raumtemperatur im Kot erst nach 2–4 Tagen infektiös. Verwenden Sie Einmalwannen! Kotwannen, die man nicht wegwerfen kann, sind mit heißem Wasser zu übergießen oder mit 10 %iger Ammoniaklösung zu desinfizieren. Tragen Sie Wegwerfhandschuhe, wenn Sie die Kotwanne reinigen.

5. Tragen Sie Handschuhe bei der Gartenarbeit, um den Kontakt mit *Toxoplasma* im infizierten Boden zu vermeiden, und dekken Sie den Sandkasten der Kinder ab, wenn er nicht benutzt wird, um eine Verunreinigung durch Kot zu verhindern.

6. Bekämpfen Sie Schaben, Fliegen sowie Nagetiere, und halten Sie streunende Katzen fern, die als Wirte und Träger der Toxoplasmen dienen können.

2.7.2 Saugwürmer (Egel, Trematoden)

Trematoden sind ebenso wie Protozoen selten der Grund für eine Erkrankung bei Katzen. Es gibt unterschiedliche Arten dieser flachen Würmer, die in verschiedenen Teilen des Körpers des infizierten Tieres schmarotzen können, unter anderem in den Lungen, in der Leber und im Dünndarm. Infektionszeichen variieren stark, und die Diagnose muß vom Tierarzt gestellt werden. Die Infektion Ihrer Katze durch Egel können Sie vermeiden, indem Sie ihr das Jagen erschweren, denn die Infektion kommt gewöhnlich durch das Verzehren von Beute zustande, unter anderem durch

Frösche oder Schnecken, rohen Fisch, durch bestimmte Fluß- oder Taschenkrebse.

2.7.3 Bandwürmer (Zestoden)

Katzen kommen zu Bandwürmern, indem sie eine von drei Arten infizierten Materials fressen: 1. Beute, Fleischabfälle oder ungekochtes Fleisch, 2. rohen Süßwasserfisch oder 3. infizierte Flöhe oder beißende Läuse. Die gewöhnlichen Bandwürmer *(Taenien, Dypylidium caninum)* werden mit Beute oder infizierten Flöhen aufgenommen und haben ähnliche Lebenszyklen. Der erwachsene Bandwurm besteht aus einem Kopf, der mit Haken und Saugnäpfen versehen ist, mit denen er sich an der Darmwand festhält, und einem Körper, der aus einer Reihe von der Vermehrung dienenden Gliedern besteht. Die Nahrung erhält er, indem er Nährstoffe aus dem Dünndarm der Katze unmittelbar durch seine Haut (Cuticula) aufnimmt, die jedes Körpersegment überzieht. Eier, die von den Bandwürmern erzeugt wurden, werden mit dem Katzenkot abgesetzt und von einem Zwischenwirt (zum Beispiel einem Hasen, einem Nagetier oder einer Flohlarve) gefressen, wo sie sich zu einer infektiösen Stufe entwickeln, die man als Finne bezeichnet. Verzehrt die Katze einen Zwischenwirt, dann vollendet diese unreife Form ihren Lebenszyklus, indem sie sich zum erwachsenen Bandwurm entwickelt. Der Lebenszyklus von Fischbandwürmern ist komplizierter.

Die Diagnose von Bandwürmern □ Obwohl ein schwerer Bandwurmbefall mangelndes Wachstum und Fellveränderungen, wechselhaften Appetit oder Magen-Darmstörungen hervorrufen kann, werden Sie oft keinen Verdachtsgrund haben, bis Sie Bandwurmglieder sehen, die am Fell oder an der Haut um den After kleben oder die sich im frischen Kot befinden. □ Frische Bandwurmglieder sind milchig-weiß oder rosa-weiß, flach und etwa rechteckig. Oft strecken und verkürzen sie sich. Eingetrocknet erscheinen die Glieder gelb oder grau-weiß, sie sind dann durchsichtig und reiskornförmig. Bandwurmglieder sind bei einer Infektion nicht immer im Kot. Fehlen sie, dann kann man die Diagnose mitunter durch eine mikroskopische Kotuntersuchung stellen.

Bandwurmmittel □ Die Therapie ist meist leicht. Gelingt der Nachweis von

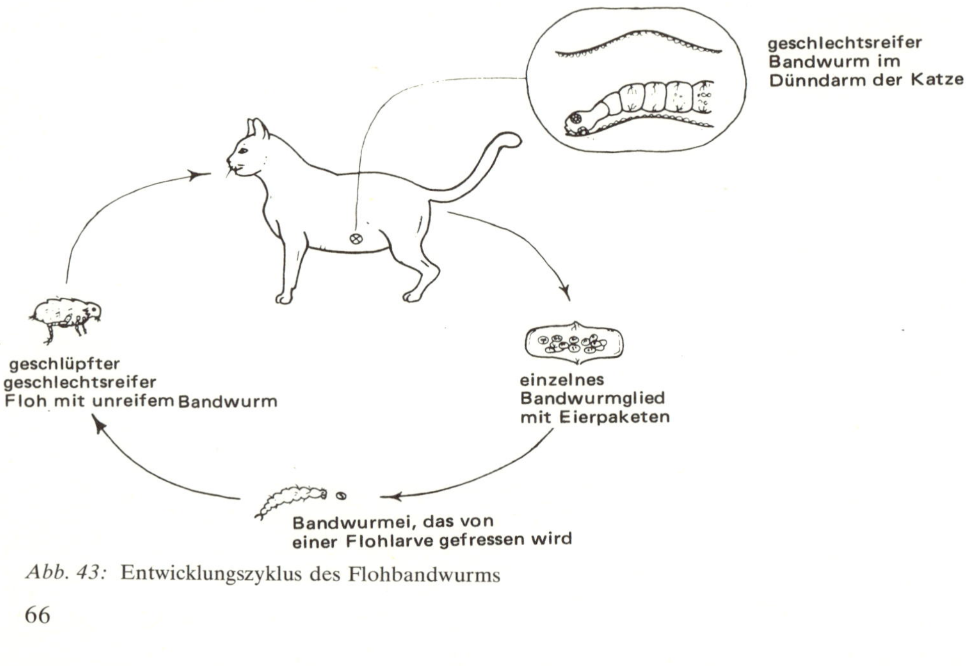

Abb. 43: Entwicklungszyklus des Flohbandwurms

Bandwürmern, dann verordnen die Tierärzte ein sicheres, bandwurmtötendes Mittel, das man zu Hause eingeben kann, ohne daß unangenehme Nebenwirkungen, wie Erbrechen oder Durchfall, auftreten. Manchmal allerdings muß die Wurmkur in einer Tierklinik vorgenommen werden.

□ Kaufen Sie keine rezeptfreien Wurmmittel in zoologischen Handlungen. Die meisten sind unwirksam.

□ Nach der Wurmkur mit einem tierärztlich verordneten Mittel sollte man seine Katze vor einer erneuten Bandwurminfektion schützen. Sie ist flohfrei zu halten. Versäumt man das, dann kann eine Wurmkur unter Umständen mehrmals jährlich fällig werden.

□ Können Menschen von Katzen Bandwürmer bekommen? Im allgemeinen nicht. Katzenbandwürmer, im Unterschied zu einigen, die man beim Hund findet, stellen keine Bedrohung der menschlichen Gesundheit dar. In seltenen Fällen haben sich kleine Kinder einen Bandwurm zugezogen, wenn sie aus Versehen einen Floh gegessen haben. Aber die Wahrscheinlichkeit, daß dies einmal vorkommt, ist so gering, daß man sich darüber keine Sorgen zu machen braucht.

2.7.4 Rundwürmer (Nematoden)

Obwohl es allgemein bekannt ist, daß Rundwurminfektionen bei Katzen vorkommen, ist es den meisten nicht bewußt, daß es verschiedene Arten von Rundwürmern gibt. Die wichtigsten werden auf den folgenden Seiten besprochen.

2.7.5 Spulwürmer (Askariden)

Spulwürmer gehören zu den Rundwürmern, die man häufig im Kot von jungen Katzen sieht. Sie sind weiß, zylindrisch und an beiden Enden zugespitzt. Sie können verhältnismäßig klein und fadenförmig aussehen, können aber auch zwischen 10 und 15 cm lang werden und sehen dann kleinen, weißen Regenwürmern ähnlich. Ausgewachsene Spulwürmer leben im Dünndarm und nehmen ihre Nahrung aus dem Dünndarminhalt durch ihre äußere Haut (Cuticula) auf. Reife Spulwürmer erzeugen Eier, die mit dem Kot der Katze abgehen. Nach ungefähr 1–4 Wochen werden die Eier infektiös und enthalten Larven. Werden die infektiösen Eier durch den entsprechenden Wirt aufgenommen, dann vollenden sie ihren Lebenszyklus und werden allmählich erwachsene Würmer im

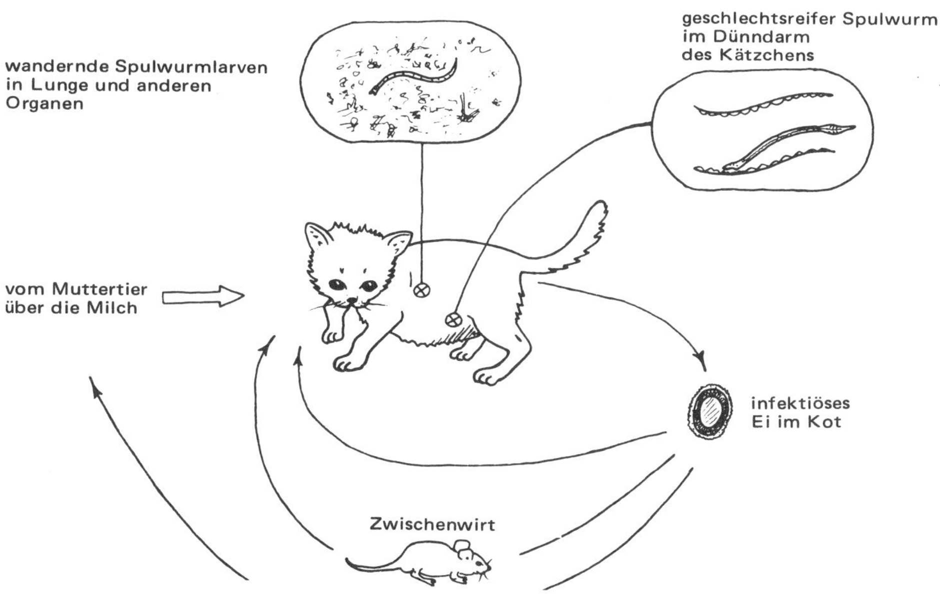

Abb. 44: Entwicklungszyklus des Spulwurms

Dünndarm. Werden sie von einem nicht adäquaten Wirt, zum Beispiel von einem Nagetier oder einer Schabe gefressen, dann kapseln sich die Larven im Gewebe dieses Wirtes ab, wo sie verbleiben, bis eine Katze oder ein anderes Tier dieses Tier frißt, wo die Larven dann durch die Verdauung freigesetzt werden.

Infektion mit Spulwürmern kann bald nach der Geburt stattfinden □ Die Larven des gewöhnlichen Katzenspulwurmes, Toxocara cati, können vom Muttertier durch die Milch auf die saugenden Kätzchen übertragen werden, so daß die Infektion bei sehr jungen Tieren gefunden werden kann. Man kann diese frühe Infektion verhindern, indem man das Muttertier einer Wurmkur unterzieht, noch bevor es wirft. Daher ist es am einfachsten und besten, auch im Hinblick auf die menschliche Gesundheit, davon auszugehen, daß alle jungen Katzen mit Spulwürmern belastet sind, und mit ihnen eine Wurmkur routinemäßig durchzuführen.

Anzeichen für eine Spulwurminfektion □ Spulwürmer rufen bei erwachsenen Katzen normalerweise keine ausgeprägte Erkrankung hervor. Schwere Infektionen mit *Toxocara cati,* insbesondere bei jungen Katzen, können allerdings zum Tode führen. Dieser Rundwurm wandert durch die Lungen auf dem Weg zum Darm und kann Husten und sogar eine Lungenentzündung hervorrufen. Häufiger sieht man Erbrechen (manchmal werden Würmer erbrochen), Durchfälle und fortschreitende allgemeine Schwäche. Schwer infizierte Kätzchen haben stumpfes Fell und Hängebäuche an einem mageren Körper.

Die Behandlung der Spulwürmer □ Man verwendet *Piperazinsalze,* um die Spulwürmer aus dem Darm abzutreiben. Piperazinsalze sind sicher wirkende Arzneimittel, die man frei erwerben und zu Hause verabreichen darf. Hungernlassen vor der Verabreichung ist nicht nötig. Gewöhnlich kommt es weder zu Erbrechen noch zu Durchfall. Kätzchen kann man schon im Alter von 2 oder 3 Wochen entwurmen, um die Spulwürmer abzutreiben; noch ehe sie anfangen, Eier zu erzeugen und so die Umgebung zu verseuchen. Die Wurmkur sollte *wenigstens* einmal im Laufe von 2–4 Wochen wiederholt werden, um erwachsene Würmer abzutreiben, die bei der ersten Anwendung nicht abgetötet wurden. Bei außergewöhnlich schweren Infektionen muß man die Wurmkur mehrere Male wiederholen.

□ Spulwurmeier sind gegenüber Umwelteinflüssen außerordentlich widerstandsfähig. Sie können auf der Kotwanne oder im Boden über Monate hinweg infektiös bleiben. Deshalb ist es sehr wichtig, gute hygienische Maßnahmen zu treffen, um die Wiederinfektion Ihrer eigenen Katze und anderer Katzen, möglicherweise auch von Menschen, zu vermeiden. Kot sollte wenigstens einmal in der Woche entfernt werden (möglichst täglich), und Streuwannen sollte man gründlich mit Geschirrspülmitteln und Heißwasser auswaschen. Nagetiere und Schaben, die den Würmern als Zwischenwirte dienen können, sind zu bekämpfen.

Spulwürmer können die menschliche Gesundheit schädigen □ Obwohl die Spulwürmer der Katze nicht im Darm des Menschen vorkommen, *können* ihre Larven in den Geweben des menschlichen Körpers herumwandern. Es handelt sich um eine seltene Erkrankung. Dadurch können alle möglichen Krankheitsbilder hervorgerufen werden, manchmal auch schwere, beispielsweise Erblindung. Dieser Zustand kann aber auch ganz stumm bleiben. Man sieht das auch am häufigsten bei Kleinkindern, die im Boden herumwühlen, der mit Eiern des gewöhnlichen *Hundespulwurms, Toxocara canis*, infiziert ist, und die ihre infizierten Hände in den Mund stecken. *Toxocara cati* ist ebenfalls in manchen Fällen als Krankheitsursache angesehen worden. Eine vollständige Erholung ist die Regel. Wegen der Infektionsmöglichkeit des Menschen soll man die Spulwürmer planmäßig bekämpfen und sich um eine gute allgemeine Hygiene bemühen.

2.7.6 *Hakenwürmer*

Mögliche Zeichen der Hakenwürmer □ Hakenwürmer stellen kleine Darmparasiten dar. Sie sind etwa 0,5–2 cm lang und befestigen sich an der Wand des Dünndarms, wo sie Blut saugen. Katzen können sich anstecken, wenn sie infektiöse Larven vom Boden aufnehmen oder indem infektiöse Larven ihre Haut durchdringen. Kätzchen können vor der Geburt durch Larven infiziert werden, die in den Geweben des mütterlichen Körpers wandern, als Saugwelpen auch durch die Aufnahme von Larven mit der Muttermilch.

□ Die Wanderung der Hakenwurmlarven durch die Haut kann Jucken hervorrufen, das sich durch Kratzen bemerkbar macht. Man sieht Rötungen und manchmal auch kleine Knoten und Verschorfungen auf der Haut. Hakenwürmer im Darm können Durchfälle hervorrufen, schwere Blutarmut, Schwäche und Auszehrung, die zum Tode führt. Die Infektion bei jungen Tieren kann durch Blutarmut tödlich verlaufen, noch ehe man Hakenwurmeier im Kot entdeckt.

Diagnose und Behandlung □ Die Diagnose kann nur der Tierarzt stellen, ihm obliegt auch die Behandlung. Hakenwürmer sind so klein, daß sie im Kot übersehen werden. Die Krankheitserscheinungen einer Hakenwurminfektion sind unbestimmt. Sichere und wirksame Mittel zur Behandlung sind nur vom Tierarzt erhältlich. Wenn Ihre Katze wegen des Befalls mit Hakenwürmern behandelt werden muß, verwendet Ihr Tierarzt zumeist Disophenol. Er wird Ihre Katze dann in der Praxis behalten. Auch Dichlorvos wird gegeben, das Sie zu Hause anwenden können.

Wie man Hakenwurmbefall verhindert □ Hakenwürmer sind nur dort anzutreffen, wo die Umgebung zur Entwicklung von infektiösen Larven günstig ist. Die vorinfektiösen Formen erfordern milde Temperaturen (etwa zwischen 22 und 30 °C) und Feuchtigkeit, um sich zu entwickeln. Die erneute Infektion oder deren Ausbreitung verhindert man, indem man sein Tier im Hause hält und eine Streuwanne benutzen läßt, die täglich gründlich gereinigt wird, bis die Katze als hakenwurmfrei gilt. Käfige sollten gründlich gewaschen und getrocknet werden, und Außenflächen, an denen Kot abgesetzt wird, müssen 3 Wochen lang trocken gehalten werden, um Larven abzutöten.

2.7.7 *Fadenwürmer*

Der Fadenwurm – *Strongyloides stercoralis* – ist ein Rundwurmparasit bei Katzen, Hunden und Menschen. Die Infektion erwirbt man am häufigsten, indem infektiöse Larven die Haut durchdringen. Dadurch entstehen rote Knoten und Krusten, an denen gekratzt wird. Während ihrer Wanderung durch den Körper können die Larven Zeichen von Erkrankungen der Atmungsorgane (zum Beispiel Husten) hervorrufen. Katzen können auch durch den Verzehr infektiöser Larven befallen werden. Fadenwürmer sind sehr kleine Würmer; im Stuhl sind sie nicht sichtbar. Wenn der Tierarzt die Diagnose gestellt hat, dann verwendet er zumeist Thiabendazol. Durch eine trokkene und saubere Umgebung vermeidet man *Strongyloides-Infektionen.*

2.7.8 *Lungenwürmer*

Lungenwürmer sind kleine, etwa 1 cm lange Rundwürmer, deren reife Formen in den Katzenlungen vorkommen. Ein häufiger Lungenwurm – *Aleurostrongylus abstrussus* – infiziert Katzen, die Schnecken, Larven, Nagetiere, Frösche, Eidechsen oder Vögel gefressen haben, die ihrerseits infektiöse Larven des Wurmes trugen. Diese Zwischenwirte und Überträger infizieren sich, indem sie Larven fressen, die von befallenen Katzen ausgehustet oder im Stuhl abgegeben wurden. Trotz der Seltenheit der Infektion kommen Lungenwürmer in manchen Gegenden, in den ganzen USA und in Europa vor. Ein informierter Katzenbesitzer sollte sie daher kennen.

Zeichen der Lungenwurminfektion □ Das erste Zeichen der Lungenwurminfektion ist in der Regel ein hartnäkkiger Husten, begleitet von allmählicher Gewichtsabnahme. Zusätzlich können auftreten: Fieber, Appetitverlust, Ausscheidungen durch die Nase und Nieren. Leider verwechselt man diese Erkrankung mit anderen Ursachen der Atemnot.

Lungenwurmdiagnose und Behandlung □ Die Diagnose und Behandlung von Lungenwurmerkrankungen muß vom Tierarzt durchgeführt werden, da sich beide schwierig gestalten können. Tierärzte suchen die Lungenwurmlarven (oder in manchen Fällen die Eier) im Kot (oder im Sputum, dem abgehusteten Material; Anmerkung des Übersetzers) infizierter Katzen. Daher kann es hilfreich sein, wenn man zur Untersuchung seiner Katze eine Stuhlprobe mitbringt. Man verhindert ihre Infektion mit dem gewöhnlichen Lungenwurm, indem man sie vom Jagen abhält.

2.7.9 Peitschenwürmer

Peitschenwürmer sind Rundwürmer des Darms, die im *Blinddarm* des Hundes vorkommen und manchmal Durchfälle und Gewichtsverluste bewirken. Obwohl man früher annahm, daß sie bei Katzen nicht vorkommen, werden sie jetzt bei ihnen diagnostiziert. Die Infektion wird direkt erworben, indem infektiöse Larven vom verunreinigten Boden verzehrt werden. Die Diagnose muß man dem Tierarzt überlassen, denn die Infektion ist oft ohne Symptome. Fragen Sie Ihren Tierarzt, ob Sie in einer Gegend leben, in der es Peitschenwürmer gibt. Trifft dies zu, dann ist zu überlegen, ob man eine Kotuntersuchung auf Peitschenwurmbefall vornehmen lassen soll.

Äußere Parasiten

Äußere Parasiten der Katzen sind *Gliedertiere* (Arthropoden), Insekten mit einem harten Mantel aus Chitin und spinnenartige Tiere, die auf der Haut der Katze leben und sich vom Blut und von der Gewebsflüssigkeit oder von der Haut selbst ernähren.

2.7.10 Flöhe

Der Floh ist wahrscheinlich der häufigste äußere Parasit der Katze. Er ist flügellos, dunkelbraun und kann im Vergleich zu seiner Körpergröße weite Entfernungen überspringen. Er ernährt sich durch Blutsaugen. Flöhe sind nicht sehr wirtsspezifisch. Daher kann man Katzenflöhe auf Hunden finden und Hundeflöhe auf Katzen, obwohl es verschiedene Floharten (Species) gibt. Hunde- und Katzenflöhe können sich am Menschen ernähren. Entscheidend ist nicht die Art des Flohs, sondern daß eine Katze keine Flöhe haben soll. Schwerer Flohbefall ist kein normaler und kein natürlicher Zustand, und ein paar Flöhe nur können manchmal für eine schwere Erkrankung verantwortlich sein. Viele Flöhe können bei jungen Katzen schweren Blutverlust bewirken, desgleichen bei alten oder geschwächten Tieren. Dieser Blutverlust (*Anaemie*) kann zum Tode führen, ganz besonders bei jungen Kätzchen. Flöhe sind beispielsweise Krankheitsträger von Bandwürmern (siehe Kapitel 2.7.3). Eine allergische Hautentzündung wird gleichfalls häufig von Flöhen hervorgerufen (siehe Kapitel 3.3.2).

□ Weibliche Flöhe legen ihre Eier gewöhnlich nicht auf dem Wirt ab. Kommt das einmal vor, dann fallen sie in der Regel ab, da die Eier nicht klebrig sind. Floheier sind weiß und haben ungefähr die Größe eines kleinen Salzkörnchens. Wenn eine Katze viele Flöhe hat, kann man die Eier in ihrem Fell finden, zusammen mit Flohkot und teilweise verdautem Blut. Flohkot ist rußartig.

Zur Bekämpfung des Flohs muß man seine Entwicklung kennen □ Wenn man die rußartigen Körnchen am Flohkot mit Wasser anfeuchtet, löst er sich auf, und es entsteht eine blutfarbene Flüssigkeit. Aus den Eiern entstehen innerhalb von 2 Tagen bis zu 2 Wochen Larven. Flohlarven sehen aus wie sehr kleine Fliegenmaden. Sie sind etwa 0,5 cm lang und weiß bis milchig-gelb gefärbt. Man findet sie meist in Fußbodenritzen, unter Teppichen, im Bettzeug oder an ähnlichen Orten. Die Larven fressen nur wenig und spinnen dann Puppen, in denen

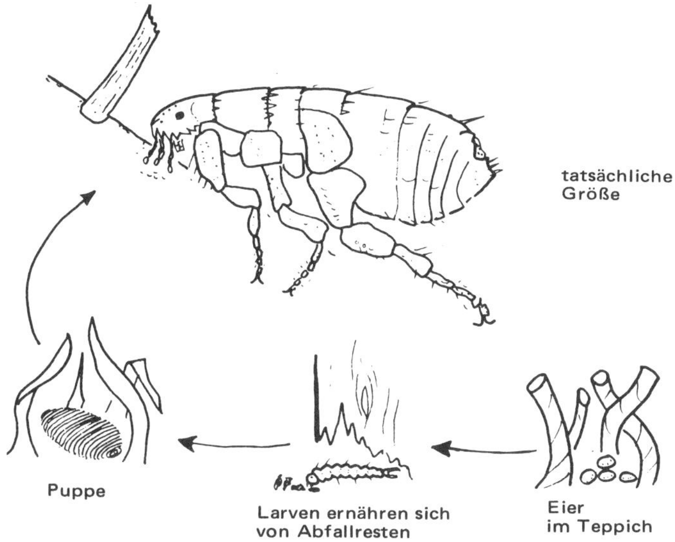

Abb. 45: Geschlechtsreifer Floh auf einer Katze

sie sich zu erwachsenen Flöhen entwickeln. Larven brauchen zwischen 10 Tagen bis zu mehreren Monaten, um sich zu ausgewachsenen Flöhen zu entwickeln. Das hängt von der Umgebung ab. Ausgewachsene Flöhe können mehrere Monate ohne Futter leben.

□ Da sich ein großer Teil des Lebenszyklus des Flohs nicht auf der Katze abspielt, ist die Bekämpfung der Flöhe auf dem Wirt nicht ausreichend, um Flöhe ganz und gar loszuwerden. Die Bekämpfung muß sich auf alle Haustiere, die zusammen in einer Wohnung sind, erstrecken, und die Flöhe müssen aus dem Haushalt vertilgt werden. Waschen oder Verbrennen von infiziertem Bettzeug und gründliches Staubsaugen reichen oft aus, um wenige Flöhe zu vertreiben. In anderen Fällen müssen Häuser oder Käfige eingesprüht oder mit käuflich zu erwerbenden Insektentötungsmitteln ausgeräuchert werden. Dazu kann ein Kammerjäger erforderlich sein.

Die Flohbehandlung zu Hause □ Wenn Ihre Katze Flöhe hat, dann ist sie zuerst zu baden. Sie können ein gewöhnliches, nicht scharfes Shampoo verwenden oder ein Katzenshampoo kaufen, das ein Insektenvertilungsmittel gegen Flöhe enthält. Wenn Sie ein Haarwaschmittel verwenden, dann bedenken Sie bitte, daß Sie die Flöhe nur mechanisch entfernen. Wenn Sie das Fell Ihrer Katze nicht gründlich abspülen, dann werden die vom Wasser betäubten Flöhe wieder munter, sobald das Fell trocknet, und werden weiterhin Ärger bereiten. Ist Ihre Katze sauber, dann wenden Sie eins der unten beschriebenen Verfahren zur weiteren Bekämpfung der Flöhe an. Allerdings sollten Sie sichergehen, daß Ihr Insektenvertilgungsmittel ausdrücklich zur Anwendung bei Katzen zugelassen ist. Katzen sind sehr empfindlich gegenüber gewissen Giften, so daß Produkte, die nicht speziell für die Verwendung bei Katzen angeboten werden, zu vermeiden sind.

1. *Das Desinfektionsbad* □ Desinfektionsbäder enthalten Insektenvertilgungsmittel, die man auf das Fell der Katze als Flüssigkeit aufträgt und dann trocknen läßt. Mir erscheint es am leichtesten, ein Desinfektionsbad mit einem Schwamm nach dem Bad aufzutragen, wenn die Katze noch naß ist. Folgen Sie den Anweisungen auf der Verpackung und überzeugen Sie sich, daß dieses Mittel für Katzen bestimmt ist. Bäder für Schafe oder Hunde sind für Katzen oft giftig, zudem reizen sie die Haut.

2. *Flohsprühmittel oder Puder* □ Sprühmittel und Puder gegen Flöhe enthalten eine große Anzahl von verschiedenen Insektenvertilgungsmitteln. Flöhe werden gegen bestimmte Vertilgungsmittel resistent, so daß man auch das wirkungsvollste Pulver oder Sprühmittel (oder Bad) gegen Flöhe nach einiger Zeit wechseln muß. Sie sollten Ihren Tierarzt fragen, was er empfiehlt. Folgen Sie den Anweisungen auf der Verpackung sorgfältig und vermeiden Sie das Auftragen von Pudern oder Sprühmitteln auf gereizte oder wunde Haut, um eine weitere Reizung zu verhindern.

3. *Das Antiflohhalsband oder der -anhänger* □ Die wirksamsten dieser Halsbänder enthalten Insektenvertilungsmittel auf der Basis organischer Phosphorsäureester (zum Beispiel *Dichlorvos*), die in einen Kunststoff eingewirkt sind, aus dem sie allmählich freigesetzt werden. Anhänger gegen Flöhe enthalten ebenfalls ein Vertilgungsmittel in einer Plastikhülle, wodurch dessen Berührung mit der Haut vermieden wird. Organische Phosphorsäureester wirken unmittelbar auf den Parasiten ein und töten ihn. Ihre Wirkung beruht bei Antiflohhalsbändern nicht darauf, daß sie von der Katze aufgenommen und vom Parasiten mit der Blutmahlzeit verzehrt werden. In den Konzentrationen, in denen sie in Halsbändern und Anhängern für Katzen vorkommen, sind diese Mittel völlig sicher. Antiflohhalsbänder kann man bei *gesunden* Katzen anwenden, wenn sie schon 2 Monate alt sind, anderslautenden Gebrauchsanweisungen sollte man jedoch folgen. Die Halsbänder legt man locker an (1 oder 2 fingerbreit zwischen Hals und Halsband). Anfeuchten ist zu vermeiden, sonst verlieren sie ihre Wirkung. Andere Insektenvertilgungsmittel sind zusätzlich nicht zu verwenden, es sei denn, Ihr Tierarzt empfiehlt sie.

Antiflohhalsbänder können eine Kontaktdermatitis hervorrufen □ Einige wenige Katzen sind gegenüber organischen Phosphorsäureestern überempfindlich und reagieren mit einer *Kontaktdermatitis.* Diese erscheint häufig eher als Haarverlust und Hautrötung unter dem Halsband. Wenn man jetzt das Halsband entfernt, verschwindet diese Veränderung meist spontan. Entfernt man es hingegen nicht, schreitet die Dermatitis voran, und große, wunde Hautflächen entstehen. Infizieren sich diese Bezirke, gestaltet sich die Therapie schwierig und erfordert einen Tierarzt. Eine Halsbanddermatitis dieser Art kann man manchmal verhindern, indem man das Halsband 2 oder 3 Tage lang vor dem Umbinden lüftet. Katzen, die Antiflohhalsbänder nicht tragen können, vertragen oft entsprechende Anhänger, die entwickelt wurden, um den Kontakt der Insektenvertilgungsmittel mit der Haut zu umgehen.

4. *Flohstifte* □ Flohstifte enthalten das Insektenvertilgungsmittel *Methylcarbamat* als wachsartige Substanz, die es gestattet, das Mittel unmittelbar auf die Haut aufzutragen. Wie bei anderen Flohmitteln sollte man den Gebrauchsanweisungen sorgfältig folgen.

5. *Ablesen der Flöhe* □ Das Entflohen mit der Hand oder mit einem Flohkamm ist ein recht unwirksames Verfahren zur Flohbekämpfung. Natürlich können Sie den Floh entfernen, wenn Sie ihn sehen, aber verlassen Sie sich nicht auf diese Art der Flohbekämpfung, da es bessere Methoden gibt.

6. *Hausmittel* □ Es ist mir nicht gelungen, Hinweise für die Wirksamkeit von Hausmitteln, wie Bierhefe (Vitamin B) und Eukalyptus-Sprossen, gegen Flöhe zu finden. Wenn Sie sie anwenden wollen, untersuchen Sie Ihre Katze auf Flöhe *gründlich* und *oft.* Wenn Sie welche finden, lassen Sie sich den Sinn dieser Flohbekämpfung noch einmal durch den Kopf gehen.

Die Haftfliege □ Die Haftfliege – *Echinophaga gallinacea* – ist vor allem ein Geflügelparasit, kann aber auch Katzen befallen. Sie können diese Fliegen leicht erkennen, da die erwachsenen Tiere fest an der Haut kleben und nicht davonlaufen, wenn man sich ihnen nähert. Sie sind Blutsauger, und wenn man sie findet, sollte man sie ma-

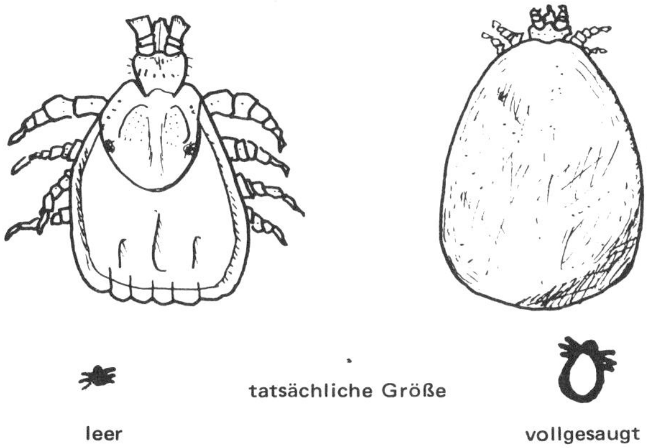

Abb. 46: Zecken

nuell oder mit Hilfe eines Desinfektionsbades entfernen.

2.7.11 Zecken

Zecken findet man gewöhnlich nicht auf Katzen, wahrscheinlich deshalb, weil sich Katzen gewohnheitsmäßig gründlich putzen. Wohnen Sie in einer Waldgegend oder auf dem Land und verläßt Ihre Katze das Haus, dann werden Sie gelegentlich eine Zecke finden. Ausgewachsene Zeckenweibchen sehen unterschiedlich aus, je nachdem ob sie eine Blutmahlzeit gefressen haben oder nicht (siehe Abb. 46g); Männchen schwellen beim Fressen nicht an. Zecken richten nichts Schlimmeres an als eine lokale Hautentzündung. Aber man sollte sie stets beachten.

□ Da Katzen selten mehr als ein oder zwei Zecken an ihrem Körper haben, ist es am leichtesten, sie mit der Hand zu entfernen. Man greift mit Daumen und Zeigefinger die Zecke, so nah es geht, an der Stelle, an der sie mit dem Kopf in der Haut der Katze haftet. Dann zieht man kräftig und gleichmäßig, aber behutsam. Eine Drehbewegung ist unnötig. Zieht man dabei richtig und hat man die Zecke zu einem günstigen Zeitpunkt erwischt, dann wird sich die gesamte Zecke ablösen. Bleiben Kopfteile in der Haut zurück, braucht man sich deswegen keine Sorgen zu machen. Die Zecke wächst nie nach, und nur ganz selten einmal infiziert sich ein Zeckenbiß. Die Bißstelle wird gewöhnlich rot und schwillt an. Dies ist eine Reaktion gegenüber einer Substanz, die die Zecke mit ihrem Speichel absondert, aber das heilt gewöhnlich in etwa 2 Wochen aus. Keinesfalls sollte man versuchen, Zecken mit einem Streichholz abzubrennen oder Petroleum, Benzin oder andere Ölprodukte aufzutragen. Wenn Sie unbedingt etwas auf die Zecke tun wollen, dann eine kleine Menge von konzentriertem Floh- oder Zeckenentferner, Alkohol, Äther oder Azeton (Fingernagellackentferner), und berühren Sie damit nur die Zecke, nicht aber umgebende Haut oder Haare.

2.7.12 Läuse

Läuse sieht man bei gut gepflegten Katzen viel seltener als Flöhe oder Zecken. Er-

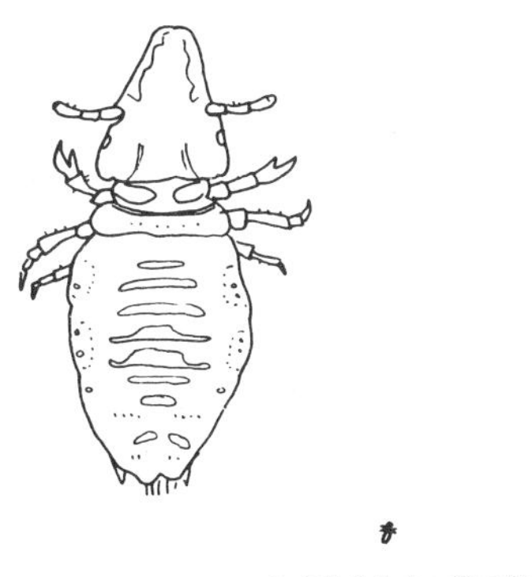

Abb. 47: Laus

wachsene Läuse sind blaß, nur wenige Millimeter lang. Sie verbringen ihr ganzes Leben auf einem Wirt und legen ihre winzigen weißen Eier am Haar ab. Manche Läuse brauchen Blut oder Körperflüssigkeiten, um zu leben. Andere fressen die Hautschuppen. Sie können Jucken verursachen und die Larven von Bandwürmern tragen. Man tötet Läuse mit einem gründlichen Bad ab, dem ein für Katzen wirksames Sprühmittel oder Tauchbad gegen Zecken und Flöhe folgt.

2.7.13 Milben (Räude)

Die *Räude* wird durch Milben hervorgerufen. Es gibt verschiedene Räudeformen. Die Milben, die im folgenden behandelt werden, sind Ohrmilben, Kopfmilben und Herbstgrasmilben. Ein Befall mit anderen Milben ist bei Katzen selten.

2.7.14 Ohrmilben

Wie man Ohrmilben diagnostiziert □ Ohrmilben – *Otodectes cynotis* – leben im Gehörgang von Hunden und Katzen und ernähren sich von Hautabscheidungen. Sie rufen die Bildung von großen Mengen einer schwarzen bis rot-braunen, wachsartigen Substanz im Gehörgang hervor und führen gewöhnlich zu heftigem Ohrkratzen. Eine befallene Katze wird dabei ihre Ohren hängen lassen und ihren Kopf schütteln.

□ Wenn Sie annehmen, daß Ihre Katze Milben hat, dann entfernen Sie einen Teil der Absonderungen aus dem Gehörgang mit einem Wattestäbchen. Wenn Sie die wachsartige Substanz im hellen Licht untersuchen oder sie auf ein Stück schwarzes Papier legen, können Sie vielleicht schon die Milben erkennen. Mit einer Lupe gelingt das besser. Lebendige Ohrmilben sehen aus wie bewegliche, weiß glänzende Punkte, etwa so groß wie ein Stecknadelkopf.

Wie man Ohrmilben behandelt □ Wenn man die Milben gesehen hat und nur wenig wachsartige Substanz vorhanden ist, kann man zu Hause behandeln.

□ Leiten Sie aber *unter keinen Umständen* eine häusliche Behandlung ein, wenn Sie keine Milben gesehen haben. Andere Erkrankungen des Gehörganges können ähnlich aussehen und sich durch die Anwendung eines Präparates gegen Ohrmilben verschlimmern. Die Behandlung besteht darin, daß man die Ohren reinigt und dann eine insektentötende Flüssigkeit mit einer Augenpipette oder einer Tropfflasche einführt. Wie oft man das tun muß, hängt vom einzelnen Präparat ab. Das erforderliche Medikament erhält man durch tierärztliche Verschreibung.

2.7.15 Kopfmilben

Erscheinungen durch Kopfmilben □ Kopfmilben – *Notoedres cati* – sind mikroskopisch kleine Milben, die Katzen

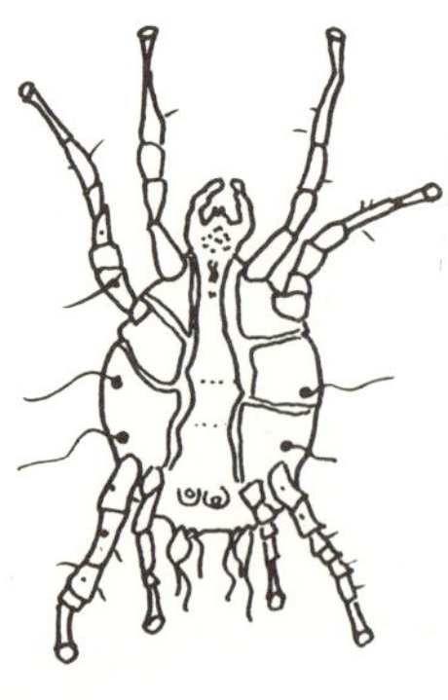

Abb. 48: Ohrmilbe

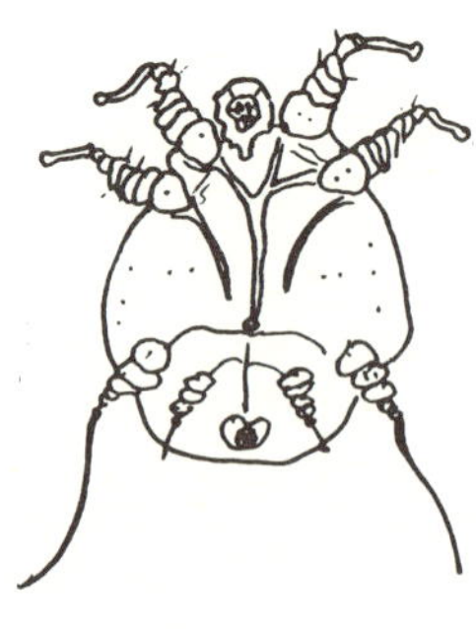

Abb. 49: Kopfmilbe

infizieren und vorübergehend auch Menschen und Hunde befallen können. Diese Milbenart vergräbt sich unter die Hornschichten der Haut und ruft so intensiven Juckreiz hervor, dem Haarausfall folgt. Da diese Milben offenbar die Haut von Kopf und Haaren bevorzugen, sieht man dort und am Nacken zuerst verdickte, runzelige Haut und graue Krusten und Schuppen. Bei vernachlässigten Fällen sieht man derartige Veränderungen auch an den Pfoten und unter dem Schwanz. Der Befall mit *Notoedres* breitet sich leicht von Katze zu Katze aus.

Die Diagnose der Kopfräude □ Wenn man annimmt, daß die Katze Kopfräude hat, so ist die mikroskopische Untersuchung eines Hautgeschabsels erforderlich. Daher ist es ratsam, Ihre Katze vor Beginn einer Behandlung vom Tierarzt untersuchen zu lassen. Er kann nicht nur die Anwesenheit von Milben bestätigen und Ihnen das erforderliche Räudemittel verschreiben, er kann auch ein *Cortison* verordnen, wenn dies notwendig ist (siehe Kapitel 4.2.3), um den Juckreiz zu dämpfen, bis die Milben verschwunden sind, und er kann bei einer hinzugekommenen bakteriellen Infektion auch Antibiotika verordnen.

2.7.16 Herbstgrasmilben

Herbstgrasmilben sind rote, orangefarbene oder gelbliche Milben, deren Larven auf Katzen und anderen Säugetieren parasitieren. Die Nymphen und ausgewachsenen Tiere ernähren sich von Pflanzen und Nichtwirbeltieren. Die Larven findet man oft an Kopf und Hals, insbesondere an den Ohren und in den Gehörgängen. Sie können aber jeden Teil des Körpers befallen und rufen Juckreiz und Kratzen hervor, das manchmal sehr heftig wird. Man sucht in den befallenen Bezirken nach roten, orangefarbenen oder gelben Fleckchen, die etwa so groß sind wie eine Stecknadelspitze. Wenn nötig nehme man eine Lupe. Können Sie keine Milben finden, dann wird die Diagnose gegebenenfalls vom Tierarzt mit Hilfe eines Hautgeschabsels gestellt werden. Milben, die man ausschließlich in den Gehörgängen findet, kann man wie Ohrmilben bekämpfen (siehe Kapitel 2.7.14). Milben an anderen Hautstellen kann man bekämpfen, indem man Tauchbäder oder Präparate verwendet, die gegen Kopfmilben wirksam sind.

2.7.17 Fliegen

Geschlechtsreife Fliegen sind keine Kat-

Tab. 7: Parasiten, die Hunden und Katzen gemeinsam sind

Katze		Hund
Äußere Parasiten		
Flöhe	⇄	Flöhe
Ohrmilben	⇄	Ohrmilben
Innere Parasiten		
Protozoen: Kokzidien	Über Umweltverschmutzung durch Kot	Protozoen: Kokzidien
Toxoplasmen	Über Umweltverschmutzung durch Kot	Toxoplasmen
Bandwürmer: *Dypylidium*	Über gefressene Flöhe	Bandwürmer: *Dypylidium*
Spulwürmer: (nur *Toxascaris leonina*)	Über Umweltverschmutzung durch Kot	Spulwürmer: (nur *Toxascaris leonina*)
Fadenwürmer	Über Umweltverschmutzung durch Kot	Fadenwürmer
Hakenwürmer	Über Umweltverschmutzung durch Kot	Hakenwürmer
Magenwürmer	Über gefressene Käfer usw.	Magenwürmer

zenparasiten, sie legen ihre Eier aber manchmal in frische oder infizierte Wunden. Nach dem Ausschlüpfen leben die Maden vom Gewebe und rufen die sogenannte *Myiasis* hervor. Maden habe ich oft in infizierten Ohren, vernachlässigten Hautwunden und im verfilzten Fell gesehen. Zur Behandlung müssen sie alle manuell entfernt werden, wonach man die betroffenen Bezirke mit einer antibakteriellen Seife (zum Beispiel pHisoHex) wäscht und dann zur Behandlung möglicher bakterieller Sekundärinfektionen eine antibiotische Salbe aufträgt. Um die Wiederkehr der Parasiten zu vermeiden, muß die zugrunde liegende Störung behandelt werden.

2.7.18 Der Wert der Vorbeugemedizin

Mit der vorbeugenden Medizin sollte man beginnen, sobald man sein neues Kätzchen nach Hause gebracht hat. Nach kurzer Zeit wird einem die richtige Pflege der gesunden Katze in Fleisch und Blut übergegangen sein. Die Folgen unzulänglicher Vorbeugungsmaßnahmen bei einem jungen Kätzchen lassen sich mitunter nie wieder beheben. Andererseits hat eine Katze, die gut gefüttert, regelmäßig geputzt und in einer sauberen und parasitenfreien Umgebung gehalten wird, einen guten Start in ein langes und gesundes Leben. Verbinden Sie diese Maßnahmen mit Zuneigung, zweckmäßiger Erziehung und einem jährlichen Besuch beim Tierarzt zur Untersuchung und zu den Wiederholungsimpfungen, dann werden Sie die Erfahrung machen, daß das Zusammenleben mit Ihrer Katze eine einfache, erfreuliche Angelegenheit ist.

3 Diagnostik

Was Sie tun müssen, wenn Ihre Katze krank ist.
Allgemeines Vorgehen zur Erkennung von Krankheitserscheinungen – Haut – Kopf – Atmungsapparat – Muskulatur und Skelett – Verdauungsapparat – Fortpflanzungs-, Harnapparat – Herz und Kreislauf – Notfallmedizin – Altersmedizin.

3.1 Das allgemeine Vorgehen zur Erkennung von Krankheitserscheinungen

Haben Sie Ihre Katze so gut gepflegt, wie Sie dies aus dem ersten Teil dieses Buches ersehen konnten, und es kommt zu einer Erkrankung, dann ist das nicht unbedingt Ihre Schuld. Auch die am besten behütete Katze kann einmal krank oder verletzt werden. Die folgenden Seiten über Diagnostik und die Abschnitte über Notfallmedizin und Altersmedizin sind dazu da, Ihnen in solchen Situationen zu helfen. Wie bei dem übrigen Buch, so empfiehlt es sich auch hier, diese Abschnitte ganz zu lesen, damit einem der Inhalt geläufig wird. Wenn ein Problem auftritt, dann wird man dadurch nicht mit dem Versuch Zeit verschwenden, den neuen Stoff zu verdauen. Sie werden vielmehr schon wissen, was man zu tun hat, oder es wird nur ein rasches Durchlesen nötig sein. Dadurch daß Sie den Inhalt schon kennen, werden Sie manche Schwierigkeiten ganz vermeiden können, zum Beispiel *Wundinfektionen* (siehe Kapitel 3.2.1) und *Vergiftungen* (siehe Kapitel 3.9.8). Eine andere Möglichkeit im Krankheitsfall besteht darin, daß man am Ende des Buches das *Sachverzeichnis* aufschlägt und die alphabetisch geordneten Begriffe der Krankheitserscheinungen sucht.

□ Dieses *Sachverzeichnis* ist unter anderem wie eine alphabetische Liste der Veränderungen, die auftreten können, wenn Ihre Katze krank ist. Um dieses Verzeichnis zu verwenden, stellen Sie zunächst einmal die Krankheitserscheinungen bei Ihrer Katze fest. Das Kratzen zum Beispiel können Sie *sehen,* nicht das Jucken, das *fühlt* die Katze. Verschorfungen und Knoten in der Haut der Katze können Sie *fühlen.* Daraufhin suchen Sie diese Veränderungen in diesem oben erklärten *Sachverzeichnis* auf und schlagen die Seiten nach, die dort angegeben sind. Dort werden Sie alles Nähere finden und auch Hinweise auf das, was man zur Heilung zu unternehmen hat. Wenn Sie die Ihnen sichtbaren Krankheitserscheinungen nicht finden oder sie nicht mit Worten beschreiben können, dann schlagen Sie ebenfalls im *Sachverzeichnis* unter dem Körperteil nach, der befallen ist, beispielsweise die *Haut.* Darüber hinaus verwenden Sie das alphabetische Verzeichnis, wann immer Sie etwas über ein allgemeines Thema (etwa *Züchtung*) oder eine besondere Erkrankung (etwa *Tollwut*) lesen wollen. Die Krankheitserscheinungen sind alle unter ihrem Stichwort im *Sachverzeichnis* alphabetisch geordnet aufgeführt. Vergessen Sie aber nicht, daß hier nur die häufigeren Probleme und deren häusliche Behandlung besprochen werden. Wenn man das, was man sucht, in keinem Verzeichnis findet, sollte man sich an einen Tierarzt wenden. Das Problem kann, muß aber nicht ernst sein, es ist jedoch keinesfalls ein Alltagsproblem der Katzenpraxis.

□ Man sollte auf Krankheitserscheinungen sorgfältig achten. Manchmal ist eine Katze schwer krank, ehe entsprechende Anzeichen auch für ein geübtes Auge offensichtlich sind. Da Katzen nicht sprechen können, ist Veterinärmedizin in der Praxis oft schwieriger als Humanmedizin. Da Sie Ihrer Katze am nächsten sind, wird es Ihnen vielleicht möglich sein, Krankheitserscheinungen zu entdecken, noch ehe Ihr Tierarzt irgendwelche Unregelmäßigkeiten bei einer Untersuchung feststellen kann. Alles was Sie Ihrem Tierarzt über ihre Beobachtungen sagen, kann *sehr* wichtig sein.

□ Krankheitserscheinungen können vieldeutig sein. Sehr unterschiedliche Krankheiten gehen oft mit denselben Erscheinungen einher und können manchmal nur durch spezielle diagnostische Hilfsmittel, wie Röntgenstrahlen oder Blutuntersuchungen, voneinander unterschieden werden. Beherzigen Sie das, wenn Sie meinen, daß Ihre Katze alle Zeichen einer bestimmten Erkrankung hat, aber auf die vorgeschlagene Behandlung nicht anspricht. Bedenken Sie auch den Wert der *Intuition,* wenn es darum geht zu erkennen, ob Ihre Katze krank oder verletzt ist. Sie stehen Ihrer Katze am nächsten. Wenn »etwas einfach nicht stimmt«, dann setzen Sie sich mit Ihrer Katze zusammen hin und messen ihre Körpertemperatur (siehe Kapitel 4.1.2) und untersuchen sie (siehe Anatomie, Kapitel 1.1). Oft werden Sie bestimmte Krankheitserscheinungen feststellen, über die Sie gelesen haben und die Sie zu Hause behandeln können. Ist dies nicht möglich, dann nehmen Sie nicht an, daß Sie im Irrtum sind und daß es Ihrer Katze gut geht. Verlassen Sie sich auf Ihre Einfühlungsgabe und lassen Sie Ihre Katze vom Tierarzt untersuchen. Der wird möglicherweise etwas finden, das Sie übersehen haben, und kann notfalls speziellere Untersuchungen durchführen.

□ Drei häufige allgemeine Krankheitszeichen, die viele Erkrankungen begleiten sind *Verhaltensänderungen, Störungen des Appetits* und *Fieber.* Zwei andere Krankheitszeichen, die Sie oft sehen können, sind die *Austrocknung* und das *Zittern.*

Verhaltensänderungen □ Nehmen Sie Änderungen des Verhaltens nicht auf die leichte Schulter. Bei den meisten Katzenkrankheiten ist eines der ersten Zeichen eine Verhaltensänderung, indem die Katze *ruhiger* und *weniger aktiv* wird. Wenn Sie das beobachten, sollten Sie wenigstens die Körpertemperatur der Katze messen, und wenn es weiter besteht, eine vollständige Untersuchung vornehmen oder den Tierarzt hinzuziehen. Obwohl die meisten Katzen weniger aktiv und ruhiger werden, wenn sie krank sind oder verletzt, kann jede Verhaltensänderung Zeichen einer Krankheit sein. Auch Katzen können psychische Probleme haben, aber um diese zu beheben, ist fachmännischer Rat nötig, und dieses Buch ist nicht dazu bestimmt, Ihnen hierbei zu helfen.

Störungen des Appetits □ Im Krankheitsfall verlieren Katzen ihren Appetit oft vollständig *(Anorexie).* Oft werden Sie allerdings nur eine Verminderung des Appetits bemerken. Die kranke Katze kann weniger oder mehr fressen. Obwohl das von einem Tag zum anderen in aller Regel nicht wichtig ist, sollte es Sie doch auf eine mögliche Gesundheitsstörung hinweisen. Wenn eine Katze erst ausgewachsen ist, dann bleiben Appetit und Aktivität von einem Tag zum anderen ziemlich gleich. Störungen des Appetits und der Aktivität, die länger als 5 Tage bestehen, sollten einen zum Tierarzt führen, auch wenn sonst keine Krankheitserscheinungen festzustellen sind. Störungen des Appetits, die mit anderen Krankheitserscheinungen einhergehen, sollte man nicht länger als 24 Stunden auf sich beruhen lassen, bevor man selbst oder mit dem Tierarzt der Sache nachgeht.

Fieber □ Die gesunde Katze hat eine Körpertemperatur zwischen 38,4 und 39,2 °C in der Ruhe, rektal gemessen. (Wie man die

Körpertemperatur mißt erfahren Sie auf Seite 128.) Eine erhöhte Körpertemperatur *(Fieber)* deutet für gewöhnlich auf eine Infektion (meist eine Infektion bakterieller oder viraler Herkunft) hin, aber dabei ist zu berücksichtigen, daß Einflüsse, wie Bewegung, Aufregung und hohe Umgebungstemperaturen, die Körpertemperatur ebenfalls erhöhen können. Viele Bakterienarten stellen Giftstoffe her (Toxine), die den Körper dazu veranlassen, chemische Substanzen, die man als *Pyrogene* bezeichnet, freizusetzen, und diese erzeugen Fieber. Wie andere Substanzen Fieber erzeugen, ist unbekannt, aber es hängt wahrscheinlich auch mit dem Freisetzen von Pyrogenen durch den Organismus zusammen.
□ Es ist wichtig, sich daran zu erinnern, daß Fieber ein Krankheitszeichen ist aber keine Erkrankung an sich. Obwohl man zur Senkung von sehr hohem Fieber (höher als 41,5 °C) Medikamente einsetzen kann, ist die Substanz, die man zu diesem Zweck am häufigsten verwendet, nämlich das Aspirin, bei Katzen mit äußerster Vorsicht zu verwenden. Das Wichtige ist dabei, die Ursache des Fiebers herauszufinden und diese zu behandeln, nicht aber das Fieber an sich. Tatsächlich gibt es Hinweise dafür, daß Fieber bei manchen Erkrankungen sogar eine wohltuende Wirkung ausübt.
□ Außer bei Kätzchen, die jünger sind als 4 Wochen, bedeutet eine Untertemperatur (weniger als 37,8 °C) eine schwere Erkrankung, und das Tier braucht unverzüglich Hilfe.

Austrocknung □ Alle Körpergewebe werden von Gewebsflüssigkeiten umspült, die zur Hauptsache aus Wasser, Ionen, Proteinen und anderen chemischen Substanzen, wie Nährstoffen und Schlackenstoffen, bestehen. Die normale Zusammensetzung der Gewebsflüssigkeit ist äußerst wichtig, um regelrechte Zellfunktionen aufrechtzuerhalten. Veränderungen im Wassergehalt des Körpers werden immer von Veränderungen der anderen Bestandteile der Gewebsflüssigkeiten begleitet. Auch geringfügige Veränderungen können schwere Folgen haben.
□ Die häufigste Störung des Wasserhaushalts, die man bei kranken Tieren feststellen kann, ist der Verlust von Körperwasser, die Austrocknung oder *Dehydration.* Zur Dehydration kommt es immer, wenn der Wasserverlust des Körpers die Zufuhr übersteigt. Eine häufige Ursache der Dehydration bei einer Erkrankung liegt darin, daß zu wenig Wasser aufgenommen wird, um dem laufenden Bedarf des Körpers gerecht zu werden. Wasser wird gleichmäßig im Urin, im Stuhl, mit der Atemluft und durch Verdampfen von der Körperoberfläche (bei Katzen weniger bedeutend) verloren. Da Katzen oft aufhören zu fressen und wenig trinken, wenn sie krank sind, wird ihr täglicher Bedarf nicht gedeckt, und es kommt leicht zur Dehydration. Dehydration tritt auch bei Zuständen ein, die einen starken Verlust von Wasser und/oder *Elektrolyten* (Ionen) verursachen, wie bei Erbrechen und Durchfall. Zusätzlich wird der Bedarf des Körpers nach Wasser bei Fieber gesteigert.
□ Obwohl die Dehydration einsetzt, sobald der Wasserverlust die Wasserzufuhr überschreitet, bleiben die Zeichen der Dehydration für gewöhnlich nicht nachweisbar, bis ein Wasserdefizit von ca. 4 % des gesamten Körpergewichts eingetreten ist. Wenn Ihre Katze sichtbare Zeichen der Dehydration aufweist, dann kann sie länger krank gewesen sein, als Sie annehmen, und braucht notfalls tierärztliche Hilfe.

Zeichen der Dehydration, nach zunehmender Schwere geordnet □ 1. *Verminderte Elastizität* der *Haut.* Die Gewebe unter der Haut enthalten einen großen Teil des gesamten Körperwassers. Da dieser wasserhaltige Raum für den Körper die geringste Bedeutung besitzt, greift er bei der Dehydration zuerst auf dessen Reserven zurück. Zur Prüfung der Dehydration hebt man eine Hautfalte entlang der Mitte des Rückens ab und läßt sie zurückfallen. Bei einer ausreichend mit Wasser versorgten Katze mit gesunder Haut kehrt die Haut sofort an Ort und Stelle zurück. Bei einer nur mäßig dehydrierten Katze bewegt sie sich langsam zurück. Bei schwerer Dehydration bildet die Haut eine Art Zelt. Fette Tiere neigen zu elastischerer Haut als magere.

2. Die *Trockenheit der Schleimhäute,* die das *Mäulchen und die Augen auskleiden.* Dieses Zeichen ist schwieriger zu beurteilen, es sei denn die Dehydration nimmt schwere Grade an.

3. *Eingesunkene Augen.* Dieser Zustand kann auch auf erheblichen Gewichtsverlust zurückzuführen sein, er ist in jedem Fall ernst zu nehmen.

4. *Kreislaufkollaps (Schock).* Siehe *Notfallmedizin,* Kapitel 3.9.2. Die leichte Dehydration und das sie begleitende Ungleichgewicht der Ionen kann man verhüten, indem man die Wasser- und Nahrungszufuhr aufrechterhält.
□ Bei schwerer Dehydraton oder bei Erkrankungen, die mit Erbrechen einhergehen, müssen Flüssigkeiten auf anderem Weg zugeführt werden. In solchen Fällen geben Tierärzte Flüssigkeiten *subkutan* (unter die Haut) oder *intravenös* (unmittelbar in den Blutstrom hinein), wenn es nötig ist. Flüssigkeiten, die man auf diesem Weg gibt, sind keimfrei und haben unterschiedliche Zusammensetzungen. Welche Flüssigkeit Ihr Tierarzt wählt, hängt vom Weg der Zufuhr und von der Ursache der Dehydration ab. gute Flüssigkeitstherapie stellt einen wichtigen Teil der Versorgung für alle Tiere dar, die so krank sind, daß sie in eine Klinik müssen.

Zittern □ Das Zittern kann ein Krankheitszeichen sein. Viele Katzen zittern, wenn sie ängstlich, erregt oder psychisch gestört sind. Dies ist die häufigste Ursache für Zittern. Katzen zittern auch, wenn ihnen kalt ist. Wenn sie nicht an den Aufenthalt im Freien bei kaltem Wetter gewöhnt sind, dann wird Katzen wie Menschen kalt, und sie zittern. Der Körper versucht dadurch, seine Temperatur zu erhöhen. Zittern kann auch ein Zeichen für Schmerzen sein.
□ Wenn Zittern mit Schmerzen einhergeht, dann begleitet es oft jenen Schmerz, der schwer auf eine bestimmte Gegend zu beziehen ist, wie Bauchschmerz oder Schmerzen, die vom Rücken ausstrahlen. Zittern kann auch den Beginn einer fieberhaften Erkrankung ankündigen. Die Wärme, die durch das Zittern erzeugt wird, trägt zum Temperaturanstieg bei. Wenn Ihre Katze zittert, dann versuchen Sie, psychische Ursachen auszuschließen, und messen Sie die Körpertemperatur, bevor Sie das Zittern auf Schmerzen zurückführen können.
□ Haben Sie die Krankheitserscheinungen bei Ihrer Katze festgestellt und über ihren Zustand nachgelesen, dann ist die Behandlung einzuleiten. Wenn Sie noch nicht wissen, wie die Behandlung vor sich gehen soll, oder wenn Sie noch zusätzliche Informationen über die Versorgung einer kranken Katze benötigen, dann sehen Sie sich den Abschnitt über die Pflege zu Hause an (Kapitel 4.1).

Tab. 8: Tierärztliche Hilfe ist erforderlich

In jedem Notfall.
Wenn Sie keine Diagnose stellen können.
Wenn die eigene Behandlung keine Besserung zeigt.
Wenn Röntgenaufnahmen, Laboruntersuchungen oder eine Betäubung erforderlich sind.
Wenn ein Arzneimittel verschrieben werden muß.
Zur jährlichen Untersuchung und zu Wiederholungsimpfungen.

3.2 Die Haut

Zusätzlich zu den Informationen in diesem Abschnitt finden sich weitere Hinweise zu Hautkrankheiten in den Abschnitten über äußere Parasiten (ab Kapitel 2.7.10) und über Ernährung (Kapitel 2.4).

3.2.1 Wunden, Wundinfektionen und Abszeß

Wunden und die oft auf sie folgenden *Abszesse* stellen die häufigsten Erkrankungen der Haut dar, die man bei im Freien lebenden Katzen findet. Ob Ihre Katze bei einer Verletzung einem Tierarzt vorgestellt werden muß, hängt ganz wesentlich von der Art der Wunde ab. Kurze, saubere *Schnittwunden* oder Schnittwunden, die die Haut nicht vollständig durchdringen, sowie die meisten *Hautabschürfungen* brauchen gewöhnlich nur mit einer milden Seife gründlich ausgewaschen zu werden. Daraufhin werden sie mit viel sauberem Wasser ausgespült. Nach dem gründlichen Waschen sollte man sie täglich untersuchen, um Zeichen einer Infektion zu erkennen. Größere Schnittverletzungen (etwa 2,5 cm lang oder länger) und Stichwunden sollten dem Tierarzt gezeigt werden.

Wie Wunden heilen □ Die Wundheilung erfolgt in derselben Weise, gleich ob es sich um eine *Primär-* oder *Sekundärheilung* handelt. Die Wunde füllt sich mit einem Blutgerinnsel. Die Ränder der Wunde ziehen sich zusammen und vermindern dadurch deren Größe. Weiße Blutzellen, die man als *Makrophagen* bezeichnet, treten in die Wunde ein und beseitigen abgestorbenes Gewebe und Fremdkörper. Blutgefäße und Bindegewebszellen wandern in die Wunde ein, und ihnen folgen Nervenfasern und Lymphzellen. Währenddessen wachsen Zellen der Haut vor, um den oberflächlichen Defekt zu schließen, und letztlich ist die Wunde verheilt. Wunden, die man ausheilen läßt, ohne die Wundränder aneinander zu bringen, heilen auf dem Weg der *Sekundärheilung*. Eine *Primärheilung* geht schneller vonstatten. Ihr Tierarzt versucht, eine Primärheilung in die Wege zu leiten, indem er größere Wunden zunäht. Das Schließen von kleinen Wunden durch eine Naht hilft außerdem zu verhüten, daß sie während der Heilung infiziert werden. Infizierte Wunden dürfen nicht oder nur unter ganz bestimmten Voraussetzungen zugenäht werden. Stichwunden sind bei Katzen meist durch Biß oder Krallen entstanden.

Stichwunden bedürfen besonderer Pflege □ Biß- und Krallenwunden bedürfen besonderer Aufmerksamkeit. Dies nicht nur, weil sie gewöhnlich infiziert sind, was die Heilungsvorgänge stört, sondern auch weil sich die Infektion von der Wunde in den Blutstrom fortpflanzen kann, wenn die körpereigene Abwehr (weiße Blutzellen und Lymphknoten) nicht in der Lage ist, die Bakterien zu überwinden. Dies kann zur *Sepsis* oder zur *Bakteriämie* führen, manchmal schließlich auch zum Tode. Obwohl das Auswaschen von Stichwunden schwierig ist, sollte man versuchen, sie – wann immer man sie bei seiner Katze bemerkt – gründlich zu reinigen. Das Einspritzen von 3 %igem *Wasserstoffperoxid* in die Wunde unter Druck, mittels einer Spritze oder Augentropfflasche, ist eins der besten Hausmittel, denn der Schaum wäscht Gewebstrümmer aus der Wunde. Wenn möglich, sollte ein Tierarzt zu Beginn der Behandlung innerhalb von 24 Stunden Antibiotika zuführen, denn die Stichwunde neigt zu Infektionen.

Zeichen der Wundinfektion □ Die meisten Wunden zeigen Zeichen der *Entzündung:* um die Wunde herum findet sich ein kleiner geröteter, bei Katzen allerdings schwer erkennbarer Bezirk. Das entzündete Gebiet schwillt an, ist etwas wärmer als die Umgebung und kann schmerzempfindlich sein. Diese Zeichen verschwinden aber in aller Regel innerhalb von 48 Stunden, wenn es nicht zur Infektion gekommen ist. Bestehen Schwellung, Rötung, Wärme und Schmerz weiter, verschlimmern sie sich oder sieht man ungesund aussehendes Gewebe oder eiterartige Flüssigkeit, die aus der Wunde läuft, dann liegt wahrscheinlich eine Infektion vor, und eine tierärztliche Untersuchung kann notwendig sein.
□ Notwendig ist sie unbedingt bei Fieber, ganz gleich ob es mit Zeichen der Wundinfektion einhergeht. Nur der Tierarzt kann dann die richtigen Antibiotika verabreichen.

Abszesse □ Unter einem *Abszeß* versteht man eine umschriebene Ansammlung von Eiter in einer Höhle, die durch Gewebszerfall entstanden ist. Abszesse stellen die häufigste Wundinfektion dar; sie entwik-

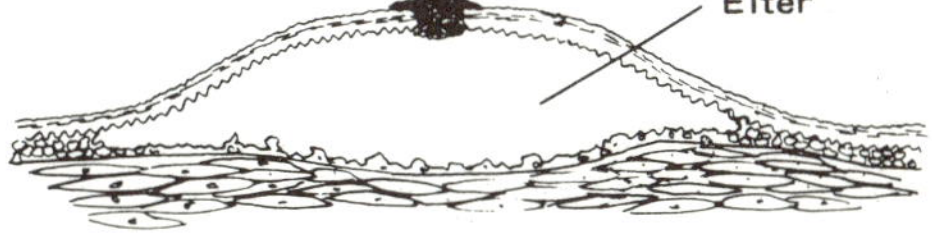

Abb. 50: Abszeß

keln sich meist infolge unzweckmäßig behandelter Biß- oder Kratzwunden. Sie verursachen eine Anschwellung unter der Haut im Wundgebiet und manchmal Schmerzen, oft aber bleiben sie unbeachtet, bis ein klebrig-weißer, gelb bis gelbgrüner oder blutig verfärbter Eiter aus ihnen quillt. Abszesse finden sich oft am Kopf (Backen, Ohren), an den Beinen und Pfoten und unter der Schwanzwurzel. Sehr viel seltener findet man sie in den Geweben hinter dem Auge, wo sie eine Anschwellung, ein Hervortreten des Auges und Schmerzen hervorrufen, wenn man versucht, das Mäulchen zu öffnen. Der Tierarzt behandelt den Abszeß, indem er ihn unter chirurgischen Kautelen und bei Betäubung eröffnet und das ganze, sichtbar tote und infizierte Gewebe entfernt. Antibiotika werden verabreicht, und er wird Ihnen raten, die Wunde zu Hause täglich zu säubern. Oft kann man bei einem sich bildenden Abszeß, aus dem noch keine Flüssigkeit hervordringt, feststellen, wann er zur Eröffnung reif ist, indem man ihn mit dem Finger betastet. Fühlt man dabei eine weiche Stelle oder fühlt sich die Schwellung an, als ob sie unter der Haut mit Flüssigkeit gefüllt wäre, so ist der Abszeß für das Anstechen reif. Manchmal rät Ihnen der Tierarzt, einen entzündeten und infizierten Bezirk, in dem sich noch kein Abszeß gebildet hat, mit warmen Umschlägen zu versorgen. Dies hilft die Infektion zu begrenzen, so daß ein wirksamer Abfluß des Eiters zustande kommen kann. Indem man mit den heißen Umschlägen vorübergehend die Blutversorgung in das erkrankte Gebiet steigert, kann man es den Antibiotika erleichtern, in die Infektion einzudringen, und so die Abszeßbildung verhindern. Bei einem schlecht abgegrenzten, infizierten und *geschwollenen* Hautbezirk, in dem es noch nicht zur Abszeßbildung gekommen ist, kann man dieses Verfahren auch ohne den Rat eines Tierarztes einmal anwenden, vorausgesetzt daß die Katze fieberfrei ist und, abgesehen von den Entzündungsbereichen, einigermaßen normal zu sein scheint.

Die Hausbehandlung der Abszesse □ Vorausgesetzt, daß Ihre Katze einen gut begrenzten Abszeß hat, der offen ist oder von einem Wundschorf bedeckt wird, den man entfernen kann, und sie ist *fieberfrei,* dann wird es Ihnen möglicherweise gelingen, den Abszeß ohne tierärztliche Behandlung auszuheilen. Wenn aus dem Abszeß noch keine Flüssigkeit austritt, dann müssen Sie den Wundschorf ablösen und nachsehen, wie ausgedehnt der Abszeß ist. Jeder Abszeß, bei dem man die ganze Ausdehnung der Abszeßhöhle nicht erreichen kann, wird aller Wahrscheinlichkeit nicht ausheilen, sondern sich ausdehnen oder wiederkommen. Dessen muß sich der Tierarzt annehmen. Die Ausdehnung der Abszeßhöhle bestimmt man, indem man seinen Finger mit steriler Gaze umwickelt und die

Abb. 51: Abszeßreinigung

Wunde sorgfältig austastet. Tun Sie das mit lockerer Hand, aber achten Sie darauf, daß Sie den gesamten Eiter und das lockere Gewebe entfernen und die äußersten Winkel der Wunde erreichen. Einen kleinen Abszeß kann man mit einem Wattestäbchen reinigen und sondieren. Den offenen Abszeß spült man gründlich ein- oder zweimal täglich mit Wasserstoffperoxid aus.

□ Bei Wasserstoffperoxid handelt es sich um eine flüchtige Lösung, die zu Wasser und Sauerstoff zerfällt, sobald sie mit dem Gewebe in Berührung kommt. Beim Zerfall hat sie eine vorübergehende und schwache, keimtötende Wirkung und bildet Bläschen, die Gewebstrümmer aus infizierten Wunden entfernen. Ist die Wundöffnung groß genug, so kann man die Lösung unmittelbar in sie hineingießen. Eine Spritze (entweder eine Gummiballspritze oder eine Injektionsspritze) oder eine Augentropfpipette kann man zum Ausspülen kleinerer Wunden verwenden. Das Wasserstoffperoxid kann man auf einen Gazetupfer geben, mit dem man die Wunde auswischt, oder auf ein Wattestäbchen, das in sehr kleine Wunden eingeführt werden kann. Während die Lösung schäumt, erwärmt sie sich. Manche Katzen empfinden das als sehr unangenehm. Man reinigt die Wunde, bis das sichtbare Gewebe frei von Wundtrümmern ist und/oder bis die Lösung klar bleibt. Das Reinigen wiederholt man 1- oder 2mal täglich solange, bis sich in der Wunde keine Gewebstrümmer mehr bilden.

Wann man bei Abszessen die Hilfe des Tierarztes braucht □ Hat Ihre Katze Fieber oder sonstige Krankheitserscheinungen, die mit einem Abszeß oder einer Wunde einhergehen, dann versuchen Sie *unter keinen Umständen* eine häusliche Behandlung, ohne einen Tierarzt hinzuzuziehen. Fieber und/oder andere allgemeine Krankheitserscheinungen weisen darauf hin, daß es sich um eine ernste Infektion handelt, der die Abwehrkräfte des Körpers nicht gewachsen sind. Unsachgemäß versorgte Wunden können zu schweren und teuren Komplikationen, beispielsweise Knocheninfektionen, führen oder zu fortgesetzter Abszeßbildung in inneren Organen, zum Beispiel in der Leber, im Herzen oder in der Lunge.

3.2.2 Die allergische Dermatitis

Wie bei manchen Menschen, ist auch bei manchen Katzen eine Neigung angeboren, auf bestimmte Substanzen in ihrer Umwelt eine Allergie zu entwickeln. Katzen mit *allergischer Dermatitis* lassen dies durch Hautjucken, übermäßiges Belecken und Kratzen der Haut erkennen, wenn sie einer Substanz ausgesetzt sind, für die sie allergisch geworden sind.

Leichte allergische Dermatitis □ Oft wird man bei frühen Fällen kleine Knoten und Verschorfungen tasten können, und gelegentlich wird man schuppenartige Ablagerungen auf der befallenen Haut sehen. Die Haut fühlt sich auffällig warm an. Allerdings bleiben die Zeichen manchmal unerkannt, bis Haarverlust und abgebrochenes Haar durch übermäßiges Putzen sichtbar werden. Wenn die Hautverdickung und der Haarverlust lange genug unbehandelt bleiben, dann können sie zum Dauerzustand werden. Hautgegenden, die fortgesetzt gekratzt, beleckt oder gebissen werden, können sich infizieren.

Die allergische Dermatitis hat viele Ursachen □ Flohbisse stellen wahrscheinlich die häufigste Ursache für eine allergische Dermatitis dar. Wenn man seine Katze sorgfältig gegen Flöhe schützt (s. ab Kapitel 2.7.10), kann man einer Dermatitis vorbeugen oder eine bestehende ausheilen. Man sollte indessen vorsichtig sein, wenn man Flohmittel oder Tauchbäder mit der gereizten Haut in Berührung bringt. Manchmal führen sie zu einer Verschlimmerung der Reizung. Wenn Sie trotz wirksamer Flohbekämpfung Zeichen einer Hautentzündung feststellen, so kann dies verschiedene Ursachen haben:

1. Der Biß eines einzigen Flohes, den sie nicht zu sehen brauchen, kann bei einem allergischen Tier eine sehr starke Reizung bewirken.
2. Katzen können auch gegenüber ande-

ren Dingen als Flöhen allergisch sein, unter anderem gegenüber Pollen und Nahrungsmitteln.

3. Es muß sich nicht unbedingt um eine allergische Dermatitis handeln (s. Seite 83 für ein Beispiel dieser Art).

Das Baden ist ein Teil der häuslichen Behandlung □ In vielen Fällen kann ein Bad zur Heilung beitragen, und es kann auch sekundär eintretende bakterielle Infektionen verhüten. Allergene können durch ein Bad aus dem Fell entfernt werden, und die Hautentzündung, die mit der allergischen Dermatitis einhergeht, kann abgemildert werden. Man verwendet ein mildes Haarwaschmittel, also ein Babyshampoo, jedoch keine Toilettenseife und kein Geschirrspülmittel, um die zusätzliche Schädigung einer empfindlichen Haut zu vermeiden. Stellen Sie fest, daß sich der Zustand der Haut nach dem Baden verschlechtert oder daß das Baden zu schwierig ist, dann sollten Sie es natürlich nicht wiederholen.
□ Oft hört einmal begonnenes Jucken nicht mehr auf, selbst dann nicht, wenn die Ursache des Juckreizes beseitigt wurde. Dies kann von juckreizerzeugenden Substanzen herrühren, die durch das Kratzen aus beschädigten Zellen freigesetzt werden. Ist dieser Teufelskreis erst einmal in Gang gesetzt, dann muß der Tierarzt ein Cortison (siehe Kapitel 4.2.2) anwenden. Bei vielen allergischen Katzen muß diese Behandlung in gewissen Intervallen wiederholt werden.
□ Hauttests und Desensibilisierungsverfahren, wie sie beim Menschen bei Allergien angewendet werden, sind bei Tieren zur Abklärung der Ursachen von Allergien oder zu deren Behandlung relativ erfolglos. Indessen gibt es Tierärzte, die sich besonders mit Hautkrankheiten beschäftigen und die versuchen können herauszufinden, worauf Ihre Katze allergisch ist und wie man mit dem Problem fertig wird. Wenn Ihre Katze eine Hautkrankheit hat, die der Behandlung eines Spezialisten bedarf, dann bitten Sie Ihren Tierarzt um eine Überweisung.

3.2.3 Kontaktdermatitis

Zu einer *Kontaktdermatitis* kann es bei *jeder* Katze kommen, wenn ihre Haut mit bestimmten reizenden Stoffen, wie mit manchen Seifen, Detergenzien, Farben, Insektensprühmitteln oder anderen Chemikalien in Berührung kommt. Sie werden in der Regel eine Rötung der Haut, rote Knoten und eine Hautreizung sehen, die sich auf die Bezirke beschränkt, die mit der Substanz in Berührung kamen. Dies tritt in den weniger behaarten Hautgebieten häufiger auf. Wenn man es unbehandelt läßt, dann werden die so befallenen Gegenden feucht und klebrig.
□ Die Kontaktdermatitis behandelt man ganz ähnlich wie die allergische Dermatitis, aber die Aussichten auf eine langfristige Heilung sind besser, da es in der Regel leichter ist, die störende Substanz zu finden und sie auf Dauer fernzuhalten. Zunächst muß man die Ursache des Reizes beseitigen. Kommt die Kontaktdermatitis durch ein Antiflohhalsband (siehe Kapitel 2.7.10) zustande, so entfernt man das Halsband. Man badet die Katze und spült das Fell sorgfältig ab. Wenn das nicht ausreicht, um die Krankheitserscheinungen zu beheben, dann läßt man den Tierarzt die Katze untersuchen. Cortisone werden höchstwahrscheinlich verabreicht, und eine lindernde, Antibiotika und Cortison enthaltende Salbe verordnet, die man notfalls auch zu Hause anwenden kann.

3.2.4 Hautpilzerkrankungen (Dermatomykosen)

Pilzinfektionen der Haut können durch Kontakt mit Sporen von anderen Tieren, vom Menschen oder vom Boden auf Katzen übertragen werden. Katzen, die jünger sind als 1 Jahr, sind öfter befallen als ältere Tiere. Die Glatzflechte erkennt man an einer schnell wachsenden, kreisförmigen Zone, in der das Haar ausgeht. Eine Dermatomykose kann auch zu schuppigen Flecken führen und mit ungleichmäßigem Haarausfall, Verkrustungen und feuchten Stellen einhergehen. Es kann aber auch ein Befall mit Hautpilzen vorliegen, ohne daß sich eine Hautkrankheit nachweisen ließe.

Die Gefährdung der menschlichen Gesundheit □ *Bestimmte Hautpilze* können von Katzen auf Menschen übertragen werden. Erwachsene sind demgegenüber verhältnismäßig widerstandsfähig, und wenn sie sich häufig die Hände waschen und regelmäßig baden, dann ist die Infektion unwahrscheinlich. Kinder sollten mit Hautpilz befallene Tiere meiden, da sie sich meist nicht so hygienisch verhalten und weil bei ihnen die Wahrscheinlichkeit einer Infektion größer ist.

□ Nur mit Hilfe des ultravioletten Lichtes kann der Tierarzt bestimmte Fälle von Hautpilzerkrankung diagnostizieren. Eine bestimmte Art des Hautpilzes fluoresziert grün. Die mikroskopische Untersuchung von Hautgeschabseln und/oder eine Pilzkultur sind in anderen Fällen oft notwendig. Ein Unerfahrener kann die Hautpilzerkrankung mit anderen Hautkrankheiten verwechseln. Im Zweifel suchen Sie den Tierarzt auf. Eine Crème oder Tropfen, die Tolnaftat (Tonaftal), ein gegen Hautpilze wirksames Mittel, enthalten, kann man rezeptfrei kaufen. Damit wird ein einzelner infizierter Bezirk beseitigt, aber man kann es nicht dazu verwenden, viele Flecke oder sehr große Bezirke zu behandeln. Die lokale Behandlung ist dann mit der Zufuhr von Griseofulvin zu kombinieren. Dieses Mittel wird in das neugebildete Haar mit eingebaut und verhindert Pilzwachstum. Ihr Tierarzt wird dieses Medikament verschreiben, sobald er die Diagnose gestellt hat.

□ Wird bei Ihrer Katze eine Hautpilzerkrankung festgestellt, dann säubern Sie Ihre Wohnung gründlich und waschen Sie oder werfen Sie die Korbauskleidung des Tieres weg. Die Pilze bilden Sporen, so ähnlich wie der Brotschimmel, und nur ein gründliches Reinigen beseitigt sie und verhindert eine erneute Infektion.

3.2.5 *Die Akne der Katze*

Die *Akne der Katzen* kommt am Kinn und an den Lippenrändern vor. Bei mildem Verlauf sieht man schwarze Pickel in der

Abb. 52: Katzenakne

Haut, weil die Katze ihr Kinn nicht gründlich wäscht und/oder weil die Hautdrüsen dort nicht normal arbeiten. Kommt es zur Infektion, dann sieht man eine Anschwellung des Kinns, in schweren Fällen Eiterknötchen oder die Bildung von kleinen Abszessen. Obwohl leichte Formen der Akne der Katze gut auf die Behandlung ansprechen, kann es zu einem Wiederauftreten der Erkrankung kommen, wenn man mit der Behandlung aufhört, da die zugrunde liegende Ursache oft bestehen bleibt.

□ Die häusliche Behandlung besteht darin, daß man das Kinn der befallenen Katze täglich wäscht. Man verwendet milde Seife und spült gründlich. Man kann auch die befallenen Bezirke mit Alkohol abreiben, dann ist das Abspülen nicht nötig. Fälle, die auf die häusliche Behandlung nicht ansprechen, oder ein Kinn, das sehr stark infiziert ist, müssen tierärztlich behandelt werden, wobei notfalls Antibiotika verschrieben werden.

3.2.6 *Eosinophiles Granulom (Ulcus rodens)*

Das *eosinophile Granulom* tritt in der Haut erkrankter Katzen in verschiedenen Formen auf. Am häufigsten sieht man es als rötliche, wunde Stelle am Rand einer oder beider Oberlippen, oft über den Fangzähnen. Obwohl die Oberfläche zerfressen aussieht, fühlt sich die Haut dieses Bezirks oft fettig an. Manchmal treten ähnlich aussehende Veränderungen auch auf der Haut

Abb. 53: Eosinophiles Granulom

des Bauches, der Hinterläufe oder Pfoten auf, und hellere, meist mit wunder Oberfläche versehene Stellen findet man gelegentlich im Mäulchen. Obwohl die Ursache des eosinophilen Granuloms unbekannt ist, nimmt man an, daß es mit einer längerdauernden Reizung zusammenhängt, wie sie zustandekommen kann, wenn die Greifzähne gegen die Lippen reiben, oder durch über längere Zeit wiederholtes Belecken einer Hautstelle.

Das eosinophile Granulom bedarf der tierärztlichen Behandlung □ Das eosinophile Granulom kann man nicht zu Hause und ohne Hilfe des Tierarztes behandeln. Kleine Stellen, die allem Anschein nach Ihre Katze nicht stören, kann man unbehandelt lassen, aber die meisten Fälle vergrößern sich allmählich, und schließlich rufen sie Beschwerden hervor und bedürfen tierärztlicher Versorgung. Manche vernachlässigten Stellen werden krebsartig. Tierärzte behandeln das eosinophile Granulom auf verschiedene Art und Weise. Oft besteht die Behandlung darin, daß Cortisone in die befallenen Bezirke unmittelbar hineingespritzt werden, oder sie verordnen diese Präparate zur Einnahme zu Hause. Maßnahmen, die das Belecken befallener Stellen verhindern sollen, werden angewandt, und in manchen Fällen muß man zur chirurgischen Entfernung oder zur Therapie des befallenen Gebietes mit Röntgenstrahlen schreiten.

3.2.7 Milchdrüsenentzündung (Mastitis)

Bei der *Mastitis* handelt es sich um die Entzündung einer oder mehrerer *Milchdrüsen* der weiblichen Katze. Obgleich sie auf einer Störung des Milchabflusses beruhen kann oder auf einer Gewalteinwirkung, ist die gewöhnliche Ursache doch eine Infektion. Befallene Drüsen sehen vergrößert aus, können rot oder lila-blau verfärbt sein und fühlen sich oft hart und warm an. Oft sind sie schmerzhaft und lassen das weibliche Tier nur widerwillig ihre Jungen säugen. Drückt man aus einer befallenen Drüse etwas Milch, dann kann sie Blutbeimengungen zeigen, rosa, grau oder braun verfärbt sein. Oft allerdings sieht die Milch für das bloße Auge nicht verändert aus. Erfolgt keine Behandlung, dann kann die Drüse abszedieren, oder es kann zu Störungen des Allgemeinbefindens kommen.
□ Um eine Erkrankung der Saugwelpen zu verhüten, läßt man sie nicht an den infizierten Milchdrüsen saugen. Man kann das erreichen, indem man etwas Pflaster auf die Zitze klebt. Erkrankte Drüsen sind 3- oder 4mal auszudrücken. Lassen Sie sich von Ihrem Tierarzt zeigen, wie dies richtig gemacht wird. Warme Umschläge an der Drüse scheinen das Unwohlsein etwas zu mildern, und sie beschleunigen die Begrenzung der Infektion. Infizierte Drüsen müssen mit Antibiotika behandelt werden. Ihr Tierarzt wird sie Ihnen verschreiben.

3.2.8 Tumoren (Krebs, Karzinome)

Tumore bemerkt man oft als Gewächse in, auf oder unter der Haut der Katze. Mehr darüber erfahren Sie in den Kapiteln 3.9.2 und 3.11.5.

3.2.9 Nabelbruch (Umbilikalhernie)

Unter einem *Nabelbruch* versteht man eine Lücke in der Bauchwand, die als eine Beule unter der Bauchhaut gewöhnlich schon bei jungen Tieren bemerkt wird. Diagnose und Therapie werden in Kapitel 5.16 behandelt.
□ Nahezu 98 % aller Katzen, die mir mit Hautkrankheiten vorgestellt werden, las-

sen sich in eine der obigen Kategorien einordnen. Wenn Sie Krankheitserscheinungen sehen, die sich hier nicht einordnen lassen, dann suchen Sie Ihren Tierarzt auf.

3.3 Der Kopf

3.3.1 Allgemeine Informationen über die Augen

Die Augen sind sehr wichtige und sehr empfindliche Organe. Leichte und unaufällige Zustände können sich schnell verschlimmern, und viele unbehandelte Fälle können nicht wiedergutzumachenden Schaden bewirken. *Ignorieren Sie auch unbedeutendere Zeichen der Reizung nie.* Besteht Unsicherheit bei der Diagnose und entsprechend auch bei einem geringfügig erscheinenden Krankheitszustand, dann sollte, falls sich das Problem nicht schnell (d. h. in den folgenden 24 Stunden) spontan klärt, der Fachmann hinzugezogen werden. Verwenden Sie unter keinen Umständen irgendetwas im Auge, auf dem nicht der besondere Hinweis steht, daß es sich um ein Augenpräparat handelt. Verwenden Sie nie ein Präparat am Auge nur deshalb, weil es von einer Augenkrankheit, die Sie oder Ihre Katze einmal hatten, übriggeblieben ist. Arzneimittel für das Auge haben ganz spezielle Indikationen und die Verwendung eines Präparates für eine Erkrankung, zu der es nicht verordnet wurde, kann ernsthafte Verletzungen oder Komplikationen hervorrufen.

3.3.2 Tränenfluß (Epiphora)

Unter Epiphora versteht man einen abnormen Tränenfluß. Er kann viele Ursachen haben, da das Tränen die Antwort des Auges auf eine Reizung darstellt. Bei den Ursachen finden sich Allergien, Bindehautentzündungen, Verletzungen der Kornea und verstopfte Tränengänge. Bei Katzen ist übermäßiges Tränen, das nicht mit anderen Krankheitszeichen einhergeht, manchmal Begleitsymptom einer leichten Infektion der oberen Atemwege (s. Seite 91). Insbesondere bei Perserkatzen stellt der Tränenfluß ein hauptsächlich kosmetisches Problem dar und hat keine ernsthafte organische Ursache. Kann man die organischen Ursachen bei diesen Katzen ausschließen, dann ist die Fellverfärbung (an den Augen) durch häufiges Reinigen zu beherrschen, nötigenfalls auch, in dem man verfärbtes Haar abschneidet.

3.3.3 Bindehautentzündung (Konjunktivitis)

Die Konjunktivitis ist eine Entzündung, die manchmal verursacht oder begleitet wird von einer Infektion der Schleimhaut, die die Lider auskleidet und einen Teil des Auges bedeckt (Konjunktiva). Es handelt sich wahrscheinlich um die häufigste Augenerkrankung bei Katzen, schon deshalb, weil sie mit verschiedenen häufigen Infektionen der oberen Atemwege einhergeht (s. Seite 91), und auch deshalb, weil die Bindehaut so vielen Reizstoffen ausgesetzt ist. Das erste Zeichen der Konjunktivitis mag nur eine Zunahme der Tränenbildung sein. In vielen Fällen wird sich der konjunktivale Reizzustand spontan in 3–7 Tagen verlieren. In anderen Fällen verändern sich die Tränenabsonderungen, oder das erste Zeichen, das man bemerkt, ist eine übermäßige Menge einer klebrigen, gelblichen Abscheidung, die sich in den mittleren Lidwinkeln ansammelt.

□ In leichten Fällen kann die Bindehaut selbst nur leicht geschwollen oder faltig aussehen. In schweren Fällen ist sie gerötet, manchmal stark angeschwollen, und die Gefäße der Lederhaut treten hervor. Obwohl eine leichte Bindehautentzündung (Konjunktivitis) ohne Behandlung verschwinden kann, müssen hartnäckige Fälle, die zu einer Entzündung der Augenlider und/oder zum Unwohlsein führen oder die von anderen Krankheitserscheinungen begleitet sind, vom Tierarzt behandelt werden, damit eine Dauerschädigung des Auges vermieden wird.

□ In leichten Fällen besteht der erste Schritt der häuslichen Behandlung darin, daß man seine Katze gründlich nach anderen Krankheitszeichen und die Augen sorgfältig nach einer lokalen Ursache der Konjunktivitis untersucht. Findet man eine Ursache, so ist sie zu beseitigen. Sind keine allgemeinen Zeichen einer Erkrankung erkennbar und sehen die Augen selbst normal aus und ist die Absonderung klar und wäßrig, kann man die Behandlung einige Tage hinausschieben. Katzen mit einer leichten Konjunktivitis, die über 72 Stunden hinaus anhält, oder mit einer hartnäkkigen klebrigen Absonderung sowie Katzen, bei denen sie mit anderen Krankheitserscheinungen einhergeht, sollten von einem Tierarzt untersucht werden, der feststellen kann, ob Antibiotika notwendig sind, und der Ursachen finden mag, die Sie nicht erkennen.

□ Die Konjunktivitis kommt bei jungen Katzen, die jünger sind als 6 Wochen, häufig vor. Mehr Informationen: Kap. 5.17.

3.3.4 Gewalteinwirkung auf das Auge, Fremdkörper im Auge

Übermäßiger Tränenfluß und eine Bindehautentzündung können Zeichen eines Fremdkörpers im Auge sein oder auch einer Augenverletzung. Wenn der Tränenfluß und/oder die Bindehautentzündung *einseitig* sind und von Blinzeln, Wischen mit der Pfote oder anderen Schmerzzeichen begleitet werden, *muß* man eine gründliche Untersuchung nach einem Fremdkörper im Auge oder einer Augenverletzung durchführen.

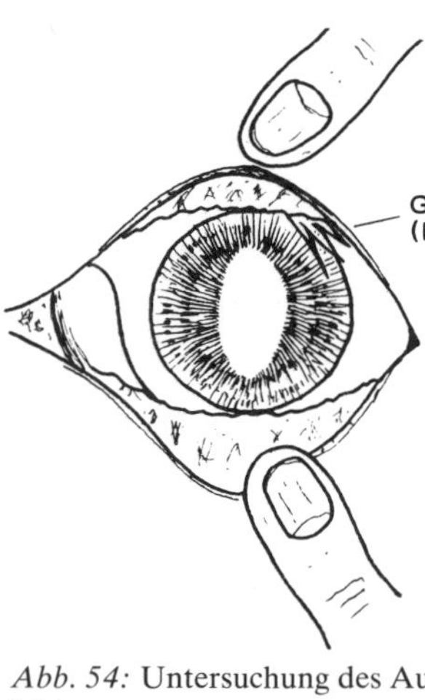

Abb. 54: Untersuchung des Auges nach Fremdkörpern

□ »Augenuntersuchung braucht gutes Licht«. Geringfügige aber äußerst wichtige Veränderungen im Auge übersieht man bei schlechtem Licht leicht. Man setzt den Daumen einer Hand unmittelbar unter den Lidrand des Unterlides des betroffenen Auges und den Daumen der anderen Hand gerade über das Oberlid. Dadurch rollt man die Lider vom Augapfel weg und kann die Bindehaut und den größten Teil der Hornhaut (Kornea) untersuchen. Die Oberfläche der Kornea sollte glatt aussehen und völlig durchsichtig. Wenn Sie im Zweifel sind, dann vergleichen Sie sie mit der des anderen, wahrscheinlich nicht verletzten Auges. Vergessen Sie nicht, am Rand des dritten Augenlides nachzuschauen, ob etwas dahinter hervorragt. Mit dem Blick hinter das dritte Augenlid ist man zwar gut beraten, aber die meisten Katzen mit einem schmerzenden Auge werden dies ohne Betäubung nicht zulassen. Sie können allerdings ein Wattestäbchen anfeuchten und es *ganz zart* entlang der inneren Oberfläche der Augenlider und unter das dritte Augenlid führen. Gelegentlich wird sich dabei ein Fremdkörper an dem Stäbchen festhaken und kann so entfernt werden. Manchmal wird der Tupfer einen versteckten Fremdkörper sichtbar machen. Sieht man einen großen Fremdkörper (zum Beispiel eine Granne), entfernt man ihn mit den Fingerspitzen oder mit einer Pinzette. Kleinere Fremdkörper beseitigt man am leichtesten mit einem angefeuchteten Wattetupfer oder einem Stückchen Stoff. Jeder Fremdkörper, der sich nicht leicht entfernen läßt, sollte dem Tierarzt überlassen werden. *Jedes* Stunden überdauernde *Zeichen der Reizung* nach der Entfernung eines Fremdkörpers muß vom Fachmann beurteilt werden. Da eine Katze Ihnen ja nicht sagen kann, wenn eine Augenreizung vorliegt, wird leicht eine kleine aber bedeutende Schädigung des Auges übersehen. Tierärzte wenden spezielle Färbemittel an, um die Oberfläche der Kornea darzustellen. Diese Farbstoffe zeigen Schäden, die man mit bloßem Auge nicht sehen kann.

Tierärzte können außerdem die zur gründlichen Suche notwendige lokale oder eine allgemeine Betäubung durchführen.

3.3.5 Vorfall des dritten Augenlides

Das dritte Augenlid (Nickhaut, siehe Kapitel 1.4) fällt oft aus seiner normalen Position am inneren Lidwinkel vor und verschließt die Lidspalte teilweise. Geschieht dies nur auf einer Seite oder in Abständen, wie beim Blinzeln, dann ist dies oft ein Zeichen einer lokalen Reizung des Auges, wie sie bei einem Fremdkörper oder bei einer Schädigung der Kornea vorkommt. Tritt es aber bei beiden Augen auf und hält es längere Zeit hindurch an, mehrere Stunden bis mehrere Tage, dann kann es sichtbehindernd sein und viele Ursachen haben. Die häufigste Ursache dieser zweiten Art des Vorfalls des dritten Augenlids bei einer Katze, die verhältnismäßig gesund zu sein scheint, ist eine Magen-Darmverstimmung. Erscheinungen, die oft mit dieser Art des Vorfalls des dritten Augenlides einhergehen, sind Veränderungen im Appetit, lokkere Stühle oder Erbrechen. Ist die Magen-Darmstörung einmal behoben, dann kehren die dritten Augenlider in ihre normale Lage zurück. Ein Vorfall, der mit schwereren Zeichen einer Erkrankung einhergeht (Fieber, Gewichtsverlust, Appetitlosigkeit), sollte Sie veranlassen, die Katze vom Tierarzt untersuchen zu lassen.

□ Der Vorfall des dritten Augenlides, der bei einer offenbar gesunden Katze vorkommt, die keine Krankheitszeichen zeigt, kommt oft ohne offensichtlichen Grund zustande. In der Regel verschwindet er auch spontan. Sind Sie sicher, daß Ihre Katze gesund ist, nachdem Sie eine Untersuchung durchgeführt haben, dann werden Sie möglicherweise vorziehen, abzuwarten und die Katze ein paar Tage lang zu beobachten, in der Hoffnung, daß sich die Sache geben wird. Ist der Vorfall ausgeprägt und sichtbehindernd, kann Ihr Tierarzt Augentropfen verschreiben, die eine vorübergehende symptomatische Erleichterung verschaffen, wenn sich bei der Untersuchung keine Zeichen einer Allgemeinerkrankung finden lassen.

3.3.6 Entzündung des äußeren Ohres (Ohrenzwang, Otitis externa)

Otitis externa ist ein Begriff, mit dem der Mediziner eine Entzündung des äußeren Ohres – des äußeren Gehörganges außerhalb des Trommelfells gelegen – beschreibt. Es gibt viele Ursachen dafür, aber die Krankheitszeichen sind gewöhnlich dieselben. Kopfschütteln und ein Kratzen der Ohren sind wahrscheinlich die häufigsten Anzeichen. In manchen Fällen halten die Katzen ihren Kopf etwas schräg geneigt nach der Seite, auf der das gereizte Ohr ist, und wenn man es berührt, kann man Schmerzäußerungen hervorrufen. Große Mengen einer wachsartigen Absonderung finden sich oft; in schweren Fällen kann man regelrechten Eiter finden. Die Innenseite der Ohrmuschel ist manchmal stärker rosafarben, und Schwellungen können vorliegen (siehe Kapitel 1.5, wenn Ihnen die normale Anatomie des Katzenohres nicht geläufig ist). Verschlimmert sich die Entzündung, dann ändert sich der normale Geruch eines Katzenohres und wird stinkend.

□ Die häufigste Ursache der Otitis externa bei Katzen sind wahrscheinlich Ohrmilben (siehe Kapitel 2.7.14). Wenn man nicht sicher ist, daß die Ohrentzündung von Milben hervorgerufen wird, oder daran zweifelt, selbst mit der Entzündung fertig zu werden, sollte man die Hilfe des Tierarztes beanspruchen. Eine Ohrentzündung, die nicht rechtzeitig und energisch behandelt wird, kann zu Ohrveränderungen führen. Diese Veränderungen ihrerseits schaffen Bedingungen, durch die zunächst leicht heilbare Zustände unheilbar werden, und die Infektion kann auf Mittel- oder Innenohr übergreifen. Wenn Sie keinen Tierarzt hinzuziehen können und nicht glauben, daß die Ohrerkrankung durch Ohrmilben oder durch einen – bei Katzen seltenen – Fremdkörper im Ohr hervorgerufen wird, dann sollten Sie als Versuch einer Hausbehandlung 70 %igen Isopropylalkohol (Alkohol zum Einreiben) versuchen. Zunächst säubert man das befallene Ohr (siehe Kapitel 4.1.8). Dann tropft man 2mal täglich nach einer weniger gründlichen Ohrreinigung etwas Alkohol in den Gehörgang ein und massiert die Basis des Ohres, um die Ausbreitung des Heilmittels im Gehörgang (siehe Kapitel 4.1.8) zu bewirken. Erzielt man dabei eine Besserung innerhalb von 3 oder 4 Tagen, kann man die Behandlung 2 Wochen lang fortsetzen. Kommt es zu keiner Besserung oder reizt der Alkohol das Ohr sichtbar, dann kümmern Sie sich um tierärztliche Hilfe.

3.3.7 Ohrschwellungen

Schwellungen an Katzenohren sind meist Abszesse (siehe Seite 81). In wenigen Fällen handelt es sich um Blutansammlungen unter der Haut *(Hämatome),* die durch eine Gewalteinwirkung am Ohr – etwa bei zu starkem Ohrkratzen, beim Kopfschütteln, bei nicht behandelter Otitis externa oder bei Balgereien – vorkommen können. Hat die Katze kein Fieber und fließt aus der Schwellung nichts ab, kann ein Abszeß von einem Hämatom nicht zu unterscheiden sein, ohne daß der Tierarzt eine Diagnose stellt. Hämatome müssen chirurgisch behandelt werden, indem man sie drainiert und vernäht, um eine Deformierung des Ohres zu vermeiden. Sind Sie wegen einer Deformierung weniger besorgt, können Sie die spontane Ausheilung eines Hämatoms abwarten. Versäumen Sie aber nicht, ursächliche Erkrankungen, wie Ohrinfektionen, behandeln zu lassen.

3.3.8 Die Nase

Wichtige Krankheitszustände, die die Nase allein betreffen, kommen bei Katzen selten vor. Eine wäßrige oder klebrige, milchigweiße bis gelbliche Absonderung aus einem oder beiden Nasenlöchern geht meist mit Niesen einher und ist Zeichen einer allgemeinen Erkrankung, oft einer Infektion der oberen Luftwege (siehe Kapitel 3.4.1).

3.3.9 Fremdkörper im Mäulchen

Katzen, die Fremdkörper in ihrem Mäulchen stecken haben, greifen mit der Pfote ins Mäulchen und machen mit ihren Lippen und Zungen ungewöhnliche Bewegungen. Sie können sich dabei so bewegen, als erstickten sie, und speicheln, aber das ist nicht immer der Fall. Wenn Ihre Katze irgendetwas im Mäulchen stecken hat, dann versuchen Sie (ohne Aufregung!), die Katze zu beruhigen, und nun untersuchen Sie das Mäulchen bei gutem Licht (siehe Seite 28). Prüfen Sie die Bezirke im Mäulchen um die Backenzähne herum sorgfältig und blicken Sie unter die Zunge, an den weichen und harten Gaumen und weit hinten auf den Grund des Mäulchens (Pharynx). Die häufigsten Fremdkörper, die Sie finden werden, sind Nähnadeln, Schnurstückchen, die um Zunge oder Zähne gewickelt sind, und kleine Knochenstücke (beispielsweise Splitter von Hühnerknochen). Sehen Sie den Fremdkörper, dann greifen und entfernen Sie ihn mit Ihren Fingerspitzen oder mit einer Pinzette. Macht Ihre Katze dabei nicht mit oder können Sie nichts finden, während die Erscheinungen weiter bestehen, müssen Sie Ihre Katze vom Tierarzt untersuchen lassen.

3.3.10 Zahnstein

Beim Zahnstein handelt es sich um eine harte weiße, gelbe oder braune Substanz, die die Zähne Ihrer Katze bedeckt. Mehr Informationen darüber erhalten Sie auf der Seite 29 (im Kapitel *Anatomie*) und im Kapitel 2.3.5.

3.3.11 Zahnfleischentzündung (Gingivitis)

Rotes oder blutendes Zahnfleisch kann Zeichen einer Gingivitis sein. Siehe Seite 28 (im Kapitel *Anatomie*) und im Kapitel 2.3.5, um mehr darüber zu erfahren. Eine Gingivitis, die nicht auf die geschilderte Hausbehandlung anspricht, muß vom Tierarzt untersucht werden. Manche Katzen neigen außerordentlich stark zur Zahnfleischentzündung, und in manchen Fällen ist es schwierig, manchmal unmöglich, selbst mit der erfahrenen Hilfe eines Tierarztes eine erfolgreiche Behandlung durchzuführen.

3.4 Atemwege

3.4.1 Infektionen der oberen Luftwege

Die Infektionen der oberen Luftwege der Katzen werden von zahlreichen Krankheitserregern hervorgerufen. Die häufigsten sind verschiedene Viren und ein Erreger, der Bakterien ähnlich ist (s. Tab. 9). Diese infizieren die Gewebe der Nasenhöhle, des Auges und manchmal des Mäulchens. Alle diese Infektionen der Atemwege sind von Katze zu Katze übertragbar, wobei manche sehr viel ansteckender sind als andere. Sie können im Schweregrad zwischen sehr leichten Verläufen und sehr schweren Erkrankungen variieren. Es handelt sich wahrscheinlich um die am häufigsten zu beobachtenden infektiösen Erkrankungen der Katzen. Das, was Sie als Katzenbesitzer darüber wissen müssen, ist nicht, wie man die verschiedenen Infektionen der oberen Luftwege unterscheidet – das können selbst Tierärzte oft nicht ohne subtile Laboruntersuchungen –, sondern wie man sie vermeidet und wie man erkennt, wann eine Infektion vorliegt, und wie man feststellt, wann tierärztliche Versorgung nötig ist.

Krankheitserscheinungen bei Infektionen der oberen Luftwege □ Die häufigsten Zeichen der Infektion der oberen Luftwege sind Niesen, Fieber, wäßrige bis klebrige, eiterartige Absonderungen aus Nase und Augen, Appetitmangel und Mattigkeit. Manchmal sieht man Speichelfluß, und in diesen Fällen kann man zerfressene Bezirke (Ulzera) auf der Zunge und am harten Gaumen finden. Einige sehr leichte Infektionen äußern sich nur durch eine geringe Reizung des Auges (Konjunktivitis) zusammen mit einer geringen Menge einer wäßrigen Absonderung am Auge ohne weitere Krankheitszeichen. In schweren Fällen können die Augen angeschwollen sein und durch die verkrustenden Absonderungen verklebt, die Nasengänge können verstopft sein, die Nase aufgerauht und die Katze selbst gegenüber allen Hilfsmaßnahmen durchaus widersetzlich. Ob eine Infektion der oberen Luftwege leicht, mittelgradig oder schwer verläuft, hängt in jedem Fall

Tab. 9: Häufige Infektionen der oberen Luftwege bei Katzen

Krankheitsbezeichnung	Erreger	Hauptzeichen	Bemerkungen
Rhinotracheitis der Katze	Herpesvirus	Niesen, Husten, Augen- und Nasenlaufen, Fieber, Speichelfluß Freßunlust, Abort	Meist länger als 1 Woche dauernde schwere Infektion, Tödlicher Verlauf möglich. Wiederhergestellte Tiere können Überträger werden (= Überträgerbildung)
Influenza der Katze	Picornavirus	Niesen, Augenlaufen, Freßunlust, Fieber,. Geschwüre auf der Zunge, Speichelfluß	Mehr als 15 verschiedene Virusstämme (wie bei der Erkältung der Menschen) Symptome variieren, Überträgerbildung
Pneumonitis der Katze	Chlamydia psittaci	Niesen, wäßriges Augenlaufen	Meist blande Infekte. Spricht auf Antibiotika an. Erregerstämme variieren.
Reovirus Infektion der Katze	Reovirus	Wäßriges Augenlaufen	Meist blander Verlauf. Oft Spontanheilung.

von vielen Faktoren ab, unter anderem vom Alter der Katze, von ihrem allgemeinen Gesundheitszustand, von ihrer erworbenen Widerstandsfähigkeit durch eine frühere Erkrankung oder durch Impfung und vom Stamm des Krankheitserregers.

Wann man bei der Infektion der oberen Luftwege den Tierarzt aufsuchen muß □ Infektionen der oberen Luftwege, in denen die Krankheitszeichen leicht sind – geringer Augen- oder Nasenausfluß und gelegentliches Niesen ohne Fieber – bedürfen in der Regel keiner tierärztlichen Versorgung, solange die Katze normal oder fast normal frißt und nicht ungewöhnlich apathisch ist. Fälle, die außerdem folgende Erscheinungen aufweisen, soll der Tierarzt untersuchen: andauerndes Fieber, Freßunlust, Dehydration, eitriges Augen- oder Nasenlaufen oder Husten, der eine Ausbreitung in die tieferen Luftwege oder eine Lungenentzündung ankündigen kann. Eine schnelle und gründliche Behandlung läßt unerwünschte Folgen schwerer Infektionen der oberen Luftwege vermeiden.

Die Behandlung der Infektion der oberen Luftwege □ In den meisten Fällen werden Sie selbst für den größten Teil der Behandlung der Erkrankung der oberen Luftwege Ihrer Katze verantwortlich sein. Tierärzte hospitalisieren Fälle von Infektionen der oberen Luftwege nur widerstrebend und nur wenn es unbedingt notwendig ist, weil viele Katzen zu Hause glücklicher sind und weil sie eine Verseuchung der Klinik befürchten, da diese Erkrankungen für andere Katzen so ansteckend sind. Der erste Schritt in der Hausbehandlung der Infektion der oberen Luftwege, selbst bei dem leichtesten Verlauf, besteht darin, daß man seine Katze in der Wohnung behält. Dadurch werden Katzen vor belastenden Temperaturschwankungen geschützt, und man verhindert dadurch, daß sie während der Krankheit verschwinden. Außerdem will man dadurch vermeiden, daß die Infektion zu anderen Katzen in der Nachbarschaft gelangt. Wenn möglich, sollte man versuchen, die Katze zu isolieren, um die Ausbreitung der Infektion zu verhindern. Wechseln Sie Ihre Oberkleidung und waschen Sie sich die Hände jedesmal, wenn Sie die Katze behandelt oder nur angefaßt haben, und sorgen Sie dafür, daß Futter- und Wasserschalen des befallenen Tieres gesondert stehen. In den meisten Haushalten sind diese Vorsichtsmaßnahmen schwierig durchzuführen und manchmal ganz und gar unmöglich. Wenn Sie eine Katzenzucht betreiben, sind diese Maßnahmen unbedingt notwendig, und dann müssen Sie Ihren Tierarzt um zusätzliche Hilfe bitten. Zur weiteren Pflege gehört es, eine tägliche Temperaturkurve zu führen (s. Seite 128) und Antibiotika zu geben. In den meisten Fällen werden sie gegeben, um eine sekundäre bakterielle Infektion zu beherrschen, die auftritt, wenn Ihre Katze durch die ursprüngliche Infektion geschwächt ist. Weiterhin geben Sie schleimhautabschwellende Mittel, Augenmedikamente und Vitamine nach Anweisung des Tierarztes und füttern mit der Hand soweit nötig (s. Seite 131). Da sich die meisten kranken Katzen nicht selbst putzen, hilft ein vorsichtiges Entfernen der Krusten an Auge und Nase mit einem weichen Taschentuch oder einem mit warmem Wasser angefeuchteten Wattebausch zusammen mit täglichem Bürsten sehr, um der kranken Katze ein besseres Aussehen zu verleihen und sie sich besser fühlen zu lassen. Katzen, die eine außerordentlich starke Anschwellung der Nasengänge haben, kann man mit der 2mal am Tag (nicht öfter) durchgeführten Behandlung mit Nasentropfen für Kinder, soweit sie rezeptfrei sind, helfen.

□ Man kann auch 15–30 Minut. lang 3mal täglich ein Inhaliergerät anwenden. Besitzt man dies nicht, dreht man im Badezimmer die Dusche heiß auf und wartet, bis das Badezimmer voll Dampf ist, um dann die Katze etwa 15–30 Minuten ins Bad zu setzen. Bei Infektionen der oberen Luftwege, die zu Hause behandelt werden, ist es oft wichtig, mit dem Tierarzt eng zusammenzuarbeiten. Flüssigkeiten zum Ausgleich der Dehydration müssen nötigenfalls gespritzt und Antibiotika verabreicht werden. Außerdem sollte der Verlauf vom Fachmann in regelmäßigen Abständen begutachtet werden. Manchmal reicht die enge Zusammenarbeit zwischen Ihnen und Ihrem Tierarzt nicht aus, dann wird eine Aufnahme in die Tierklinik notwendig.

Nachwirkungen der Infektion der oberen Luftwege □ Obwohl bei schweren Infektionen der oberen Luftwege eine lange Behandlungsdauer nötig ist (manchmal länger als 2 Wochen), kommt es in der Regel doch zur völligen Ausheilung. Manche Katzen leiden unter einer andauernden Schädigung der Augenbindehäute, der Nasennebenhöhlen oder Nasengänge. Bei ihnen kommt es zu dauerndem wäßrigem Ausfluß aus Nase und/oder Auge. Manche Katzen mit Erkrankungen der Nasennebenhöhlen haben einen immer wieder auftretenden oder hartnäckigen, milchig-trüben Ausfluß aus der Nase, der mit Niesen und mit Zeichen der Verstopfung der Nase einhergeht. Katzen, bei denen derartige Probleme nach einer Infektion der oberen Luftwege zurückbleiben, sind nicht immer behindert, aber eine Untersuchung und eine Behandlung durch den Tierarzt ist notwendig, um herauszufinden, inwiefern die Krankheitserscheinungen zu beheben sind. Eine andere Nachwirkung der Infektion der oberen Luftwege besteht darin, daß viele Katzen, die sich erholt haben, Überträger der Erkrankung bleiben. Obwohl sie offenbar gesund sind, können sie die Infektion auf empfängliche Katzen übertragen, und bei besonderen Belastungen, etwa wenn sie außerhalb des Hauses untergebracht werden, können bei ihnen wieder leichtere Formen mit Infektionserscheinungen auftreten.

Verhütung □ Die größten Schwierigkeiten bei Infektionen der oberen Luftwege der Katzen treten dort auf, wo große Zahlen von Katzen unter unzureichenden hygienischen Verhältnissen zusammenhausen, so wie dies oft in Tierpensionen, in Tierhandlungen und bei Katzenzüchtern vorkommt. Infektionen können zwar auch in Tierkliniken erworben werden, aber das Problem tritt dort seltener auf als bei anderen Gelegenheiten, weil Tierärzte darüber Bescheid wissen und alle zur Verfügung stehenden hygienischen Maßnahmen treffen, um nichtinfizierte Katzen zu schützen. Der Tierbesitzer kann die Infektion der oberen Luftwege bei seiner Katze verhindern, indem er sie in der Wohnung behält, sich davor hütet, fremde Katzen anzufassen, und es vermeidet, seine Katze in eine fremde Unterkunft zu geben. Katzenzüchter müssen besondere Vorsichtsmaßnahmen beachten, um eine Verseuchung ihrer Ställe oder die Beherbergung von Ausscheiderkatzen zu vermeiden. Zu diesen zählen:

Hygienemaßnahmen bei Katzenzüchtern □ 1. Nur kleine Gruppen von Katzen sollten in einem Raum zusammen untergebracht werden (weniger als 10), und die Käfige müssen so angeordnet sein, daß das gegenseitige Beniesen unmöglich ist. Katzen sollten nicht von einem Käfig zum anderen umgesetzt werden, bevor der Käfig gründlich desinfiziert wurde.

2. Die Ställe für Katzen sollten gut belüftet sein, aber Temperatur und Feuchtigkeit sollte man gleichmäßig halten.

3. Es sollte die Möglichkeit geben, Tiere zu isolieren. Beim ersten Krankheitszeichen sollten Katzen aus der Zucht entfernt und für den gesamten Krankheitsverlauf und für 2 Wochen nach der Genesung in einen abgetrennten Raum gebracht werden. Alle neuen Katzen, die man in die Gruppe einführen will, sowie alle Katzen, die entfernt werden und in einen Bereich kommen, wo sie einer Erkrankung ausgesetzt sein könnten, sollten mindestens 2 Wochen vor Einführung in die Zucht isoliert sein.

4. Gute Hygienemaßnahmen sollten befolgt werden, um die Ausbreitung von Krankheitserregern zu vermeiden. Diese können über unbelebte Gegenstände – wie Kleidung – und Hände von Katze zu Katze übertragen werden. Zu diesen Maßnahmen zählen gründliches Waschen und Desinfizieren der Futter- und Wasserschalen, gründliches Desinfizieren aller Käfigflächen, ehe eine neue Katze in einen vorher benutzten Käfig kommt, das Wechseln der Oberbekleidung und gründliches Händewaschen vor dem Füttern oder Anfassen

von gesunden Katzen, vor allem nachdem man kranke Katzen behandelt hat oder mit Katzen Kontakt hatte, die nicht zur Zucht gehören.

Verfügbare Impfstoffe □ Es gibt Impfstoffe gegen die Rhinotracheitis und gegen die Pneumonitis der Katze. Den Impfstoff gegen die Pneumonitis der Katze gibt es seit den 50er Jahren. Während man ursprünglich annahm, daß es sich um einen äußerst wirksamen Impfstoff handelt, wird diese Wirksamkeit heutzutage in Frage gestellt. Es gibt Indizien dafür, daß der Stoff, der jetzt verfügbar ist, gegen bestimmte Feldstämme nicht sehr wirksam ist (wenn überhaupt), und die hervorgerufene Immunität ist nur von kurzer Dauer. Daher ist seine Anwendung problematisch. Der Impfstoff gegen die Rhinotracheitis der Katze ist 1974 auf den Markt gekommen. Ob er für Katzenbesitzer Vorteile bringt, wird sich aus seiner klinischen Anwendung ergeben. Fragen Sie Ihren Tierarzt, ob der Impfstoff möglicherweise für Ihre Katze nützlich sein könnte.

3.4.2 Chronische, allergische Bronchitis (Asthma)

Eine Entzündung der Luftwege in der Lunge *(Bronchitis)* kann den meisten Erkrankungen der Atemwege bei Katzen folgen oder sie begleiten. Außerdem stellt sie eine Antwort des Organismus auf eingeatmete infektiöse oder reizende Substanzen dar. Bei der gewöhnlichen chronischen Bronchitis der Katze scheint die Entzündung der Luftwege eine allergische Reaktion auf eingeatmete Allergene zu sein, die durch wiederholte Berührung mit diesen Allergenen verlängert wird. Befallene Katzen sehen normalerweise gesund aus (kein Fieber, guter Appetit), haben aber immer wiederkehrende Anfälle eines aus der Tiefe kommenden dumpfen, feuchten Hustens. Die Katze sitzt dabei gewöhnlich mit angezogenen Schultern und hustet mehrere Male, manchmal würgt sie eine schaumige, schleimartige Masse hervor oder schluckt kräftig nach jedem Hustenanfall. Oft ist die Krankheit zu manchen Jahreszeiten schlimmer als in anderen. Läßt man diesen Zustand unbehandelt, dann kann daraus manchmal *Asthma* werden; die Katze leidet dann anfallsweise unter schwerer Atemnot.
□ Obwohl es keine endgültige Heilung für die chronische Bronchitis der Katze allergischen Ursprungs gibt und obwohl die Erscheinungen einer Bronchitis keine Notfallsituationen darstellen, in denen man sofort eingreifen muß, so ist es doch wichtig, Ihre Katze zum Tierarzt zu bringen, wenn Sie einen derartigen Zustand vermuten. Nur Ihr Tierarzt kann zwischen der chronischen allergischen Bronchitis und anderen Zuständen, die ähnliche Erscheinungen hervorrufen können, unterscheiden. Arzneimittel, um die Entzündung der Luftwege zu verringern und dadurch Asthmaanfälle zu verhüten, können nur vom Tierarzt verschrieben werden, der weiß, wann man sie sicher anwenden kann.

3.4.3 Kehlkopfentzündung (Laryngitis)

Eine Entzündung des Kehlkopfes und der Stimmbänder, die bei Katzen zu einer Veränderung der Stimme oder zu ihrem Verlust führt, nennt man Laryngitis. Es gibt viele Ursachen dafür. Manche Fälle beruhen auf einer Infektion durch Viren oder Bakterien, andere sind einfach das Ergebnis des übermäßigen Miauens (zum Beispiel bei Siamkatzen). Eine Laryngitis, die nicht mit Fieber oder anderen Krankheitszeichen einhergeht, benötigt gewöhnlich keine Behandlung und geht innerhalb von 5–7 Tagen zurück. Eine Laryngitis, die nicht schnell ausheilt und die mit Krankheitszeichen einhergeht oder die offensichtlich sehr unangenehm für die Katze ist, verlangt nach tierärztlicher Hilfe.
□ Die meisten Erkrankungen der Atemwege können, wenn sie vernachlässigt werden, zu Lungenentzündung oder anderen ernsten Zuständen im Atmungsapparat führen. Lassen Sie deshalb auf jeden Fall Ihre Katze vom Tierarzt untersuchen, wenn eines der folgenden Anzeichen vorliegt: hartnäckiger Ausfluß aus der Nase oder aus dem Auge, Schwierigkeiten beim Atmen,

Fieber oder andere Erscheinungen, die Ihnen nicht geheuer sind. Andere Ursachen der Erkrankungen der Atemwege finden Sie bei »Toxoplasmose« im Kapitel 3.7.1 und im Kapitel 2.7.8.

3.5 Muskulatur und Knochen

3.5.1 Allgemeine Informationen über Muskel- und Knochenverletzungen

Krankheiten an der Muskulatur oder am Skelett, die nicht mit Verletzungen zusammenhängen, sind bei Katzen selten. Erkrankungen, die man bei Hunden häufig sieht, zum Beispiel die Hüftgelenksdysplasie und die Kniescheibenluxation, bei denen eine vererbte Krankheitsneigung besteht, sieht man bei Katzen fast nie. Wenn Sie sich daher als Katzenbesitzer eine Katze aussuchen, so bestehen für Sie kaum Probleme bezüglich des Knochenbaus oder der Muskulatur. Schwierigkeiten mit Erkrankungen des Muskel- und Skelettsystems werden am ehesten bei Gewalteinwirkungen entstehen.

□ Viele Erkrankungen des Muskel- und Skelettsystems können sogar für einen erfahrenen Tierarzt schwer zu diagnostizieren sein. Die richtige Diagnose erfordert oft eine Röntgenuntersuchung außer der gründlichen körperlichen Untersuchung. Es kann dabei unmöglich sein, zwischen Frakturen, Verrenkungen und Verstauchungen ohne Hilfe des Röntgengerätes zu unterscheiden. Im allgemeinen aber wird es nicht allzu schwierig sein, einen Knochenbruch oder eine Verrenkung von einer Stauchung, einer Zerrung, Quetschung zu unterscheiden. Man sollte dabei nicht vergessen, daß, obwohl Verletzungen der Muskulatur und des Skeletts oft ausgeprägte Erscheinungen verursachen, sie selbst gewöhnlich keine Notfälle darstellen (siehe Kapitel 3.9.1). Gehen Sie noch einmal die Darstellung des Muskel- und Skelettsystems im Kapitel 1.2 durch, und dann lesen Sie diesen Abschnitt gründlich, damit Ihnen die Normalhaltung und die Bewegungen Ihrer Katze vertraut sind. Damit bereiten Sie sich vor, jede Verletzung der Muskeln und/oder der Knochen Ihrer Katze zu erkennen.

□ Kommt es tatsächlich zur Verletzung, dann bewahren Sie Ruhe und führen die Untersuchung gründlich und zielbewußt durch. Zunächst versucht man, den Ort der Verletzung festzustellen. Um dies zu tun, tritt man zurück und schaut sich seine Katze als Ganzes an. Versuchen Sie dabei herauszufinden, welche Körpergegend die Veränderung der Haltung oder des Ganges betreffen. Sind die Beine befallen (welche sind es dann?, welche scheinen zu schmerzen, welche sehen verzerrt aus oder werden von der Katze geschont?). Eine Schwellung ist oft auf das verletzte Gebiet beschränkt, manchmal ist sie aber auch ausgedehnt. Die Haltung eines verletzten Beines kann oberhalb der Verletzungsstelle ziemlich normal sein, aber nicht unterhalb. Wenn Sie einmal eine allgemeine Vorstellung darüber haben, wo sich die Verletzung befindet, untersuchen Sie jeden Abschnitt der Gliedmaße, einschließlich der Gelenke, zart und vorsichtig. Alle Beine sollten gründlich untersucht werden, aber Sie werden wohl das augenscheinlich geschädigte Bein zuerst anschauen wollen. Wenn Sie sich Ihrer Sache nicht sicher sind, denken Sie daran, daß der Vergleich zwischen einem verletzten Bein und seinem (wahrscheinlich) unverletzten Gegenüber sehr hilfreich sein kann.

3.5.2 Stauchungen, Zerrungen, Quetschungen

Stauchungen, Zerrungen und Quetschungen sind Beschädigungen der Weichteile, die die Knochen umgeben und sie abstützen. Bei diesen Verletzungen sind die Schwellung und die Schmerzzeichen oft weniger gut lokalisiert. Derartige Verletzungen gehen für gewöhnlich nicht mit Fieber einher. Es wird Ihnen unter Umständen nicht gelingen, den genauen Ort der Verletzung ausfindig zu machen, sondern nur die Gegend, die betroffen ist. Lahmt Ihre Katze wegen einer Weichteilverletzung, dann wird – Schonung vorausgesetzt – wahrscheinlich rasch Besserung eintreten

(2–7 Tage), und gewöhnlich ist keine andere Behandlung notwendig. Es mag für Sie verlockend sein, bei solchen Verletzungen Ihrer Katze Schmerzmittel, beispielsweise Aspirin, zu geben. Vermeiden Sie das unter allen Umständen. Die meisten für Menschen bestimmten Präparate sind für Katzen schädlich. Außerdem verbergen derartige Mittel Anzeichen, die wichtig sind, um Ihre Katze zur Ruhe zu zwingen, solange sie verletzt ist, und die für Sie außerdem wichtig sind, um den Fortschritt der Heilung zu beurteilen.

3.5.3 Knochenbrüche (Frakturen)

Ein vollständiger Knochenbruch eines größeren Gliedmaßenknochens führt gewöhnlich dazu, daß auf der betroffenen Gliedmaße *kein Gewicht lasten* kann. Außerdem wird eine Verformung der Gliedmaße sichtbar. Die Verformung kann einfach durch eine Schwellung entstehen, kann aber auch eine unnatürliche *Winkelung* mit einschließen, die gewöhnlich an der Frakturstelle auftritt. Eine Drehung oder Verkürzung des betroffenen Gliedes oder andere Abweichungen von der normalen Haltung können auftreten. Das Geräusch und Gefühl von aneinanderreibenden Knochen *(Krepitation)* ist, falls vorhanden, fast immer ein Hinweis auf eine Fraktur. Schmerzzeichen kann man hervorrufen, indem man die Fraktur bewegt, es sei denn, daß empfindungsleitende (sensorische) Nerven beschädigt worden sind oder die Katze sich im tiefen Schockzustand befindet (siehe Kapitel 3.9.2). Schmerzzeichen sind allerdings unzuverlässig, denn sie können bei anderen Zuständen auch vorkommen, und viele sensible Katzen reagieren heftig gegenüber geringem Schmerz, während »stoische« Katzen weniger auf schmerzhafte Reize reagieren werden.

Komplizierte Frakturen sind Notfälle □ Frakturen teilt man ein in *einfache,* ohne Wunde zwischen Hautoberfläche und dem gebrochenen Knochen, und in *komplizierte* oder *offene* Frakturen. Wenn Ihre Katze eine offene Fraktur hat, bei der ein Knochen aus der Wunde hervorschaut,

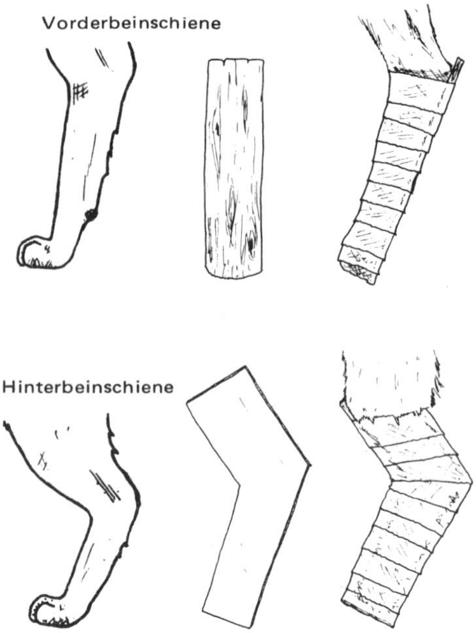

Abb. 55: Verbände

wird es Ihnen nicht schwerfallen, den Zustand zu diagnostizieren. Offene Frakturen infizieren sich leicht, und wenn irgendmöglich sollte sich ein Tierarzt sofort darum kümmern. Ist Ihre Katze in einigermaßen gutem Allgemeinzustand, stellen einfache Frakturen in der Tierheilkunde nicht unbedingt Notfälle dar. Das beste, was man machen kann, ist ein Versuch, die Frakturstelle zu finden und den Tierarzt wegen der weiteren Beratung anzurufen. Frakturen der Fußknochen stellen selten Notfälle dar und können gewöhnlich ohne Schiene gelassen werden, bis man *Röntgenaufnahmen* anfertigen kann. Ob man andere Gliedmaßenfrakturen mit Schienen versieht oder nicht, hängt vom Ort der Fraktur ab und von der Beweglichkeit der Knochenenden.

□ Bei den meisten Gliedmaßenfrakturen ist das Schienen für Sie lästiger und für die Katze schmerzhafter, als es eigentlich wert ist. Bei einer offensichtlich beweglichen Fraktur, bei der Sie das Bein unterhalb des Knochenbruches frei hängend und sich drehend sehen, kann man eine zur richtigen Form zugeschnittene, dicke Pappe zusammen mit Bindfaden und einem elastischen Verband verwenden, um Knochenbewegungen, eine Unterbrechung des Blutkreislaufes und eine Nervenverletzung zu vermeiden, bis sich tierärztliche Hilfe erreichen läßt. Komplizierte Frakturen sollten mit einem sauberen Verband über beiden Knochenenden versorgt werden, wenn das Schienen nicht notwendig ist.

Wirbelsäulenfrakturen sind Notfälle □ Einen Sonderfall stellt die Wirbelsäulenfraktur oder auch die Wirbelsäulenverrenkung dar. Dieser Zustand erfordert fachärztliche Versorgung zum frühestmöglichen Zeitpunkt und sehr sorgfältige Erste Hilfe. Frakturen der Wirbelsäule führen in der Regel zu einer teilweisen oder völligen Lähmung der Hinterläufe, manchmal auch der Vorderläufe. Oft finden sich dabei auffallend geringe Schmerzzeichen. Zeigt Ihre Katze nach einer Gewalteinwirkung derartige Krankheitserscheinungen, dann ist sofortige und möglichst absolute Ruhigstellung nötig. Versuchen Sie, Ihre Katze sich ruhig hinlegen zu lassen, aber stellen Sie sie nicht mit Gewalt ruhig. Transportieren Sie sie in einem Behälter, der hohe Seitenwände hat. Man kann Katzen auch aufheben und in seinen Armen tragen, wenn man sorgsam darauf achtet, daß sich der Rücken nicht bewegt.

Frakturbehandlung □ Welche Methode ein Tierarzt wählt, um einen gebrochenen Knochen wiederherzustellen, hängt vom Typ der Fraktur ab, vom Ort der Fraktur und vom Alter Ihrer Katze. In manchen Fällen kann man äußere Maßnahmen allein anwenden, so wie Gips und Schienen. Bei vielen anderen muß man chirurgisch einen Metallstift, eine Platte oder irgendein anderes inneres Fixationsmittel im gebrochenen Knochen anbringen. Ein guter Tierarzt wird die Fraktur röntgen, alle Wiederherstellungsmöglichkeiten bedenken und Ihnen sagen, welche Maßnahmen er zur optimalen Heilung für angebracht hält. Können Sie sich die beste Frakturversorgung nicht leisten, dann sollte er Ihnen Alternativen anbieten, die nicht so optimal für die Heilung sind, aber im Rahmen Ihrer Möglichkeiten liegen. Bedenken Sie, daß die Alternativen eine langsamere Heilung bedeuten können oder sogar den Verzicht auf Wiederherstellung.

3.5.4 Verrenkungen

Verrenkungen *(Dislokationen, Luxationen)* sehen die meisten Tierärzte sehr viel seltener als Frakturen. Sie kommen zustande, wenn ein Knochen von seiner normalen Berührungsfläche mit einem anderen Knochen im Gelenk verlagert wird. *Die Erscheinungen der Verrenkung ähneln denen der Fraktur, sind aber gewöhnlich leichter.* Dislokationen sind keine Notfälle in dem Sinne, daß sie das Leben der Katze oder die Extremität gefährden. Allerdings sollten sie innerhalb von 24 Stunden vom Tierarzt untersucht werden, denn in diesem Zeitabschnitt können sie ohne chirurgischen Eingriff am leichtesten behandelt werden. Alle vermuteten Luxationen sollten geröntgt werden, um das wahre Ausmaß der Knochenschädigung zu bestimmen. Eine allgemeine Narkose wird angewendet, um die Muskulatur zu entspannen und den Schmerz zu lindern, während die Knochen wieder in ihre reguläre Lage gebracht werden. Für manche Luxationen ist ein chirurgischer Eingriff zur dauerhaften Korrektur nötig.

3.5.5 Ernährungsbedingte sekundäre Nebenschilddrüsenüberfunktion (sekundärer Hyperparathyreoidismus)

Anzeichen dieser Knochenerkrankung finden sich am häufigsten bei jungen, wachsenden Katzen. Die Veränderungen im Stoffwechsel und im Knochen können aber bei *jeder* Katze ausgelöst werden, die ein Futter erhalten, in dem Kalzium und Phosphor nicht ausgewogen sind. Die Ursache dieser ernährungsbedingten Knochenkrankheit liegt meist in einem Futter, das allein oder hauptsächlich aus Fleisch besteht (Muskelfleisch oder Organe, wie Herz, Niere oder Leber). Dies führt zu einer abnorm geringen Kalziumaufnahme und einer abnorm hohen Phosphoraufnahme (siehe Seite 51). Dadurch wiederum werden die Nebenschilddrüsen angeregt, Stoffwechselveränderungen auszulösen, um die Mengen von Kalzium und Phosphor im Blut auf ein fast normales Niveau zu bringen. Da die mit der Nahrung aufgenommenen Kalziummengen nicht ausreichen, um die nötige Regulierung zu erreichen, muß das Skelett das Kalzium liefern, und es kommt zur Demineralisierung des Knochens. Da der Bedarf an Kalzium in den ersten sechs bis acht Lebensmonaten einer Katze besonders hoch ist, treten Zeichen der Nebenschilddrüsenüberfunktion gewöhnlich bei solchen Tieren am deutlichsten auf. Krumme Beine, abnorm gekrümmte Wirbelsäulen und zögernde Bewegungen als Schmerzzeichen treten auf und sind von manchen Tierbesitzern und Tierärzten als »Rachitis« diagnostiziert worden. Es kann sogar zu spontan auftretenden Frakturen kommen, und der Zustand kann, wenn er unbehandelt bleibt, letzten Endes zum Tode führen. Die ernährungsbedingte, sekundäre Nebenschilddrüsenüberfunktion kann sehr irreführend sein. Da Fleisch sehr viel Protein und Fett enthält, werden Kätzchen, die unzulässig hohe Fleischmengen oder überhaupt nur Fleisch gefüttert bekommen, gesund aussehen, was ihr Körpergewicht betrifft, und ein normales Fellkleid haben, während sich die Knochenveränderungen entwickeln.

□ Wenn man die Krankheit vorher noch nie gesehen hat, kann man Schwierigkeiten bei ihrem Erkennen haben. Ihr Tierarzt sollte in der Lage sein, sie zu diagnostizieren, und zur erfolgreichen Behandlung werden Sie auf die Fachkenntnisse des Tierarztes nicht verzichten können. Das beste, was Sie als Besitzer tun können, um diese Krankheit zu vermeiden, ist die Fütterung Ihrer jungen oder erwachsenen Katze mit einem ausgewogenen Vollfutter (siehe Kapitel 2.4).

3.6 Der Verdauungsapparat (Gastrointestinal-Trakt)

3.6.1 Erbrechen (Vomitus)

Unter *Vomitus* versteht man die *unwillkürliche* Entleerung des Magen- und/oder Darminhaltes durch das Maul. Es ist wichtig, dabei zu unterscheiden zwischen dem wirklichen Erbrechen und der sogenannten *Regurgitation,* bei der es sich um einen passiven Akt handelt, wobei der Inhalt der Speiseröhre oder des Rachens durch das Maul zurückkommt. Diese Unterscheidung wird Ihrem Tierarzt helfen, eine Diagnose zu stellen, wenn die eigene Behandlung erfolglos ist. Das Erbrechen ist *Zeichen* verschiedener Erkrankungen selbst, aber keine Erkrankung.

□ Erbrechen kommt bei Katzen häufg vor und wird oft von Durchfällen begleitet. Es scheint am häufigsten durch eine Magenschleimhautreizung hervorgerufen zu werden, die die Tierärzte als akute oder einfache Gastritis bezeichnen. Die Gastritis wird in der Regel durch den Verzehr von reizenden Substanzen, zum Beispiel von verdorbenen Lebensmitteln, Gras, Papier oder Knochen, hervorgerufen. Die Katze erbricht oft zunächst Nahrung oder anderes reizendes Material und später eine schaumige, klare oder gelbliche Flüssigkeit. Katzen mit einer Magenreizung versuchen manchmal, Gras zu fressen, aber das Grasfressen ist auch für sie oft ein vergnüglicher Zeitvertreib und kein Krankheitszeichen. Sie können dabei weiterhin am Fressen interessiert sein, müssen es aber nicht. Wenn Ihre Katze ein- oder zweimal erbricht, kein Fieber hat, auch keine offensichtlichen Bauchschmerzen und nur ein wenig bedrückt zu sein scheint, dann können Sie das Erbrechen wahrscheinlich zu Hause behandeln.

Hausbehandlung bei Erbrechen □ Bitte füttern Sie die Katze innerhalb von 12–24 Stunden nach dem Erbrechen nicht. Wenn Sie nicht mehr länger warten können, dann bieten Sie nach 12 Stunden eine sehr kleine Menge (etwa 1 Suppenlöffel) einer weichen, leichten Nahrung, etwa ein weichgekochtes Ei, Säuglingsnahrung, Haferflocken oder Quark an. Erbricht Ihre Katze diese kleine Mahlzeit in einem Zeitraum von etwa 4 Stunden nicht, kann man eine zweite Mahlzeit anbieten und dann eine weitere etwa 4 Stunden später. Tritt kein weiteres Erbrechen auf, können die Mahlzeiten des nächsten Tages aus normal großen Mengen einer leichten Nahrung bestehen, und am darauffolgenden Tag können Sie zum normalen Futter zurückkehren. Wasser oder andere Flüssigkeiten sollte man nur in kleinen Mengen auf einmal geben. Größere Futter- oder Wassermengen dehnen den ohnehin schon gereizten Magen und führen gewöhnlich wieder zum Erbrechen. Um Wasser in kleinen Mengen anzubieten, werden Eisstückchen in die Wasserschale gelegt. Dadurch kann die Katze nur das Wasser trinken, das sich beim Schmelzen der Blöcke sammelt.

□ Säurebindende Flüssigkeiten, zum Beispiel Maloxan, Gelusil-Lac oder darmschleimhautschützende Substanzen wie Kaopectate N (rezeptpflichtig), werden helfen, die irritierte Magenschleimhaut zu beruhigen. Man kann Maloxan oder Gelusil-Lac mit etwa $^{1}/_{2}$ Teelöffel auf 10 Pfund Körpergewicht alle 8 Stunden dosieren, bis die Zeichen vorübergegangen sind. Kommt das Erbrechen zusammen mit Durchfällen vor *(Gastroenteritis),* dann sind Medikamente, die Kaopectat ähnlich sind, am besten (s. Seite 100). Geben Sie aber keine Präparate, die Aspirin enthalten.

Wann man tierärztliche Hilfe bei Erbrechen braucht □ Erbricht Ihre Katze mehr als einige Male und wird das Erbrochene dabei mit erheblicher Kraft ausgestoßen *(»Erbrechen im Bogen«),* findet sich im Erbrochenen Blut oder liegen offensichtlich Bauchschmerzen vor, ist Ihre Katze besonders apathisch, schwach oder hat sie Fieber oder würgt sie, ohne daß dabei etwas zutage tritt, dann versuchen Sie unter keinen Umständen, diesen Zustand zu Hause zu behandeln. Sogar eine einfache Gastritis kann nicht in jedem Fall ohne Hilfe des Tierarztes erfolgreich beherrscht werden. Es gibt viele andere ernste Ursachen des Erbrechens, unter anderem Fremdkörper im Verdauungstrakt, die Panleukopenie (siehe Kapitel 2.6.2) und das Nierenversagen (siehe Kapitel 3.10.7). Manche Katzen (meiner Erfahrung nach insbesondere Siamkatzen) erbrechen gelegentlich nach den Mahlzeiten. Diese Art Erbrechen ist gewöhnlich nicht ernst und kann verschiedene Ursachen haben. Zu den häufigsten zählt das Herunterschlingen der Nahrung, das Überfressen oder eine besondere Empfindlichkeit gegenüber bestimmten Nahrungsmitteln. Zählt Ihre Katze zu denen, die nach den Mahlzeiten erbrechen, dann versuchen Sie, einen oder mehrere der folgenden Ratschläge zu befolgen:

1. Wenn Ihre Katze gewöhnlich mit anderen Tieren zusammen frißt, dann füttern Sie sie jetzt allein. Bieten Sie ihr nicht nur einen individuellen Futternapf an, sondern füttern Sie sie in einiger Entfernung von den anderen Tieren. Futterneid verstärkt das Herunterschlingen von Nahrung.

2. Verfüttern Sie kleinere Futterportionen häufiger.

3. Versuchen Sie eine Futterart, die gut zerkaut werden muß, bevor sie heruntergeschluckt wird (zum Beispiel Trockenfutter statt Büchsenfutter).

4. Versuchen Sie, das Erbrechen mit der Art des Futters in Zusammenhang zu bringen. Manchen Katzen bekommt Trockenfutter besser als Büchsenfutter. Manchmal werden Sie feststellen, daß es nur eine bestimmte Futtermarke ist oder nur eine bestimmte Geschmacksrichtung, die zu den Schwierigkeiten führt. Finden Sie tatsächlich eine spezielle Futterart, die die Ursache zu sein scheint, dann lassen Sie sie natürlich weg.

Haarballen, Bezoare □ Haarballen können auch die Ursache eines nicht ernsten Erbrechens sein. Manchmal können sie aber darüber hinaus eine durchaus ernste Behinderung der Darmtätigkeit (Obstruktion) darstellen und müssen dann chirurgisch entfernt werden. Werden sie erbrochen, dann sind sie meist röhrenförmige, braune Massen und werden entweder allein erbrochen oder zusammen mit einer geringen Menge einer klaren, schaumigen Flüssigkeit. Sieht man sich derartige Massen näher an oder zerzupft man sie, dann stellt man fest, daß sie hauptsächlich aus Haaren bestehen. Wenn Sie erbrochene Haarballen finden und Ihre Katze sich dabei normal verhält, dann können Sie davon ausgehen, daß das augenblickliche Problem mit den Haarballen gelöst ist. Sie sollten aber dadurch angeregt werden, etwas zur Vorbeugung zu unternehmen, um künftige Schwierigkeiten dieser Art zu vermeiden. Genauso verhält es sich bei Stuhlmengen, die sehr viele Haare enthalten. Haarballen können auch Appetitmangel und Verstopfung hervorrufen.

□ Haarballen verhütet man, indem man seine Katze regelmäßig bürstet und handelsübliche Gegenmittel verabreicht. Diese Präparate kann man entweder über den Tierarzt oder in einer Tierhandlung bekommen. Hausmittel zur Haarballenverhütung sind Paraffin oder Vaseline. Andere Öle sind als Verhütungsmittel nicht so wirksam, weil sie von der Katze verdaut und aufgenommen werden. Man fügt das Paraffinöl in der Dosierung etwa eines Teelöffels auf 10 Pfund Körpergewicht dem Futter 1- oder 2mal in der Woche bei (Vaseline kann man unmittelbar geben. Siehe Seite 101).

3.6.2 Durchfälle (Diarrhoen)

Unter *Durchfall* versteht man den Abgang von abnorm weichen und/oder häufigen Stühlen. Diese *Krankheitserscheinung* geht oft mit Erbrechen einher, kann aber auch allein auftreten. Oft führt sie dazu, daß Katzen nicht ihre Toilette benutzen. Für den Durchfall gibt es viele Ursachen. Die häufigsten sind diätetisch bedingt. Katzenfutter, das nur aus Fleisch besteht oder Kuhmilch enthält (siehe Seite 49), ruft oft Durchfälle (Diarrhoen) hervor. Schwere oder würzige Speisereste und verdorbene Lebensmittel sind weitere häufige Übeltäter. Aber jede Nahrung, auch handelsübliches Futter, kann bei bestimmten Katzen zu Durchfällen führen. Darmparasiten (das heißt Würmer) können Durchfall verursachen (siehe Seite 63). Dies sehe ich allerdings selten, es sei denn, es handelt sich um junge Kätzchen. Durchfall kann auch von seelischen Belastungen herrühren, wie es der Besuch beim Tierarzt ist oder wie sie durch neue Tiere im Haushalt entstehen; aber diese Form des Durchfalls geht schnell zurück und bedarf keiner Behandlung.

Hausbehandlung bei Durchfällen
□ Ihre Hausbehandlung der Diarrhoen besteht darin, 12–24 Stunden kein Futter zu geben. Sie brauchen sich daher nicht zu beunruhigen, wenn Ihre Katze zunächst keinen Hunger hat. Danach kann man eine leichte und gut verdauliche Diät anbieten, wie Babynahrung, gekochtes Huhn oder gekochte Eier über einen Zeitraum von 3–5 Tagen. Tierärzte können Sie auch mit speziellen, bei der Diarrhoe empfohlenen Nahrungsmitteln versorgen. Ein Schutzmittel für die Darmschleimhaut und ein Mittel, das absorbiert, wie Kaopectate (2 Teelöffel auf 1 Pfund Körpergewicht alle 6 Stunden), sollten auch verabreicht werden. Suchen Sie nach der Ursache des Durchfalls und versuchen Sie sie auszuschalten.

Wann man beim Durchfall tierärztliche Hilfe braucht □ Ein Durchfall, der länger als 24–36 Stunden ohne Besserung anhält, blutige Durchfälle, Durchfall, der mit Erbrechen einhergeht, Fieber, Ermüdung oder Appetitlosigkeit oder Dehydration sollte man nicht länger bestehen lassen, ohne den Tierarzt aufzusuchen. Entschließt man sich, seine Katze zur Behandlung des Durchfalls zum Tierarzt zu bringen, dann sollte man versuchen, eine Kotprobe mitzunehmen. Das kann bei der Diagnose und Behandlung der Erkrankung sehr hilfreich sein. Farbe, Zusammensetzung und Konsistenz des Kotes sind wichtig, und eine Untersuchung auf Parasiten kann notwendig werden.

3.6.3 Verstopfung (Obstipation)

Unter Obstipation verstehen wir den erschwerten oder seltenen Kotabgang. Dieses *Krankheitszeichen* kommt bei gesunden Katzen selten vor. Obwohl die Ursache dafür in verhältnismäßig einfachen Dingen liegen kann, etwa in der Ernährungsweise oder im übermäßigen Abschlucken von Haaren beim Putzen, so sind bei einer jungen, wohlbehüteten Katze wiederholte Verstopfungen ernst zu nehmen und benötigen eine Behandlung durch den Tierarzt. Bei den meisten normalen erwachsenen Katzen kommt es ein- oder zweimal pro Tag zum Kotabsatz. Da aber jede Katze ein Individuum ist und die Ernährungsweise einen großen Einfluß hat, muß für jedes Tier der normale Ablauf erst einmal festgestellt werden. Ein Tag ohne Kotabsatz ist noch kein Anlaß zur Sorge.

Hausbehandlung kann bei leichter Verstopfung helfen □ Handelt es sich um eine leichte Obstipation, dann kann eine Futterumstellung abhelfen. Büchsennahrung, die große Mengen gemahlener Knochen enthält, sollte man vermeiden. Sie kann hin und wieder zu steinharten Stühlen führen, die nur ein Tierarzt beseitigen kann. Das Verfüttern von Trockenfutter wird manchen Katzen helfen, wenn sie unter geringer Verstopfung leiden, denn die meisten Trockenfutter enthalten mehr Ballaststoffe (Rohfasern) als die Büchsenfutter. Wasserzusatz zum Futter kann helfen, und auch eine Portion frischer Leber führt gut ab. Linusit (geschrotet) ist ein Handelspräparat, das man ausprobieren kann. Es ist für den menschlichen Gebrauch bestimmt, um der Nahrung Ballaststoffe zuzuführen, und man kann es in Apotheken kaufen. Müssen Sie derartige Präparate oft als Futterergänzung benutzen, dann sprechen Sie einmal mit einem Tierarzt darüber.

□ Paraffinöl (1 Teelöffel oral auf knapp 10 Pfund Körpergewicht), Vaseline (1 Teelöffel oral) oder 1 Glyzerinzäpfchen für Kinder, das man in den After einführt, wirken gelegentlich bei stärkerer Verstopfung. Ihre Wirkung beruht darauf, daß sie den Stuhl erweichen und mit Öl durchsetzen. Wie alle Abführmittel sollten sie ohne tierärztlichen Rat weder dauernd noch häufig wiederholt angewendet werden. Gibt man sie 1- oder 2mal täglich 2 Tage lang, dann sollte das ausreichen, um die Verstopfung zu beseitigen. Paraffinöl stört die Aufnahme öllöslicher Vitamine im Darm, und deshalb führt die Anwendung über längere Zeit möglicherweise zu Vitaminmangelzuständen. Außerdem kommt es durch die Behandlung zu Kotabsatz, der abnorm, weil nicht spontan ist. Paraffinöl sollte man mit dem Futter geben. Versuchen Sie nie, es zwangsweise oral zu geben: eingeatmet kann es zur Lungenentzündung führen.

Einläufe am besten durch den Tierarzt geben lassen □ Ein Einlauf kann notwendig sein, um *festen Kot* aus dem *Enddarm* zu entfernen. Am besten tut das ein Tierarzt, der die Katze vor dieser Behandlung gründlich untersuchen sollte. Wenn ein Tierarzt gerade nicht verfügbar ist, kann man gebrauchsfertige Einläufe für Säuglinge in Apotheken kaufen. Vor dem Gebrauch macht man die Schlauchspitze gleitfähig und führt sie in den Enddarm ein. Verabreichen Sie nicht mehr als 30 ml pro Kilo Körpergewicht.

□ Pressen, wie man es bei Blaseninfektionen und bei heftigen Durchfällen sieht, wird oft mit einer Verstopfung verwechselt.

□ Erst wenn Sie sicher sind, daß Sie das Problem richtig erkannt haben, sollten Sie zur Therapie schreiten. Nötigenfalls führen Sie einen mit Handschuh versehenen oder eingeschmierten Finger in den Enddarm ein, um den Kot zu tasten.

3.6.4 Blähungen (Flatulenz)

Eine unter Flatulenz leidende Katze ist eher eine Last als ein echter medizinischer Fall. Die ohne weitere Krankheitszeichen auftretende übermäßige Gasbildung im Darm kann man meist durch einen Futterwechsel beseitigen. Mit ein wenig Beobachtung merkt man oft, daß die Blähungen nur auftreten, wenn ein ganz bestimmtes Futter oder eine ganz bestimmte Geschmacksrichtung verfüttert wird oder wenn man nur bestimmte Speisereste gibt. Flatulenz, die von Durchfällen begleitet wird, verlangt eine gründliche Untersuchung. Die Behandlung sollte sich gegen den Durchfall richten. Wenn der Kot normal wird, verschwinden oft die Blähungen.

3.6.5 Entzündung der Analbeutel (Sacculitis analis)

Ein Sekretstau in den Analbeuteln geht manchmal mit einer Infektion einher und ist bei Katzen selten. Die häufigsten Zeichen der Sacculitis analis sind ein Umherrutschen auf dem Boden und übermäßiges Putzen in der Gegend des Afters und an der Schwanzwurzel. Das Umherrutschen ist meiner Erfahrung nach selten ein Zeichen für Würmer. Ein ungewöhnliches Zucken der Haut am Rücken oder überraschendes Beißen in die Schwanzwurzelgegend ist manchmal durch übermäßig gefüllte Analbeutel zu erklären. Die Zeichen der einfachen Analbeutelverstopfung kann man gewöhnlich beseitigen, indem man den Inhalt der Beutel ausdrückt. Das können Sie selbst durchführen. Nehmen Sie eine Hand, um den Schwanz der Katze festzuhalten. Halten Sie ein Einmalhandtuch oder -taschentuch in der anderen Hand und setzen Sie Ihren Daumen von außen über einen Analbeutel und Ihre anderen Finger über den anderen. Nun pressen Sie fest einwärts. Hierdurch wird der Inhalt der Analbeutel in das Taschentuch gepreßt und kann weggeworfen werden.

Analbeutelabszesse □ Werden die verstopften Analbeutel nicht entleert, dann können sich einer oder beide infizieren. Infizierte Analbeutel können Schmerzen verursachen, wobei sie blutig verfärbtes Sekret oder Eiter aus dem Beutel auspressen. Entdeckt man die Erkrankung in diesem Stadium, sieht man später einen Abszeß oder eine äußere Schwellung an der einen oder anderen Seite des Afters. Der Tierarzt behandelt infizierte Analbeutel am besten. Ist es noch nicht zur Abszeßbildung gekommen, dann reichen möglicherweise Antibiotika allein aus. Liegen Abszesse vor, so ist gewöhnlich die chirurgische Entleerung nötig.

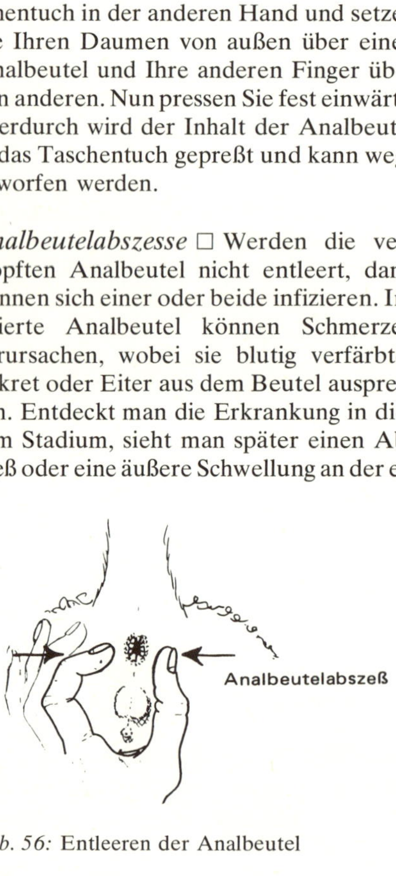

Abb. 56: Entleeren der Analbeutel

3.6.6 Fettsucht

Fettsucht bei Haustieren wird fast immer vom Besitzer verursacht, und zwar durch Überfüttern. Ein Übermaß an Fett belastet die Gelenke, das Herz und die Lungen Ihrer Katze und führt oft zur Trägheit. Wie Sie vielleicht festgestellt haben werden, ist eine fette Katze schwieriger zu untersuchen als eine normale, da das übermäßige Fett das Abhören oder Tasten des Herzschlages, das Fühlen des Pulses und das Tasten der Bauchorgane stört. Chirurgische Eingriffe bei fetten Katzen sind risikoreicher. Hat Ihre Katze Übergewicht, dann lassen Sie sie vom Tierarzt untersuchen, wenn Sie sichergehen wollen, daß ihr allgemeiner Gesundheitszustand gut ist. Wird ihr Zustand nicht durch eine Krankheit verursacht, dann setzen Sie sie auf Diät.

Tab. 10

Idealgewicht (erwünschtes Gewicht)	Kalorienbedarf zur tägl. Erhaltungsdiät (Kater brauchen 20 Kal. mehr auf 1 Kilo Körpergewicht)
1,8 kg	160
2,3 kg	200
2,7 kg	240
3,2 kg	280
3,6 kg	320
4,1 kg	360
4,5 kg	400
5,0 kg	440
5,4 kg	480
5,9 kg	520
6,4 kg	560
6,8 kg	600

Wählen Sie das Gewicht, auf das Ihre Katze hin abnehmen soll. Dann füttern Sie 50–60 % des täglichen Kalorienbedarfs, bis das erwünschte Gewicht erreicht ist. Das kann einige Wochen dauern. Sie können dabei die folgende Tabelle als Leitfaden dafür nehmen, wieviel fertige Nahrung die richtige Kalorienmenge zuführt:

Tab. 11

Art der Nahrung	Kaloriengehalt auf ein knappes Viertelpfund (113 g Nahrung)
trocken	400
halbfeucht	400
Büchsennahrung	125

Stellen Sie Ihr eigenes Katzenfutter zusammen, dann werden Sie den Kaloriengehalt selbst ausrechnen müssen. Sie können die errechnete Nahrungsmenge in so vielen Einzelmahlzeiten verfüttern, wie Sie wollen. Aber vergessen Sie nicht, daß *mehr Nahrung nicht zugelassen ist* und daß die Kalorienwerte für kleine Leckerbissen mit einbezogen werden.

□ Wiegen Sie Ihre Katze einmal in der Woche. Folgen Sie den obigen Regeln, ohne daß Ihre Katze dabei an Gewicht verliert, dann ziehen Sie Ihren Tierarzt zu Rate. Hat Ihre Katze das Idealgewicht erreicht, dann können Sie die Zügel etwas lockerer lassen und die Kalorienaufnahme auf die Erhaltungsmenge für das entsprechende Gewicht erhöhen.

□ Ein Beispiel: Ihre Katze wiegt $5^1/_2$ kg, sollte aber nur etwas über 4 kg wiegen. Der tägliche Kalorienbedarf zur Erhaltung einer über 4 kg schweren Katze liegt bei 360 Kalorien. 60 % davon = 216 Kalorien müssen beim Gewichtabnehmen gefüttert werden. Das entspricht etwa 62 g Trocken- oder halbfeuchtem Futter oder etwa 190 g eines Büchsenfutters. Nach Erreichen des Idealgewichts könnte man die Futtermenge auf etwa 100 g Trocken- oder halbfeuchtes Futter oder 320 g eines Büchsenfutters erhöhen.

□ Benutzen Sie fertige Nahrung zur Gewichtsabnahme, dann überlegen Sie, ob Sie Ihrer Katze Vitamine und Mineralien zuführen sollten. Vergleichen Sie den Abschnitt *Ernährung* auf Seite 48, um mehr darüber zu erfahren.

3.7 Harn- und Geschlechtsorgane (Urogenitalapparat)

3.7.1 Allgemeine Bemerkungen

Zeigt Ihre Katze eins der folgenden Anzeichen, dann kann eine Erkrankung der Harn- oder Geschlechtsorgane vorliegen, und eine gründliche Untersuchung durch den Tierarzt ist anzuraten:

Trinken vermehrter Wassermengen
Häufiges Wasserlassen
Ungewöhnlich große oder kleine Harnmengen
Schwierigkeiten oder Unfähigkeit, Harn zu lassen
Blutiger Harn
Blutiger und/oder eitriger Ausfluß, der in größeren Mengen vom Penis oder von der Vulva tropft
Leibschmerzen oder Laufen mit ungewöhnlich gewölbtem Rücken.

3.7.2 Der Blasenentzündung-Blasensteinkomplex (Zystitis-Urolithiasiskomplex) der Katze

Der Zystitis-Urolithiasiskomplex stellt das häufigste Harnwegsproblem bei Katzen dar. Zeichen der *Zystitis* (Blasenentzündung und/oder Infektion) umfassen gewöhnlich blutigen Harn und das häufige Ablassen kleinerer Harnmengen, manchmal mit ungewöhnlich häufigem Belecken der Geschlechtsorgane.

Zeichen der Blaseninfektion oder des Harnstaus □ Oft wird eine erkrankte Katze an ungewöhnlichen Stellen in der Wohnung Wasser lassen, beispielsweise in der Badewanne oder Dusche, und sie wird anfangen, Harn zu sprühen (siehe Kapitel 3.7.3). In Fällen, in denen eine schwere *Steinerkrankung* vorliegt (Mineralkristalle, kleine Steine im Harn), kann sich die Harnröhre mit sandartigem Material (Harngrieß) völlig verstopfen, und es wird dann unmöglich, Harn zu lassen; dies ist eine Notfallsituation. In den Fällen, in denen der Harnstau unbemerkt oder unbehandelt bleibt, führt er zu Mattigkeit und Schwäche, zur Austrocknung, zum Erbrechen und schließlich zum totalen Zusammenbruch mit Koma und Tod. Selbst wenn er behandelt wird, können sich Tiere mit völligem Verschluß der Harnwege später nicht mehr erholen. Die Organveränderungen bei der Urämie (= Zurückhalten von giftigen Abfallstoffen, die normalerweise von den Nieren ausgeschieden werden) sowie Nierenschäden sind manchmal nicht wiedergutzumachen.

□ Die meisten Tierärzte stimmen darin überein, daß verschiedene Faktoren zusammenspielen, um eine Blasenentzündung und/oder eine Steinerkrankung bei Katzen entstehen zu lassen. Viren, die Ernährungsweise, die Wasseraufnahme, die Art des Urinlassens, Belastungen, Bakterien und Erbfaktoren sind diskutiert worden, aber über die wichtigsten Faktoren, die für die Entstehung verantwortlich und für die Heilung der Krankheit geeignet sind, herrscht noch keine Einigkeit. Viren, die zu einem Verschluß der Harnwege bei Katzen führen können, hat man isoliert, und es scheint, daß sie die naheliegenden Übeltäter sind, die die Krankheit auslösen. Wie aber diese Erreger übertragen werden und welche anderen Faktoren dabei eine Rolle spielen, um die Krankheit zustande kommen zu lassen, ist bis heute noch nicht völlig geklärt worden. Bakterien werden gelegentlich bei Blasenentzündungen und bei einem Verschluß der Harnwege bei Katzen isoliert. Werden sie nicht durch eine entsprechende Therapie beseitigt, dann können sie für eine aufsteigende Infektion der Nieren verantwortlich sein und zu einem Dauerschaden des Harnapparats führen. Häufiger aber sind sie nicht Urheber der Krankheit, sondern nachträgliche Eindringlinge, die sich im Harnapparat angesiedelt haben, nachdem er einmal vorgeschädigt wurde. Bis man die komplizierten Entstehungsursachen dieser Krankheit erarbeitet hat, gibt es keine zuverlässigen Methoden, die es einem Besitzer ermöglichen, das Auftreten der Blasenentzündung und der begleitenden Steinerkrankung zu verhindern.

□ Glauben Sie, daß Ihre Katze Anzeichen einer Blasenentzündung hat, dann versuchen Sie, sich den Harn anzugucken, und untersuchen Sie die Katze gründlich. Das Pressen bei der Blasenentzündung kann oft mit dem Pressen, das die Verstopfung begleitet, oder mit schwerem Durchfall verwechselt werden. Sie müssen also genau herausfinden, welche Erkrankung vorliegt. Hat Ihre Katze an ungewöhnlichen Stellen, etwa in der Küchenspüle oder in der Badewanne Harn abgesetzt, dann wird es einfach sein festzustellen, ob der Harn blutig verfärbt ist. Sonst kann man eine kleine Harnprobe erhalten, indem man zu Hause eine offene Kunststofftüte über die Streuwanne legt. Der blutig verfärbte Harn spricht fast immer für eine schwere Blasenreizung und bedeutet, daß Ihre Katze vom Tierarzt untersucht werden sollte, der eine vollständige Harnuntersuchung durchführen kann. Er wird herausfinden, ob Bakterien vorliegen, und die nötigen Arzneimittel verschreiben. Eine Blasenentzündung kann auch bestehen, wenn der Harn für Sie normal aussieht. In diesen Fällen wird sich der Zustand nur durch eine Harnuntersuchung bestätigen lassen.

Zeichen des Harnwegsverschlusses

□ Zeigt Ihre Katze Anzeichen einer Zystitis, sind Sie aber nicht *sicher*, daß Harn abgeht, dann müssen entweder Sie oder Ihr Tierarzt sofort untersuchen, ob ein Verschluß der Harnwege vorliegt oder nicht. Bei weiblichen Tieren kommt ein Verschluß der Harnwege selten vor; ihre weitlumigen Harnröhren werden durch sandartiges Material nicht leicht verstopft. Sie kommt dagegen fast immer bei Katern vor, sowohl bei kastrierten als auch bei nicht kastrierten, deren enge Harnwege sich leicht verstopfen. Wenn Sie dies wissen, wird Ihnen die Diagnose erleichtert. Tasten Sie die Harnblase (siehe Seite 34). Beim Harnwegsverschluß fühlt sie sich derb und etwa zitronengroß oder noch größer an. Wenn die Katze nicht sehr apathisch ist, wird sie mit Schmerzzeichen reagieren. Katzen, bei denen kein Harnwegsverschluß vorliegt, geben beim Betasten der Blase oft Urin ab. Schauen Sie sich den Penis an. Oft wird er über die Vorhaut hinaus vorgestreckt sein. Ist er nicht sichtbar, dann legen Sie ihn frei

(s. Seite 32). Bei Männchen mit einer Harnwegsverstopfung ist seine Spitze oft blutig, und/oder sie sieht verletzt aus. Manchmal wird ein Stück weißes oder sandartiges Material aus der Harnröhre herausschauen. Meinen Sie, daß Ihre Katze unter einer derartigen Harnwegsverstopfung leidet, oder sind Sie etwa im Zweifel, so ist die Hilfe des Tierarztes unbedingt notwendig. Nur in Fällen, in denen kein Tierarzt in der Nähe ist, kann man Zeit verschwenden, indem man selbst versucht, die Verstopfung zu beseitigen. Gibt es unter keinen Umständen einen Tierarzt, dann versuchen Sie folgendes:

Tierärztliche Hilfe ist beim Harnwegsverschluß wichtig □ 1. Versuchen Sie, das Abflußhindernis mit sanften aber bestimmten Bewegungen am Penis herauszudrücken. Man sollte versuchen, den Penis zwischen den Fingern von der Basis zur Spitze auszudrücken oder zu massieren. Sind diese Manipulationen erfolgreich, dann wird weißes oder blutig verfärbtes Material, das sich wie Sand anfühlt, wie Zahnpasta aus der Spitze des Penis herausgedrückt. Beseitigt man das Abflußhindernis völlig, beginnt in der Regel Harn frei aus dem Penis zu fließen.

2. Entfernen Sie etwas sandiges, grießartiges Material, und kommt es trotzdem nicht zum Harnfluß, dann versuchen Sie, *leicht* die Blase zu drücken. Manchmal wird dies zum Urinfluß führen. Wenn Sie dabei nicht vorsichtig genug sind, kann die Blase platzen. Dies setzt also Gefühl und Erfahrung voraus.

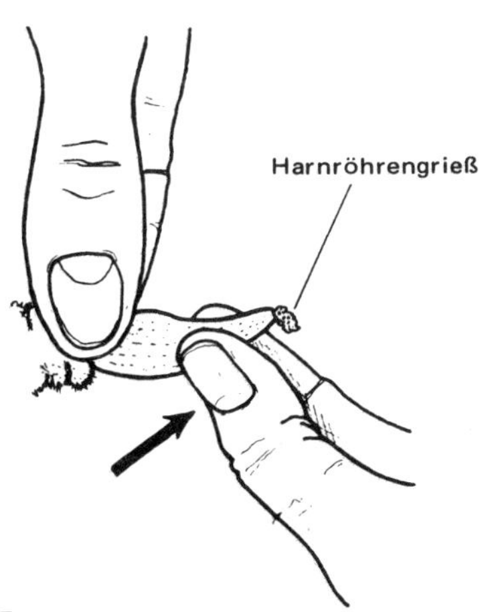

Abb. 57

□ Ein Abflußhindernis, das man zu Hause beseitigt, erfordert dennoch weiterhin tierärztliche Versorgung, wenn irgendmöglich. Katzen, bei denen es zur akuten Obstruktion gekommen ist, neigen zu Rückfällen. Wenn sie nicht fügsam genug sind, sich am Penis und an der gefüllten Harnblase manipulieren zu lassen, dann brauchen Sie meist ohnehin eine spezielle Behandlung, die Ihnen nur der Tierarzt bieten kann.

□ Tierärzte verfügen über viele Techniken, um Obstruktionen zu beseitigen. Wenn eine Katze in ihrem Allgemeinzustand nicht ungewöhnlich beeinträchtigt ist, verabreichen die meisten eine Allgemeinnarkose. Nachdem das Abflußhindernis beseitigt ist, wird oft noch ein *Katheter* (ein dünner Schlauch) eingenäht und einige Tage liegengelassen, um sicherzugehen, daß keine neue Verstopfung auftritt. Um die Austrocknung auszugleichen, den freien Harnfluß anzuregen und giftige Schlackenstoffe zu entfernen, wird eine Flüssigkeitstherapie eingeleitet. Oft sind Blutproben nötig, um die Urämie beurteilen zu können. Wie bei Katzen mit unkomplizierter Blasenentzündung, wird man eine Harnprobe untersuchen und entsprechende Medikamente für den Hausgebrauch verordnen.

□ Die häufigsten Arzneimittel, die bei der Behandlung der Blaseninfektion und des Harnwegsverschlusses angewendet werden, sind Substanzen, die den Harn ansäuern, krampflösende Medikamente und Antibiotika. Antibiotika sind nur dann von Nutzen, wenn Bakterien im Harn sind, oder als Mittel gegen Infektionen, die zusätzlich durch die Belastung des Organismus bei Harnblasenerkrankungen der Katzen vorkommen. Krampflösende Mittel benutzt man, um die glatte Muskulatur der Blase und der Harnröhre zu entspannen und dadurch einen erneuten Verschluß zu verhindern und um Erleichterung zu verschaffen.

Harnsäuernde Substanzen führen zur Produktion von Harn im sauren Bereich statt im alkalischen – wenn alle anderen Bedingungen gleich bleiben, dann bilden sich die Kristalle, die für den Harnwegsverschluß verantwortlich sind im alkalischen Harn in größeren Mengen. Obwohl man mit den krampflösenden Mitteln und mit den Antibiotika gewöhnlich dann aufhört, wenn die akuten Anzeichen verschwunden sind, führt man die Behandlung mit harnsäuernden Substanzen langfristig weiter, um ein Wiederauftreten der Erkrankung zu verhindern. Eins der besten und am meisten gebrauchten Präparate ist das *d-l*-Methionin, mit dem Sie der Tierarzt versorgen kann, das Sie aber auch in Tierhandlungen kaufen können, und zwar in Präparaten, die dazu dienen, den Geruch des Katzenurins zu verbessern.

Methoden, um dem Verschluß der Harnwege vorzubeugen □ Abgesehen von ansäurenden Substanzen gibt es eine Reihe von Maßnahmen in der Katzenhaltung, die dazu dienen, immer wiederkehrende Schwierigkeiten mit Harnwegsverschlüssen zu beseitigen:

1. Regen Sie das Tier zur Wasseraufnahme an, indem Sie ihm jederzeit frisches Wasser geben. Die Wasseraufnahme kann man um etwa 50–100 % erhöhen, indem man nicht mehr als 1 % normales Tafelsalz dem Katzenfutter hinzufügt. Eine Prise auf eine Büchse Katzenfutter reicht völlig. Macht Trockenfutter einen großen Teil der Ernährung Ihrer Katze aus, dann fügen Sie ihm auch Wasser zu. Durch ausreichende Wasseraufnahme kommt guter Harnfluß zustande, und wenn mehr Harn produziert wird, sinkt auch die Konzentration von Kristallen.

2. Füttern Sie ein Futter, das wenig Asche enthält: der hohe Anteil an Mineralien bei aschereichem Futter kann zur Kristallbildung beitragen. Büchsennahrung, die mehr als 3,5 % Asche enthält (Feuchtgewicht, prüfen Sie die Büchsenbeschriftung), sollte man nicht füttern. Auch sollte man Nahrung vermeiden, die große Mengen gemahlener Knochen enthält (zum Beispiel viele Fischprodukte), und die Milchaufnahme einschränken oder ganz aufgeben. Wenn Sie Milch geben, dann nur in kleinen Mengen, zu 50 % mit Wasser verdünnt. Eine ausgewogene Büchsennahrung, die niedrige Aschekonzentrationen hat, können Sie durch Ihren Tierarzt bekommen. Sie ist ein ideales Futtermittel.

3. Vermeiden Sie Trockenfutter für Katzen. Obwohl die Rolle, die Trockenfutter beim Zustandekommen von Harnwegsverschlüssen spielt, unklar ist, haben wissenschaftliche Untersuchungen doch gezeigt, daß das Verfüttern von Trockenfutter im Vergleich zu einer wenig Asche enthaltenden Fertignahrung die Kristallbildung begünstigt. Man hat daran gedacht, daß dies durch die verringerte Wasseraufnahme beim Trockenfutter und/oder durch den *vergleichsweise* hohen Aschegehalt verursacht wird. Trockenfutter enthalten aber vergleichbare Mengen oder weniger Asche (gemessen am Trockengewicht) als die meisten Büchsenfutter, die man im Supermarkt kaufen kann. Wenn Sie also weiterhin Supermarktfutter geben wollen, dann sollten Sie dem Trockenfutter Wasser hinzufügen. Das hat den gleichen Effekt, als ob Sie nur Büchsenfutter mit weniger als 3,5 % Asche füttern würden. Hat Ihre Katze allerdings große Schwierigkeiten mit der Harnsteinbildung, dann ist es am besten, Trockenfutter zu vermeiden und eine verordnete, aschearme Diät zu verfüttern, die Sie vom Tierarzt bekommen können oder selbst zu Hause zusammenstellen.

4. Stellen Sie eine Katzentoilette zur Verfügung, die immer sauber und trocken ist. Manche Katzen sind so anspruchsvoll, daß sie eher ihren Harn verhalten, als eine Toilette benutzen, die verschmutzt ist. Bei schlechtem Wetter werden andere Katzen ihren Harn lange Zeit zurückhalten, um zum Harnlassen nicht nach draußen gehen zu müssen. All dies führt zur Harnstauung, die zur Kristallausfällung beitragen kann. Selbst bei der besten häuslichen Behandlung treten bei Katzen, die dazu neigen, öfters wiederkehrende Blasenentzündungen oder Harnwegsverschlüsse auf. Dabei aber ist es für Ihren Tierarzt unmöglich, vorher-

zusagen, ob die Krankheit Ihrer Katze nur einmal auftritt oder zu einer immer wiederkehrenden Belästigung wird. Der Tierarzt kann nur den augenblicklichen Zustand bestätigen und dafür sorgen, daß sich keine Komplikationen einstellen. Die einfache Blasenentzündung bei weiblichen Katzen ist mehr eine Belästigung für Sie und für Ihre Katze als ein lebensbedrohliches medizinisches Problem, denn Rückfälle gehen gewöhnlich nur mit einer Blasenreizung einher, es sei denn, eine Blaseninfektion, Blasensteine oder Tumore liegen vor. Immer wiederkehrende Harnwegsverschlüsse beim Kater sind dagegen eine ernste und lebensbedrohliche Situation. Eine gute Alternative zur dauernden Angst, ob eine Obstruktion droht, ist eine Operation, die man als *perineale Urethrostomie* bezeichnet.

Durch einen chirurgischen Eingriff kann man einer Katze mit wiederholtem Harnwegsverschluß helfen □ Bei diesem Eingriff wird die schmale Harnröhre des Katers erweitert, so daß sie sich nicht leicht mit sandartigem Material verstopft. Obwohl die Operation die Steinbildung nicht beseitigen kann, so ist die Erfolgsquote bei einem erfahrenen Tierarzt hoch und löst das Problem der dauernden Sorgen und der wiederholten Ausgaben für die Behandlung des Harnwegsverschlusses.

3.7.3 Harnspritzen

Unter Harnspritzen verstehen wir das Spritzen oder Sprühen von Harn gegen aufrechtstehende Flächen auf einen bestimmten Reiz der Umgebung hin. Es handelt sich um ein normales, in der Regel aber unerwünschtes Verhalten bei nicht kastrierten erwachsenen Katern (siehe Kapitel 5.4). Man kann es gewöhnlich durch die Kastration verhindern. Weibliche Katzen und kastrierte Kater, die nie Harn gespritzt haben, fangen manchmal mit dem Spritzen an oder setzen an ungewöhnlichen Stellen Harn ab, wenn sie ins fortgeschrittene Alter kommen. Oft ist dies auch die Folge eines Umgebungswechsels, einer neuen Katze im Haushalt oder irgendeiner Störung in der Umgebung. Allerdings kann es mit Erkrankungen der Harnwege einhergehen, etwa mit einer Blasenentzündung.
□ Wenn eine Katze plötzlich ein nicht normales Verhalten beim Harnabsetzen zeigt, wie beispielsweise das Spritzen, läßt man das Tier am besten vom Tierarzt untersuchen, der eine vollständige Harnuntersuchung durchführen kann. Zeigen die Untersuchung und die Harnanalyse keine Veränderungen, dann müssen Sie gemeinsam versuchen, die Ursache für das Fehlverhalten zu klären und abzustellen.

3.7.4 Falsche Trächtigkeit

Die Zeichen der falschen Trächtigkeit finden Sie im Kapitel 5.7.

3.7.5 Gebärmuttervereiterung (Pyometra)

Bei der *Gebärmuttervereiterung* handelt es sich um eine Infektion, die am häufigsten bei älteren Katzen vorkommt, denen die Eierstöcke nicht oder nur zum Teil (s. Seite 145) entfernt wurden. Sie kommt am häufigsten bei weiblichen Katzen vor, die nie geboren haben, und beruht wahrscheinlich auf einem hormonalen Ungleichgewicht. Bei den Fällen von Pyometra, in denen der Gebärmutterhals (Cervix) offen ist, kommt es gewöhnlich zu einem klebrigen, rot bis gelblich eiterartigen, abnorm riechenden Ausfluß aus der Vulva. In anderen Fällen tritt kein Ausfluß zutage. Eine Katze mit einer Pyometra ist oft matt, hat wenig Appetit und zeigt möglicherweise gesteigerten Durst und vermehrtes Harnlassen. Sie kann erbrechen und hat manchmal Fieber. Wird dieser Zustand nicht behandelt, kann er zum Tode führen. Die Behandlung der Wahl ist die sogenannte Ovariohysterektomie, bei der Eierstöcke und Gebärmutter entfernt werden. Katzen, die nicht operiert werden, erholen sich oft nicht, und wenn sie sich erholen, kommt es häufig zu Rückfällen. Weibliche Katzen mit einer Pyometra haben ein sehr viel höheres Operationsrisiko als junge, gesunde Katzen. Ist eine Ovariohysterektomie zu erwägen, dann sollte sie möglichst bei der jungen Katze durchgeführt werden (siehe Seite 145). Besteht der Verdacht einer Pyometra, so muß das Tier schnell zum Tierarzt gebracht werden.

3.7.6 *Gebärmutterentzündung (Metritis)*

□ Nicht abgestoßene Fruchthüllen, eine Frucht oder mangelnde Sauberkeit bei der Geburt können später zu einer Infektion der Gebärmutter führen, zur *akuten Gebärmutterentzündung* (Metritis). Sie kann auch auf einen spontanen Abort folgen oder ihn begleiten. Das Weibchen, das eine akute Metritis hat, ist für gewöhnlich in seinem Allgemeinzustand herabgesetzt, fiebrig, ohne Appetit und scheint an ihren Jungen uninteressiert. Es kann äußerst durstig sein, erbrechen und/oder Durchfälle haben. Der Ausfluß aus der Scheide ist oft stinkend, rot und wäßrig, oder er wird später dunkelbraun und eitrig. Dieser Zustand muß sofort vom Tierarzt behandelt werden. Die Jungen wird man möglicherweise mit der Flasche aufziehen müssen (siehe Seite 158), da Katzen mit akuter Metritis oft nicht genug Milch haben oder die Milch, die sie produzieren, schädlich sein kann.

3.8 *Herz und Blut (Herz-Kreislaufsystem)*

3.8.1 *Anämie*

Anämie ist ein häufiges Krankheitszeichen bei Katzen. Zur Anämie kommt es immer dann, wenn *die Zahl der roten Blutkörperchen im Kreislauf unter der normalen Zahl liegt.* Es gibt dafür viele Ursachen. Ein Grad der Anämie, der an der Grenze zum Krankhaften liegt, kann nur vom Tierarzt mit Hilfe des Blutbildes und anderer Laborverfahren erkannt werden. Die ausgeprägte Anämie verursacht andere Erscheinungen, die Sie selbst zu Hause erkennen können. Blasse Schleimhäute (sehen Sie sich das Zahnfleisch, die Zunge, den Gaumen und die Bindehäute an), verminderte Lebhaftigkeit und verringerter Appetit sind übliche Symptome bei Katzen mit Anämie.

Zeichen der Anämie □ Ein ungewöhnliches Begleitzeichen, das man bei vielen anämischen Katzen sieht, ist der Appetit auf abnorme Nahrungsmittel: viele lecken an Steinplatten oder an Steingutschalen, andere fressen Streu. Wird die Anämie hochgradig, dann werden die blassen Schleimhäute weiß, und man kann ein abnormes, zischendes Geräusch im Herzschlag hören, ein sogenanntes *Herzgeräusch.* Es kommt zum vollständigen Appetitverlust, und jede körperliche Anstrengung kann zum völligen Zusammenbruch mit schnellem, angestrengtem Atmen führen. Außerdem kann unkontrollierter Harn- und Kotabsatz auftreten. Eine Anämie, die in diesem Stadium unbehandelt bleibt, führt unweigerlich innerhalb einiger Tage oder Stunden zum Tode. Erkennen Sie Anzeichen für eine Anämie bei Ihrer Katze, dann suchen Sie einen guten Tierarzt auf. Die Entdeckung der Anämie ist nur der erste Schritt: eine gute Behandlung gegen die Ursache der verminderten roten Blutkörperchenzahlen erfordert eine gründliche Untersuchung. Eine sinnvolle Therapie kann nur dann durchgeführt werden, wenn die spezifische Erkrankung, die zur Anämie geführt hat, erkannt ist.

Arten der Anämie □ Wiederholte Blutbilder und weitere, subtilere diagnostische Maßnahmen, unter anderem auch ein Überprüfen der Organfunktionen, nämlich Leber- und Nierenfunktionsprüfungen und eine Knochenmarkbiopsie, die Entnahme einer Knochenmarksprobe zur Gewebsuntersuchung, sind oft nötig, wenn man eine anämische Katze behandelt. Geduld und Ihre Mitarbeit sind ein wichtiger Bestandteil der Therapie, wenn es zu dieser ernsthaften Krankheit kommt.

□ Die Ursachen der Anämie kann man in drei Kategorien einteilen: Anämie, die durch Blutverlust zustande kommt; Anämie, die durch eine vermehrte Zerstörung von roten Blutkörperchen eintritt; Anämie, die durch eine verminderte Produktion neuer roter Blutkörperchen entsteht. Blutverlust tritt am häufigsten nach Gewalteinwirkung (Trauma) auf, etwa dann, wenn Ihre Katze von einem Auto angefahren wurde (siehe Kapitel 3.9.4) oder wenn sie aus größerer Höhe gestürzt ist. In den Fällen, in denen der Blutverlust durch ein Trauma zustande gekommen ist, gibt es oft noch andere Anzeichen einer Verletzung. Die vermehrte Zerstörung von roten Blutkörperchen begleitet gewöhnlich eine *Haemobartonella felis*-Infektion, die sogenannte *infektiöse Anämie* der Katze.

Die infektiöse Anämie der Katze □ Dieser mikroskopisch kleine Erreger, der zu den Rickettsien gehört, haftet sich an der Oberfläche der roten Blutkörperchen fest und führt dazu, daß sie vom Körper abgestoßen werden. Der Erreger, der diese Erkrankung verursacht, kann von einer Katze zur anderen bei Balgereien übertragen werden oder auch in der Gebärmutter vor der Geburt. Blutsaugende äußere Parasiten, wie Flöhe, Läuse und Zecken, können für seine Verbreitung sorgen. Trägerkatzen können infiziert sein, ohne Erkrankungszeichen zu haben. Die genauen Voraussetzungen, die dazu führen, daß *Hämobartonellen* eine wesentliche Anämie hervorrufen, sind nicht bis ins letzte geklärt. Es gibt keine vorbeugenden Maßnahmen, die man zur Verhütung der infektiösen Anämie einsetzen könnte. Sowohl für die Diagnose als auch für die Behandlung muß man die Hilfe des Tierarztes hinzuziehen. Der Erreger, der die infektiöse Anämie hervorruft, ist auch bei Anämien anderer Ursachen nachzuweisen. Oft versagt dann die Behandlung, da die Antibiotikatherapie gegen *Hämobartonellen* gerichtet ist und die wichtigeren anderen Ursachen nicht beseitigt.
□ Die Unfähigkeit, genügend rote Blutkörperchen zu produzieren, ist häufiger die Ursache der Anämie bei Katzen. Diese Art Anämie nennt man *Knochenmarksdepression,* aber sie stellt nur einen winzigen Ausschnitt aus dem gesamten Krankheitsbild dar. Katzen haben ein sehr empfindliches Knochenmark, und fast jede chronische Erkrankung kann eine Knochenmarksdepression und eine daraus resultierende Anämie hervorrufen. Die Anämie, die durch eine Knochenmarksdepression verursacht wird, geht mit Krankheiten einher, die so unterschiedlich sind wie bakterielle Infektionen nach Balgereien, Nierenversagen, Panleukopenie (siehe Kapitel 2.6.2), Nahrungsmängel, Leukämie und Lymphosarkom (siehe unten). Manche Grundkrankheiten sind einfach zu diagnostizieren und leicht zu behandeln, andere sind schwierig zu diagnostizieren, und manchmal ist eine erfolgreiche Behandlung unmöglich. In vielen Fällen bildet sich die eigentliche Krankheit erst allmählich heraus, wenn Zeit vergeht und therapeutische Maßnahmen nicht helfen.
□ Die Behandlung der Anämie variiert naturgemäß je nach der Ursache. Medikamente, die häufig angewendet werden, sind Antibiotika und Vitamin-Mineralzusätze. Stoffe, die das Knochenmark anregen, und Blutübertragungen sind außerdem manchmal notwendig. Die häusliche Pflege ist sehr wichtig. Zusätzlich zur Verabreichung der Medikamente muß man ein ausgewogenes Futter anbieten und ein warmes, nicht belastendes Milieu.

3.8.2 Der Blutkrebs-Leukämie-Lymphosarkomkomplex

Der Leukämie-Lymphosarkomkomplex besteht aus einer etwas umstrittenen Gruppe tödlicher Erkrankungen, die die blutbildenden Organe, die Blutkörperchen und lymphatischen Gewebe (zum Beispiel die Lymphknoten) betrifft. Diese Neubildungen (Neoplasien, Krebs) kommen bei Katzen häufiger vor als bei anderen Tieren und stellen für sie die häufigste Art der Krebserkrankung dar. Grob definiert sind die *Leukosen* (Leukämien) Erkrankungen der blutbildenden Zellen (sogenannte *myeloproliferative Erkrankungen*), die sich durch Veränderungen äußern, die man zunächst im Blut sieht und die manchmal nur unter größten Schwierigkeiten diagnostiziert werden können. Katzen mit derartigen Blutbildungsstörungen zeigen oft Symptome, wie fortschreitenden Gewichtsverlust, schwachen Appetit, Fieber und blasse Schleimhäute (Anämie). Da derartige Zeichen oft andere schwere, aber behandelbare Erkrankungen begleiten (das heißt die infektiöse Anämie der Katzen) (siehe Kapitel 3.8.1) und da Laboruntersuchungen für die Diagnose unbedingt notwendig sind, liegt es nahe, den Tierarzt zu Rate zu ziehen, wenn man vermutet, daß eine derartige Krankheit vorliegt.

□ *Lymphosarkom (malignes Lymphom)* ist der häufigste Tumor (abnormes Gewächs im Gewebe) bei Katzen. Die kompakten Gewächse (Krebs), die es hervorruft, und die Krankheitserscheinungen hängen vom Ort der Tumorbildung ab. Die häufigste Stelle, an der eine solche krebsartige Wucherung auftritt, ist der Bauch. Dort kann eine Nierenbeteiligung Zeichen des Nierenversagens hervorrufen (siehe Kapitel 3.10.7); hartnäckige Durchfälle, Verstopfung und/oder Erbrechen können auftreten, wenn der Darm oder die Lymphknoten beteiligt sind. Das maligne Lymphom sieht man auch oft im Brustraum, wo es zur Flüssigkeitsbildung führt, zu einem Druck auf die Luftröhre und zu Zeichen von Atemwegserkrankungen, wie Atemnot und Husten. Die allgemeine Lymphknotenvergrößerung findet sich in anderen Fällen. Leber- und Milztumoren können auftreten, und wenn es an ungewöhnlichen Stellen zur Tumorbildung kommt, etwa im Gehirn, in der Wirbelsäule, in der Haut, in den Augen, dann kann die Symptomatik außerordentlich variieren. Veränderungen im Blutbild (Leukämie) können die Bildung des kompakten Lymphosarkomtumors begleiten, müssen es aber nicht.

Bei der Katzenleukämie und beim Lymphosarkom findet man ein Virus □ Ein Leukämievirus der Katze, ein *Oncornavirus* (tumorproduzierendes, ribonucleinsäureenthaltendes Virus) ist aus Katzen mit Lymphosarkom und Blutbildungsstörungen isoliert worden. Viele Tierärzte nehmen heute an, daß dieses Virus die Ursache des Leukämie-Lymphosarkomkomplexes bei der Katze ist, aber es gibt noch viel Uneinigkeit zwischen Tierärzten und Krebsforschern. Ein Hauptstreitpunkt liegt darin, ob und wie das Virus von Katze zu Katze übertragen wird. Zum Beispiel meint eine Arbeitsgruppe, daß das Virus von Eltern auf die Nachkommen genetisch übertragen wird, eine andere Gruppe meint, daß das Virus direkt von einer Katze zu einer nicht verwandten übertragen werden kann. Es ist bewiesen, daß das Virus im Speichel und im Urin ausgeschieden werden kann. Weder die eine noch die andere Gruppe kann sagen, welche Faktoren außer der Anwesenheit des Leukämievirus der Katze nötig sind, um diese Krankheit auszulösen, und beide stimmen darin überein, daß es keinen Hinweis dafür gibt, daß das Virus von Katzen auf Menschen oder andere Tiere übertragen werden kann. Für Sie als Katzenbesitzer ist dieser Streit unwichtig, es sei denn, Ihre Katze erkrankt an Leukämie oder Lymphosarkom, oder sie kommt in Kontakt mit einer derart schwerkranken Katze. Darum ist es am besten, man bespricht die ganze Situation mit dem Tierarzt und entscheidet dann, welche Maßnahmen zu treffen sind, wobei man von seinen eigenen Möglichkeiten ausgeht und möglichst alle neueren Informationen sammelt.

Die Krebsdiagnose kann ausgiebige Laboruntersuchungen erfordern □ Da die Erkrankungen des Leukämie-Lymphosarkomkomplexes so vielen anderen Erkrankungen ähneln können und umgekehrt so viele Erkrankungen eine Krebserkrankung vortäuschen, sollte man bei hartnäkkigen Krankheitszeichen möglichst bald den Tierarzt hinzuziehen.

□ Zur Diagnose sind nötig: Blutbilder, Röntgenaufnahmen und Gewebsproben (Biopsien), die Untersuchungen von Flüssigkeiten aus Brust- und Bauchhöhle sowie eine Knochenmarksuntersuchung. Ein Labortest zum Nachweis des Leukämievirus in den weißen Blutzellen gibt es erst seit kurzem. Damit steht dem Tierarzt ein wertvolles diagnostisches Hilfsmittel zur Verfügung. Der positive Test allerdings besagt an sich nicht, ob eine infizierte Katze nun an einer Leukämie und/oder an einem Lymphosarkom erkrankt ist. Wiederholte Untersuchungen und viele Tage der Beobachtung sind zur endgültigen Diagnose nötig.

□ Leukämie und Lymphosarkom führen bei Katzen unweigerlich zum Tode. Die Behandlung, die Ihr Tierarzt bieten kann, geht dahin, das Leben einer befallenen Katze erträglich zu machen und zu verlängern. Es gibt keine spezielle häusliche Behandlung. Sollten Sie sich aber, nachdem Sie die Diagnose kennen, dazu entschließen, eine erkrankte Katze zu Hause zu behandeln, dann kann Ihr Tierarzt Ihnen erzählen, wie man die unterstützende Behandlung durchführt, und kann Ihnen Kortikosteroide, Antibiotika, Vitamin-Mineralzusatzpräparate und krebsunterdrükkende Medikamente geben, soweit sie sinnvoll sind. Man wird aber oft an einen Punkt kommen, an dem die schmerzlose Tötung (Euthanasie) die beste Lösung bedeutet (siehe Kapitel 3.10.9). Erst nach einem Zeitraum von etwa einem Monat und erst, nachdem der Haushalt gereinigt wurde und Katzentoilette, Futternäpfe und Korbauskleidungen, die von der kranken Katze benutzt wurden, beseitigt worden sind, kann man eine neue Katze im Haushalt aufnehmen.

3.8.3 Herzversagen

Herzerkrankungen, die mit Herzversagen einhergehen, sind bei Katzen nicht häufig. Wenn es einmal zum Herzversagen kommt, ist das meist bei älteren Katzen der Fall. Mehr Informationen darüber finden Sie im Kapitel 3.10.8.

3.9 Notfallmedizin – Erste Hilfe

3.9.1 Allgemeine Bemerkungen über Notfälle

Jede Situation, die unmittelbares Handeln verlangt, um nicht wiedergutzumachenden Schaden oder den Tod Ihrer Katze abzuwenden, ist ein Notfall. Jede der folgenden Krankheitserscheinungen weist auf eine Notfallsituation hin: unkontrollierbare Blutungen, äußerste Atemnot, ununterbrochene oder wiederkehrende Krämpfe, Bewußtlosigkeit, Schock, plötzliche Lähmungen, Unfähigkeit Urin zu lassen, wiederholtes oder nicht endenwollendes Erbrechen und/oder Durchfälle.

□ Zustände bei Verletzung des Augapfels oder beim Schlangenbiß sind gewöhnlich auch Notfälle, andere, beispielsweise Beinverletzungen, sind nicht so klar definiert. In vielen Fällen werden Sie sich daher auf Ihr Fingerspitzengefühl verlassen müssen, um die Lage richtig zu beurteilen und entsprechend zu handeln.

□ Sowohl in Ihrem eigenen als auch im Interesse des Tierarztes liegt es, daß Sie einen Notfall klar erkennen. Kein Tierarzt läßt sich gern von einem überängstlichen Tierhalter vom Abendessen wegholen, aus der Badewanne zerren oder mitten in der Nacht wecken, wenn offensichtlich kein Notfall vorliegt. Die meisten Tierärzte schätzen ihre Freizeit wesentlich höher ein als irgendein Notfall-Salär. Vernünftige Tierhalter sind oft unglücklich, wenn sie nach dem Eintreffen in der Tierklinik feststellen, daß der »Notfall« leicht hätte bis morgen warten können und daß somit die Notfallgebühr erspart geblieben wäre. Gewöhnlich führt gefühlsmäßige Erregung zu einer Einschränkung der Urteilsfähigkeit. Versuchen Sie, ruhig zu bleiben, und verwenden Sie diesen Abschnitt als Anleitung für Notfälle. Die meisten Notfälle, die ich zu sehen bekomme, rühren von Gewalteinwirkungen her (Verkehrsunfälle, Hundebisse) oder von Vergiftungen. Sie hätten leicht vermieden werden können, wenn der Besitzer sein Tier eingesperrt hätte, während es unbeaufsichtigt war. Medizinische Notfälle, die auf das Versagen eines lebenswichtigen Organs beruhen, hätten oft vermieden werden können, wenn man kurz nach dem Auftreten der Frühzeichen einen Tierarzt zu Rate gezogen hätte. Vorsicht üben; stehen ein Wochenende oder die Ferien bevor, ist es sinnvoll, Ihre Katze untersuchen zu lassen, auch wenn die Krankheitszeichen geringfügig erscheinen.

3.9.2 Schock

Ich höre oft, daß der Begriff *Schock* falsch angewendet wird. Es ist sehr wichtig zu wissen, ob wirklich ein Schock vorliegt oder nicht, denn An- oder Abwesenheit dieses Zustandes bestimmt darüber, ob es sich um eine Notfallsituation handelt oder nicht.

Man kann den Schockzustand einfach als Versagen des Herz-Kreislaufsystems definieren: Die Organe des Körpers werden nicht genügend mit Blut versorgt. Es gibt verschiedene Ursachen des Schocks. Bei den Tieren ist der Blutverlust die häufigste Ursache. Die folgenden Krankheitserscheinungen können einen Schockzustand andeuten:

1. Depression (Ruhe und Aktivitätslosigkeit) und mangelnde Reaktion auf äußere Umweltreize.

2. Hohe Herz- und Atemfrequenz.

3. Schlechte Kapillarfüllungszeit.

Zeichen des Schocks, nach zunehmender Schwere geordnet □ Um die Kapillarfüllungszeit zu überprüfen, drückt man fest gegen das Zahnfleisch, so daß es unter dem Finger erbleicht. Danach hebt man den Finger an und schaut nach, wie lange es dauert, bis die normale Farbe in die erbleichte Zone zurückkehrt. Die normale Kapillarfüllungszeit beträgt nicht mehr als 1 oder 2 Sekunden. Schlechte Kapillarfüllung ist ein frühes und immer vorhandenes Kennzeichen des Schocks. Es geht den blassen und kühlen Schleimhäuten, die beim schwereren Schock vorliegen, voraus.

4. Schneller Puls, der schwach wird und mit weiterem Voranschreiten des Schocks verschwinden kann.

5. Erniedrigte Körpertemperatur. Die Extremitäten (Beine und Pfoten) und die Haut erscheinen kühl, und die Rektaltemperatur sinkt oft unter 37,8 °C.

Zeigt Ihre Katze Schocksymptome nach einer Verletzung oder nach einer längeren Krankheit, dann setzen Sie sich sofort mit dem Tierarzt in Verbindung, aber hüllen Sie Ihre Katze zunächst in ein Handtuch oder in eine Decke, um die Körperwärme zu erhalten.

3.9.3 Wie man äußere Blutungen stillt (Hämostase)

Die meisten Schnittverletzungen durch die Haut hören nach etwa 5 oder 6 Minuten auf zu bluten. Bei denen, die nicht aufhören oder stark bluten, ist irgendeine sofortige Versorgung erforderlich, insbesondere dann, wenn es eine Weile dauern wird, bis man ärztliche Hilfe hinzuziehen kann.

Die Anwendung des Druckverbandes □ Mit einem Druckverband stillt man die Blutung am besten. Haben Sie einen Gazetupfer zur Hand, dann legen Sie ihn unmittelbar über die Wunde und führen die Bandage darüber. Jeder saubere Stoffstreifen kann als Verband benutzt werden. Gazestreifen, ein Streifen eines sauberen Lakens oder eine *elastische Bandage* sind am besten geeignet, da andauerndes Bluten durch diese Bandagen hindurchsickert und somit sichtbar bleibt. Befindet sich die Wunde am Rumpf oder haben Sie vor, eine Gliedmaße nur vorübergehend zu verbinden, dann führen Sie einige Windungen der Bandage fest unmittelbar über die Wunde. Soll die Bandage für mehrere Stunden oder länger am Glied gelassen werden, dann sollte sie über der Wunde liegen und zusätzlich am Bein entlanggehen, um den Fuß zu bedecken. Dadurch kann man das Anschwellen und eine mangelhafte Durchblutung desjenigen Teils des Gliedes vermeiden, das unterhalb des Verbandes liegt. Dies trifft auch für das Verbinden des

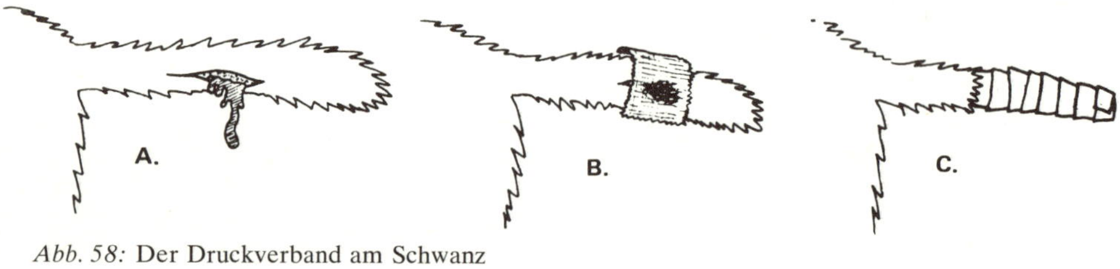

Abb. 58: Der Druckverband am Schwanz

Abb. 59: Abbinden eines Beines

Schwanzes zu. Läßt sich ein Druckverband nicht anbringen, dann kann direkter Druck mit der nackten Hand auf die Wunde über einen Zeitraum von mehreren Minuten oft die Blutung stillen.

□ Stillt der Druckverband die Blutung und kommt es nicht zu weiteren Komplikationen, dann kann man gewöhnlich bis zum nächsten Tag abwarten, um die Wunde vom Tierarzt untersuchen und behandeln zu lassen. Die meisten Wunden, die einen Druckverband erfordern, müssen zugenäht werden, damit sie gut und schnell heilen. Jede klaffende Wunde heilt nach Wundnaht besser. Beurteilen Sie selbst, ob sofort genäht werden muß.

□ Das *Abbinden* einer Gliedmaße ist eine zweite und *sehr viel weniger wünschenswerte Methode* der Blutstillung. Man kann damit Blutungen nur an Gliedmaßen oder auch am Schwanz stillen.

Wie man abbindet □ Die Staubinde ist mindestens alle 15 Minuten zu lösen, um dem Gewebe wieder Sauerstoff zuzuführen. Man kann einen kräftigen Strick oder einen Bandagestreifen verwenden, um eine Staubinde anzubringen. Bilden Sie eine Schlinge und setzen Sie die Schlinge zwischen dem Rumpf und der Wunde an. Am einfachsten ist es, die Schlinge über einem Gelenk anzubringen; so vermeidet man das Abrutschen. Beachten Sie die Verminderung des Blutflusses, um beurteilen zu können, wie eng der Verband gebunden sein muß. Richtige Anwendung führt gewöhnlich zum sofortigen Nachlassen der Blutung. Ist erst einmal eine genügende Verminderung der Blutung erreicht, dann ziehen Sie den Verband nicht straffer an. Erwarten Sie nicht, dadurch eine völlig blutfreie Zone zu erreichen. Daraufhin ist zu überlegen, ob die Staubinde durch einen Druckverband ersetzt werden kann.

3.9.4 Vom Auto angefahren

Wenn die Katze angefahren worden ist, gilt es Ruhe zu bewahren. Das ist nicht leicht, denn Ihr Tier bedeutet viel für Sie, aber Aufregung wird weder Ihnen noch Ihrer Katze helfen. Versuchen Sie, das Ausmaß des Schadens festzustellen. Sie müssen Informationen sammeln, die dem Tierarzt das Urteil über die Schwere der Verletzungen erleichtern, noch bevor Sie bei ihm sind.

□ Viele schwerverletzte Tiere versuchen vor Angst, vom Ort zu fliehen. Dadurch verschlimmern sie die Verletzungen oder verlaufen sich und können nicht tierärztlich versorgt werden. Lassen Sie deshalb Ihre Katze nach dem Unfall auch nicht eine Sekunde unbeaufsichtigt. Wenn nötig, bitten Sie einen Passanten, den Tierarzt anzurufen, oder tragen Sie das Tier mit sich in die Telefonzelle. Bevor Sie es aufnehmen, prüfen Sie, ob vielleicht ein Knochenbruch oder ein Wirbelsäulenschaden vorliegt (siehe unten).

Prüfen Sie, ob Erscheinungen eines Schocks vorliegen □ Zuerst fahnden Sie nach Erscheinungen eines Schocks. Ein Knochenbruch oder eine umfangreiche Verletzung können sehr spektakulär aussehen und erschreckend sein, aber darüber soll man sich erst später Gedanken machen. Liegen Schockzeichen vor, dann sorgen Sie sofort für tierärztliche Hilfe.

Äußere und innere Blutung □ Eine kleine Blutmenge kann gefährlicher aussehen, als sie ist. Versuchen Sie, die Quelle der Blutung zu ermitteln. Wenn Sie die Stelle gefunden haben, dann können Sie nicht selten erleben, daß die Blutung bald steht. Blutet es stark aus der Wunde, dann legen Sie einen provisorischen Druckverband an oder drücken Sie direkt in die Wunde hinein (s. Seite 112). Hartnäckige Blutungen aus der Nase und/oder aus dem Maul erfordern unverzüglich tierärztliche Hilfe, ebenso wie Blut im Urin oder Zeichen, die darauf hinweisen, daß innere Blutungen oder innere Verletzungen vorliegen (Schock, Leibschmerzen, Atemnot).

Knochenbrüche □ Ein Tierarzt sollte hinzugezogen werden, wenn man annimmt, daß sich die Katze ein Bein gebrochen hat. Die Fraktur stellt nicht unbedingt einen Notfall dar, wenn es der Katze sonst gut geht (siehe Kapitel 3.5.3). *Mehr oder weniger stark ausgeprägte Lähmungen können auf Rückenmarksschäden hinweisen;* dann müssen Sie vom Unfallort bis zum Tierarzt die Wirbelsäule möglichst starr halten (siehe Kapitel 3.5.4). Ein Karton oder ein Tragekorb sind die besten Transportmittel für eine schwerverletzte Katze. Steht Ihnen keine provisorische Tragetasche zur Verfügung und können Sie das Ausmaß des Schadens nicht genau bestimmen, dann versuchen Sie, die Katze so zu tragen wie auf der Abbildung. Stellen Sie fest, daß sie den Unfall gut überstanden hat, müssen Sie nicht unbedingt einen Tierarzt aufsuchen.

Innere Verletzungen □ Zu bedenken ist aber, daß sich gewisse schwere innere Verletzungen in den ersten Stunden (manchmal Tagen) nach einer solchen Gewalteinwirkung noch nicht bemerkbar zu machen brauchen.

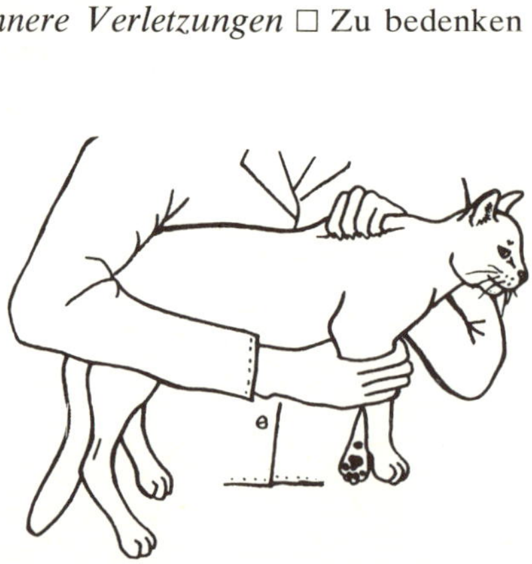

Abb. 60: Tragen einer verletzten Katze

Zwerchfellshernie □ Zu einer *Zwerchfellshernie* kommt es, wenn sich Bauchorgane durch einen Riß im Zwerchfell in den Brustraum verlagern. Reißt das Zwerchfell nur ein, ohne daß Bauchinhalt in den Brustraum übertritt, oder ist der Einriß geringfügig, dann sind unter Umständen keine Krankheitserscheinungen zu sehen. Verlagern sich Bauchorgane oder verschlimmert sich eine kleine Hernie, wird die Atmung angestrengt. Appetitlosigkeit, Schluckbeschwerden oder Erbrechen können auftreten. Versucht man, Herztöne zu hören, dann sind sie entweder nicht vorhanden oder abgeschwächt. Hat sich ein großer Teil der Bauchorgane in den Brustraum verlagert, sehen Sie vielleicht einen eingezogenen Bauch. Achten Sie auf Zeichen, die möglicherweise eine Zwerchfellshernie andeuten, über mehrere Wochen nach jedem schweren Unfall.

Blasenzerreißung □ Achten Sie auf Zeichen des normalen Urinlassens nach Unfällen, bei denen es zur Gewalteinwirkung auf den Bauch gekommen ist, zum Beispiel beim Autounfall. Katzen mit zerrissener Harnblase verhalten sich zunächst ganz normal, erst später kommt es zu Bauchschmerzen. Ihr Bauch kann bei der Untersuchung sehr druckempfindlich sein. Wird überhaupt kein Urin mehr gelassen oder ist er blutig verfärbt oder wird normal aussehender Urin unter Beschwerden abgesetzt, dann besteht der Verdacht auf eine Blasenruptur. Das ist ein chirurgischer Notfall.
□ Wenn Sie Ihre Katze nach einem Unfall nicht dem Tierarzt vorstellen sollten, dann müssen Sie sie selbst gründlich untersuchen und auf Zeichen des Schocks über einen Zeitraum von 24 Stunden achten. Halten Sie sie dabei in einem geschlossenen Raum. Versäumen Sie es nicht, den Bauch gründlich zu durchtasten. Zeigt Ihre Katze Zeichen des Schmerzes, wie Anspannen der Bauchmuskulatur, das über das gewöhnli-

che Maß hinausgeht, oder schreit sie oder fühlt sich der Bauch ungewöhnlich an, wie wenige oder zu viele oder ungewöhnlich geformte Massen, dann vereinbaren Sie einen Termin für eine tierärztliche Untersuchung.

3.9.5 Künstliche Beatmung

Jeder Fall, bei dem künstliche Beatmung erforderlich ist, ist ein Notfall, vielleicht mit Ausnahme eines neugeborenen Kätzchens, das nur langsam zu atmen anfängt. Verschwenden Sie nicht kostbare Zeit mit dem Versuch, die Katze an Ort und Stelle wiederzubeleben. Sobald Sie den Tierarzt angerufen haben, machen Sie sich zu ihm auf den Weg und setzen unterwegs Ihre Wiederbelebungsversuche fort. Künstliche Beatmung ist bei einem toten Tier zwecklos. Legen Sie daher Ihr Ohr auf die Brust der bewußtlosen Katze und versuchen Sie, den Herzschlag zu hören. Tasten Sie nach dem Puls (s. Seite 35).

Zeichen des Todes □ Sind weder Puls noch Herzschlag spürbar und sind die Pupillen weit geöffnet und reagieren sie nicht auf Licht, dann ist wahrscheinlich der Tod bereits eingetreten und Ihre Erste Hilfe zwecklos.

□ Zur künstlichen Beatmung öffnet man das Mäulchen, zieht die Zunge heraus und schaut soweit wie möglich in den Rachen, um etwaige Hindernisse in den Luftwegen zu sehen. Sieht man dabei nichts, dann sollte man mit den Fingern nach Hindernissen tasten. Wischen Sie auch übermäßigen Schleim oder Blut aus dem Rachen, die die Luftpassage stören könnten. Dann schließen Sie das Mäulchen, atmen tief ein, nehmen die Katzennase zwischen die Lippen und atmen Sie aus, indem Sie das Mäulchen der Katze geschlossen halten. Sie versuchen auf diese Weise, Ihre ausgeatmete Luft durch die Nase der Katze in ihre Lunge hineinzublasen. Das kann leichter gehen, wenn Sie Ihren Mund über das ganze Mäulchen legen. Achten Sie darauf, ob sich beim Blasen die Brust ausdehnt. Haben Sie auf diese Weise die Lungen aufgeblasen, nehmen Sie Ihren Mund zurück und lassen Sie den Brustkorb in seine ursprüngliche (ausgeatmete) Position zurückkommen. Diesen Zyklus des Aufblasens und Ausatmenlassens wiederholt man etwa sechsmal in der Minute, solange wie es nötig ist.

Abb. 61: Mund-zu-Mund-Beatmung

3.9.6 Äußere Herzmassage

Mit der äußeren Herzmassage versucht man, den Kreislauf beim Herzstillstand aufrechtzuerhalten. Können Sie weder Puls noch Herzschlag bei einer bewußtlosen, nicht atmenden Katze spüren, dann können Sie es mit der äußeren Herzmassage versuchen. Der Herzstillstand folgt zwangsläufig dem Atemstillstand oder es hört, wenn es zuerst zum Herzstillstand gekommen ist, bald die Atmung auf. Deshalb *muß die Herzmassage, wenn sie irgendeinen Sinn haben soll, immer mit der künstlichen Beatmung kombiniert werden.* Es ist davon auszugehen, daß es nach 3 Minuten ohne Sauerstoffzufuhr zu nicht wiedergutzumachenden Hirnschäden kommt. Daraus folgt, daß die Herzmassage in 3–5 Minuten nach dem Herzstillstand eingeleitet werden muß, um noch sinnvoll zu sein.

□ Legen Sie die Katze in rechter Seitenlage auf eine feste Unterlage. Legen Sie die Finger je einer Hand auf beide Seiten über die Herzgegend und drücken Sie *kräftig.* Machen Sie sich über einen eventuellen Schaden am Brustkorb keine Gedanken – die

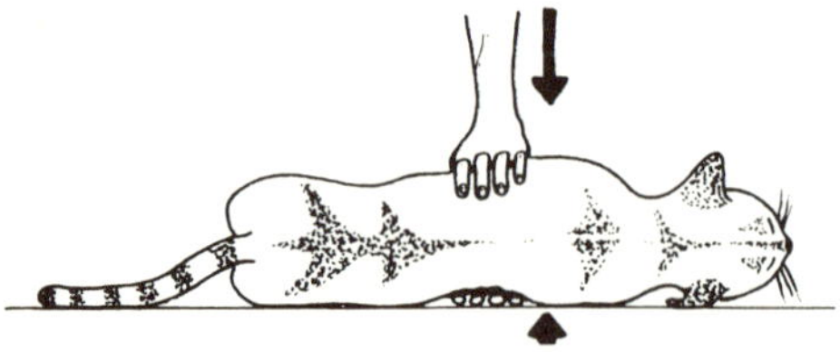

Abb. 62: Äußere Herzmassage

Kreislaufverhältnisse wiederherzustellen ist viel wichtiger. Dann lassen Sie mit dem Druck nach. Diesen Zyklus sollte man etwa 70mal in der Minute wiederholen. Man kann eine wirksame Herzmassage auch mit *einer* Hand durchführen, indem man sie von unten um den Brustkorb legt. Ist die Herzmassage wirksam, fühlt man mit jedem Druck einen Puls (s. S. 35).

□ Während man sich so bemüht, das Herz zum Schlagen zu bringen, ist tierärztliche Hilfe zu suchen. Es darf nicht erwartet werden, daß das Tier allein durch Ihre Wiederbelebungsmaßnahmen wieder zu sich kommt, bevor der Tierarzt tätig werden kann. Erlangt die Katze jedoch wieder ihr Bewußtsein, dann halten Sie sie warm und ruhig und setzen Sie Ihren Weg zum Tierarzt fort, wo sie weiter beobachtet werden kann.

3.9.7 Krampfanfälle

Unter *Krampfanfällen* versteht man verschiedene Störungen des Verhaltens und gestörte Körperbewegungen. Am einfachsten sind dabei eine Trübung oder der *Verlust des Bewußtseins* zu erkennen, der *Verlust der normalen Körperbeherrschung* und *unwillkürliches Urinieren* und/oder *Kotablassen.* Je nachdem, ob es sich um Notfälle handelt oder nicht, lassen sich die Krampfanfälle in zwei verschiedene Gruppen einteilen:

1. Der einzelne Krampfanfall, der eine oder zwei Minuten anhält und in den folgenden 24 Stunden nicht wiederkehrt.

2. Wiederkehrende oder nicht aufhörende Krampfanfälle. Bei *Krampfanfällen der 2. Gruppe ist der Tierarzt unverzüglich hinzuzuziehen.* Katzen, bei denen Krampfanfälle der 1. Gruppe auftreten, sollte man vom Tierarzt untersuchen lassen, aber Notfallmaßnahmen sind nicht nötig.

Ruhe ist wichtig □ Das Wichtigste bei einem Krampfanfall ist die sanfte Ruhigstellung der Katze, damit sie sich nicht verletzen kann. Am besten legt man eine leichte Decke oder ein Handtuch über die Katze. Sie selbst in der Hand zu halten oder die Hand in der Nähe des Mäulchens zu lassen, ist nicht anzuraten, denn man riskiert dabei schwere Kratz- und Bißverletzungen. Zu einem Verschluß der Atemwege durch die Zunge kommt es selten. Während eine Person versucht, die Katze ruhigzustellen, kann die andere versuchen, den Tierarzt zu erreichen. Fälle der 1. Gruppe sind oft vorüber, ehe man den Tierarzt erreicht hat.

3.9.8 Vergiftungen

Zu Notfällen mit Krampfanfällen kommt es gewöhnlich bei Vergiftungen. Katzen sind gegenüber Chemikalien, die in Haus und Garten oft verwendet werden, äußerst empfindlich. Wegen ihrer Verhaltensweise sieht man sie jedoch nicht oft Gifte aufnehmen. Statt dessen wird es einem Besitzer erst dann klar, daß es zu einer Vergiftung gekommen ist, nachdem sich Vergiftungserscheinungen, zum Beispiel Krampfanfälle, eingestellt haben. Man sollte Vergiftungen durch Gifte im Haushalt zu vermeiden suchen, indem man die Aufschriften sorgfältig liest und die Mittel entsprechend anwendet. Bei jedem Produkt, das als gefährlich für Menschen bezeichnet wird, sollte man davon ausgehen, daß es auch für die Katze giftig ist. Im Garten sollte man die Verwendung von organischen Phosphorsäureestern und gechlorten Kohlenwasserstoffen als Insektenvertilgungsmittel (siehe Tabelle) vermeiden, auch Schneckenvertilger, Unkraut- und Pilzvernichter und Rattengifte, wenn nur die geringste Möglichkeit besteht, daß Ihre Katze mit ihnen in Berührung kommt.

Allgemeine Maßnahmen zur Behandlung einer Vergiftung □ 1. Wenn Sie sehen, daß Ihre Katze einen giftigen Stoff aufnimmt, dann lösen Sie bei ihr Erbrechen aus, es sei denn, es handelt sich um Stoffe, die das Gewebe sehr stark angreifen (starke Säuren, Laugen oder Petroleumdestilate, zum Beispiel Kerosin). Der zuverlässigste Weg, um Erbrechen auszulösen, ist etwa 1 Teelöffel *Wasserstoffperoxid* durch das Mäulchen zuzuführen. Kommt es danach innerhalb von 5–10 Minuten nicht zum Erbrechen, dann kann man es mit dieser Dosis mindestens 2 oder mehrere Male versuchen. Eine andere Methode besteht darin, daß man etwa $^1/_4$ Teelöffel Salz auf den Zungenrücken der Katze streut. (Sind Vergiftungszeichen schon eingetreten, wenn Sie das Tier zuerst sehen, dann lösen sie unter keinen Umständen Erbrechen aus, sondern schaffen die Katze rasch zum Tierarzt.) Nach dem Erbrechen (oder wenn das Auslösen von Erbrechen nicht in der folgenden Tabelle angezeigt ist) geben Sie der Katze Milch, die mit einem rohen Ei verquirlt ist, und zwar ungefähr $^1/_4$ Tasse auf etwa 5 kg Körpergewicht.

2. Bekommt Ihre Katze eine giftige Substanz auf die Haut, dann spülen Sie mit viel Wasser, während (oder bevor) jemand den Tierarzt um Rat fragt.

3. Kommt es zu Krampfanfällen, dann versuchen Sie die Katze ruhigzustellen (s. Seite 116).

4. Versuchen Sie, eine Probe des verdächtigen Giftes möglichst *im Originalbehälter* zum Tierarzt mitzubringen.

Tab. 12: Allgemeine Vergiftungen im Haushalt und ihre Behandlung

Gift	Häufige Produkte, in denen es vorkommt	Sofortige Behandlung bei bekannter Einnahme	Anzeichen, die nach der Einnahme auftreten können
Aethylen-Glycol	Frostschutzmittel	Erbrechen auslösen und schnell zum Tierarzt	Sofortige Behandlungsmaßnahmen nötig. Nicht auf Krankheitszeichen warten
org. Phosphor-Säureester	Insektenvertilgungsmittel - Coumaphos, Dichlorvos, Malathion, Fenthion, Ronnel, E 605	Auf der Haut: mit alkalischem Waschmittel abspülen und auf Krankheitszeichen warten	Speichelfluß, kleine Pupillen, Muskelzittern, Erbrechen, Durchfälle, Bewegungsstörungen, Krampfanfälle
Chlorierte Kohlenwasserstoffe	Insektenvertilgungsmittel: Methoxychlor., Toxaphene, Lindane, Chlordane, DDT, HCH.	Auf der Haut: mit Seife und Wasser waschen und Krankheitszeichen abwarten	Speichelfluß, Durchfälle, Übererregbarkeit, Muskelzucken, Krampfanfälle
Strychnin	Rattengift, böswillige Vergiftungen	Erbrechen auslösen, wenn noch keine Krankheitszeichen vorliegen	Unruhe, Bewegungsstörungen, Muskelzittern, Krampfanfälle
Metaldehyde	Schneckenvertilgungsmittel	Erbrechen auslösen, wenn noch keine Krankheitszeichen vorliegen	Unruhe, Bewegungsstörungen, Muskelzittern, Erbrechen, Krampfanfälle
Salizylate	Aspirin	Anwendung vermeiden; spontane Aufnahme unwahrscheinlich	Schwäche, Appetitmangel, Erbrechen, Fieber, Bewegungsstörungen, Krampfanfälle
Phenol Karbolsäure	Haushaltsdesinfektionsmittel und Antisepti-	Auf der Haut: mit Seife und Wasser waschen.	Bewegungsstörungen, Muskelzittern,

Tab. 12: Fortsetzung

Gift	Häufige Produkte, in denen es vorkommt	Sofortige Behandlung bei bekannter Einnahme	Anzeichen, die nach der Einnahme auftreten können
Phenol Karbolsäure	kum, Holzschutzmittel, Pilz- und Unkraut-Vertilgungsmittel, Entwickler in der Photographie	Bei Verzehr: Erbrechen auslösen, Krankheitszeichen abwarten	Depression, Bewußtlosigkeit
Amphetamin	Appetitzügler und Aufputschmittel	Erbrechen auslösen und Krankheitszeichen abwarten.	Delirium, Fieber, erweiterte Pupillen, Krampfanfälle, Schock, Bewußtlosigkeit
Arsen	Insektengift, Pflanzengifte, Ameisengift	Erbrechen auslösen und sofort den Tierarzt hinzuziehen, Keine Behandlung zu Hause wirksam	Erbrechen, Ruhelosigkeit, Bauchschmerzen, Durchfälle, manchmal blutig
Thallium	Rattengift Zelio-Paste	Tierarzt hinzuziehen, keine wirksame Hausbehandlung	Krankheitszeichen variieren
Cumarin	Rattengift Actosin P Warfarin	Tierarzt hinzuziehen, keine wirksame Hausbehandlung, Einzeldosis mag nicht unbedingt Krankheitszeichen hervorrufen	Blutungen, meist innere, blasse Schleimhäute, Schwäche
Alkali (alkalische Lösungen)	Reinigungsmittel, Öllöser, Abflußreiniger (Natrium-, Kalium-, Ammoniumhydroxid)	Auf der Haut: Spülen mit Wasser und Essig. Bei Verzehr: Essig durch das Maul	
Säuren	Autobatterien, manche Metallreiniger	Auf der Haut: mit Wasser spülen, Bicarbonatpaste auftragen. Bei Verzehr: Magnesiumhydroxid als Säurebinder, Eiweiß, Natriumbikarbonat	
Phosphor	veraltete Streichhölzer (Sicherheitsstreichhölzer sind nicht giftig), Rattenvertilgungsmittel, Feuerwerkskörper	Erbrechen auslösen	Erbrechen, Durchfälle, Bauchschmerzen, Kollaps

Giftige Pflanzen □ Die Liste der potentiellen gefährlichen Haus- und Gartenpflanzen ist sehr lang. Am besten beaufsichtigt man seine Katze sorgfältig und verhindert das Fressen an Pflanzen. Einige der häufigeren Giftpflanzen sind: s. Tabelle 13.

3.9.9 Schlangenbiß

Obwohl Schlangenbisse bei Katzen selten sind, sollte man sich doch darüber im klaren sein, welche Erste-Hilfe-Maßnahmen erforderlich sind, um den Tod der Katze zu

Tab. 13: Giftpflanzen

Pflanze	*Giftige Bestandteile*
Rizinus	Samen und Blätter
Oleander	alle Bestandteile
Mönchshaube (Eisen- oder Sturmhut)	alle Bestandteile
Philodendron	Blätter
Herbstzeitlose	alle Bestandteile
Efeu	Blätter, Beeren
Maiglöckchen	Blätter, Blüten
Daphne	Borke, Blätter, Blüten
Rittersporn	junge Pflanzen, Samen
Fingerhut	Blätter
Goldregen	Blätter, Samen
Narzisse	Zwiebeln
Aracea *(Diffenbachia),* eine häufige Zimmerpflanze, ruft Reizung der Mundschleimhäute, eine Kehlkopfentzündung und eine vorübergehende Stimmbandlähmung hervor, wenn sie gefressen wird.	

verhindern, sollte sie einmal von einer Schlange gebissen werden. Es kommt dabei auf schnelles Handeln sowohl bei Ihnen als auch bei Ihrem Tierarzt an. Schlangenbisse von Giftschlangen rufen schwere Schmerzen hervor, so daß ein gebissenes Tier meist aufgeregt ist und umherläuft. Da Bewegungen zur Ausbreitung des Giftes beitragen, ist die Katze sobald wie möglich ruhigzustellen, indem man sie in einen Karton oder Korb legt.

□ Liegt der Biß an einer Extremität, dann wickeln Sie eine Staubinde zwischen Körper und Wunde, möglichst in der Nähe der Wunde. Die Staubinde sollte so locker sein, daß noch ein Finger dazwischen kann. Sie *sollte jedoch nicht* ganz gelöst werden, bis der Schlangenbiß vom Tierarzt behandelt wurde oder ehe 2 Stunden vergangen sind. Dadurch kommt noch etwas Sauerstoff in die Gewebe jenseits der Staubinde. Man sollte möglichst das gebissene Glied auf der gleichen Ebene halten wie das Herz, das heißt die Katze auf die Seite legen. Dann schneidet man in die Haut parallele Einschnitte (nicht x-förmige) über dem Einbiß und saugt an ihnen, jedoch nicht mit dem Mund, sondern mit einem Saugtrichter.

□ Schaffen Sie Ihre Katze so schnell wie möglich zum Tierarzt. Da eine Katze mit Schmerzen günstigstenfalls schwer zu behandeln ist, wird die beste Maßnahme der Ersten Hilfe sein, nur eine Staubinde anzulegen und innerhalb von 15 Minuten einen Tierarzt hinzuzuziehen. Der Tierarzt wird Antivenin, Antibiotika und Schmerzmittel geben und kann andere medizinische Maßnahmen einleiten, wenn sie nötig sind. Unter Umständen ist es erforderlich, einen großen Teil der Wunde chirurgisch zu entfernen. Selbst wenn dies nicht geschieht, führen Schlangenbisse oft dazu, daß große Hautareale absterben und verschorfen, so daß eine große, behandlungsbedürftige Wunde übrigbleibt. Ist es zum Schlangenbiß gekommen, dann rechnen Sie damit, daß Ihre Katze mindestens 24 bis 48 Stunden lang in einer Tierklinik bleiben muß.

3.9.10 Angelhaken in der Haut

Angelhaken gelangen leicht als Fremdkörper in die Haut. Ist einmal der Widerhaken in die Haut eingedrungen, dann fällt der Haken von alleine nicht mehr heraus. Man kann ihn nur entfernen, indem man ihn durch die Haut schiebt. Wenn er einmal durch ist, dann schneidet man den gebogenen Abschnitt des Hakens unterhalb des Widerhakens ab und zieht den restlichen Haken durch das ursprüngliche Loch heraus. Ohne Narkose wird dieser Eingriff meist zu schmerzhaft sein. Seien Sie also nicht überrascht, wenn Sie die Hilfe des Tierarztes hinzuziehen müssen. Sie brauchen den Tierarzt ohnehin, um die entsprechenden Antibiotika zu verabreichen, es sei denn der Haken war *sehr* sauber, sonst ist diese Art Wunde gewöhnlich infiziert.

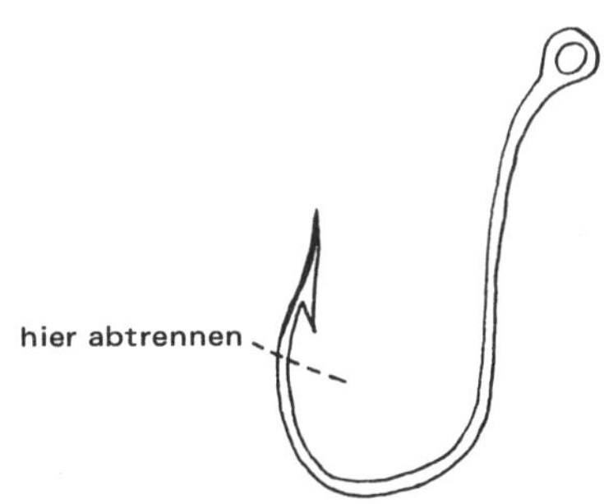

Abb. 63: Angelhaken in der Haut

3.9.11 Verbrennungen

Thermische Verbrennungen □ Verbrennungen können durch thermische, chemische oder elektrische (elektrischer Schlag) Einflüsse entstehen. Die Schwere einer *thermischen* Verbrennung (Hitzeverbrennung) bei Katzen kann man unterschätzen, weil sie sich um einiges von den Verbrennungen beim Menschen unterscheidet. Brandblasen, die für oberflächliche Verbrennungen beim Menschen typisch sind, müssen in der verbrannten Haut der Katze nicht entstehen. Statt dessen bleibt das Haar in der Verbrennungszone fest an der Haut. Zupft man in einem verbrannten Gebiet am Haar und löst es sich dabei leicht, dann ist die Verbrennung tiefer und ernster.
□ *Die sofortige Behandlung thermischer Verbrennungen besteht darin, 20 Minuten lang kaltes Wasser oder Eiskompressen aufzutragen.* Man kann ein linderndes, antibakterielles Präparat aufstreichen. Tiefe Verbrennungen oder Verbrennungen, die weite Gebiete bedecken, erfordern tierärztliche Notmaßnahmen. Weil es schwierig ist, den Schweregrad einer Verbrennung bei der Katze unmittelbar nach ihrem Zustandekommen einzuschätzen, sollten alle Verbrennungen innerhalb von 24 Stunden vom Tierarzt untersucht werden.

Elektrische Verbrennungen (elektrischer Schlag) □ Elektrische Verbrennungen kommen oft bei jungen Katzen vor, die beim Spielen in elektrische Leitungen beißen. Sie können schweren Schaden an der Haut oder am Mäulchen anrichten und zum *Lungenödem* führen (Wasseransammlung in den Lungen). Katzen, die derartige Verbrennungen erlitten haben, sollten vom Tierarzt untersucht werden, sobald man die Verletzung bemerkt. Liegen Atemnot oder Husten vor, so kann schon ein Lungenödem eingetreten sein. In schweren Fällen können Zunge und Zahnfleisch bläulich verfärbt sein. Findet man seine Katze bewußtlos und ohne Atmung nach einem elektrischen Schlag, dann wendet man künstliche Beatmung an (siehe Kapitel 3.10.5). Treten nach einem elektrischen Schlag keine allgemeinen Krankheitszeichen auf, dann kann das Gewebe im Mäulchen, durch die Verbrennung geschädigt, einige Tage später absterben und verschorfen. Hier ist tierärztliche Überwachung nötig.

Verätzungen □ Informationen über Verätzungen finden Sie in den Spalten *Säuren* und *Laugen* in der Tabelle der häufigen Haushaltsgifte auf Seite 117/118.

3.9.12 Hitzschlag

Zum Hitzschlag kommt es meistens dann, wenn Tiere an einem warmen Tag in ein Auto oder einen anderen engen Raum ohne ausreichende Belüftung eingesperrt wurden. Die Temperaturen können in einem schlecht belüfteten, abgestellten Auto an einem verhältnismäßig milden, mehr als 24 °C warmen Tag über 39 °C erreichen. Zum Hitzschlag kann es auch bei Tieren kommen, die plötzlich in ein heißes Klima verfrachtet werden, auf das sie sich vorher nicht haben einstellen können. Hitzschläge treten bei jungen Katzen, bei fetten und bei älteren Katzen häufiger auf als bei anderen.

Zeichen des Hitzschlags □ *Zeichen des Hitzschlags sind Hecheln, erhöhte Pulsfrequenz, gerötete Schleimhäute* (Zahnfleisch) *und ein ängstlicher, geradeaus starrender* Gesichtsausdruck. Erbrechen kann eintreten. Dauert die Hitzebelastung lange genug, dann können Schläfrigkeit und Bewußtlosigkeit folgen. Die Rektaltemperatur ist auf 41–43 °C erhöht. Hier muß man sofort handeln, indem man das Tier in kaltes Wasser taucht. Ist es nicht möglich, die Katze einzutauchen, dann sollte man sie mit kaltem Wasser abspritzen. Dabei massiert man die Haut und beugt und streckt die Glieder, um das Blut aus diesen Kreislaufgebieten zurückzuholen. Dann schafft man seine Katze zum Tierarzt, wo die Behandlung fortgesetzt werden kann.
□ Katzen, die einen derartigen Wärmestau erleiden, sollten immer vom Tierarzt behandelt werden. Ist dies nicht möglich, dann messen Sie die Rektaltemperatur öfter über einen Zeitraum von 24 Stunden,

denn die Erhöhung der Temperatur tritt oft nach einem anfänglichen Absinken und einer ersten Besserung wieder auf. Es ist vorgeschlagen worden, einen Kaltwassereinlauf durchzuführen, wenn die Rektaltemperatur innerhalb von 10–15 Minuten Behandlungsdauer noch nicht 39,5 °C erreicht hat. Nach dieser Behandlung aber ist die rektale Temperaturmessung nicht mehr zuverlässig.

Wie man den Hitzschlag vermeiden kann □ Den Hitzschlag vermeiden Sie, indem Sie beim Reisen an heißen Tagen Wasser mit sich führen und es Ihrer Katze häufig und in kleinen Portionen geben. Nasse Handtücher, die man direkt auf die Katze legt oder auf die Tragetasche, sorgen durch Verdunstung für Kühle. Öffnen Sie die Wagenfenster, wenn Sie eine Katze drin lassen. Am besten lassen Sie kein Tier im Wagen.

3.9.13 Eklampsie (Milchfieber, Tetania puerperalis)

Zur Eklampsie *(Milchfieber)* kommt es gewöhnlich beim Muttertier innerhalb von 2 oder 3 Wochen nach der Geburt. Sie kann auch vor der Geburt auftreten. Ihre genaue Ursache ist unbekannt. Man weiß, daß sie durch eine Störung im Kalziumstoffwechsel zustande kommt, die zu einem krankhaft niedrigen Kalziumspiegel führt. Obwohl die Eklampsie bei Katzen nicht oft vorkommt, so sind doch häufig säugende Katzen mit großen Würfen dazu disponiert.
□ Als erste Krankheitserscheinungen sieht man Ruhelosigkeit, Schreien und beschleunigte Atmung. Es kann zu einer spontanen Erholung kommen, oder die Krankheitszeichen schreiten fort und gehen in Steifigkeit, Muskelkrämpfe und Bewegungsstörungen über. Das Tier liegt auf der Seite, hat Krampfanfälle und Fieber. Die *fortschreitenden Muskelkrämpfe* (Tetanie) *stellen einen Notfall dar,* der vom Tierarzt behandelt werden muß. Kalziumpräparate werden intravenös gegeben. Junge werden mindestens 24 Stunden lang vom Saugen abgehalten. Manchmal können sie später in beschränktem Maße wieder gesäugt werden, aber man muß dann mit dem Flaschenfüttern nachhelfen. Kätzchen, die alt genug sind, um festes Futter zu fressen, sollte man entwöhnen. Für Katzen, die weiterhin in beschränktem Maße Milch geben müssen, werden meist Kalzium-Phosphor-Vitamin D-Zusatzpräparate verordnet.
□ Manche Katzen scheinen zum Milchfieber zu neigen, und man sollte mit diesen Tieren nicht weiter züchten. Während der ganzen Trächtigkeit sollte eine Diät gefüttert werden, die genug Kalzium, Phosphor und Vitamin D enthält. Allerdings sind manche Tierärzte der Meinung, daß eine übermäßige Zufuhr von Kalzium zum Auslösen des Milchfiebers beitragen kann. Deshalb sollte man mit der Zufuhr derartiger Präparate während der Trächtigkeit vorsichtig sein und sollte sie mit Vitamin-Mineralpräparaten ausbalancieren. Diese Frage sollten Sie mit Ihrem Tierarzt eingehend besprechen.

3.10 Die Pflege der alternden Katze (Geriatrische Medizin)

3.10.1 Allgemeine Bemerkungen

Die Lebenserwartung einer Katze schwankt von Individuum zu Individuum beträchtlich und hängt davon ab, wie die gesundheitliche Überwachung im Laufe ihres Lebens durchgeführt wurde. Man kann erwarten, daß die meisten gut gepflegten Katzen etwa zwischen 10 und 15 Jahre alt werden, viele erreichen 20 Jahre. Angeblich sollen einige wenige Katzen bis zu 30 Jahre alt geworden sein.

Alte Katzen passen sich nicht mehr gut an □ Im allgemeinen ist die ältere Katze gegenüber Belastungen weniger gut anpassungsfähig. Plötzliche Veränderungen in der Ernährung, im Tagesablauf oder in der Umgebung sind möglichst zu vermeiden, wenn sie nicht zum gewöhnlichen Tagesablauf in der Vergangenheit gehörten. Viele alte Katzen passen sich auch beim Klinikaufenthalt nicht gut an und bedürfen daher im Krankheitsfalle einer besonderen Versorgung. Die Tierärzte sind sich dessen bewußt und sorgen dafür, daß man sich besonders um solche älteren Tiere kümmert.

Die Fütterung der alten Katze □ Hat man seiner Katze ihr Leben lang eine ausgewogene Diät gegeben, dann wird man im Alter nur wenig ändern müssen, es sei denn, daß gesundheitliche Belastungen auftreten. Älteren Katzen mit degenerativen Veränderungen wichtiger Organe, zum Beispiel der Nieren, muß man eine besondere Diät geben. In vielen anderen Fällen wird die Zufuhr einer ausgewogenen Vitamin-Mineralergänzung zur normalen Nahrung ausreichen, um besondere Bedürfnisse, die durch den Alterungsvorgang entstehen, zu befriedigen. Manchmal stimulieren stark riechende Lebensmittel, etwa solche, die Fisch oder Fischöl enthalten, einen nachlassenden Appetit, der daher kommen kann, daß der Geschmacks- oder Geruchssinn beeinträchtigt ist. Da jede Katze ein Individuum ist und als solches altert, sollte man die Frage einer speziellen Diät mit dem Tierarzt besprechen, der Ihre alternde Katze kennt, noch ehe man die Fütterung wesentlich ändert.

Körperliche Bewegung der alten Katze □ Die meisten Katzen bewegen sich und spielen weit ins Alter hinein in dem Maße, wie sie es auch sonst getan haben. Es gibt kaum einen Grund, die Bewegungen einer älteren Katze einzuschränken. Am besten läßt man sie laufen, wie sie will. Achten Sie sorgfältig auf plötzliche Änderungen ihrer spontanen Beweglichkeit, sie können auf Erkrankungen hinweisen.

□ Einige Zustände, die sich bei alternden Katzen einstellen können, sind in diesem Abschnitt behandelt. Nicht alle sind ernsthafter Natur oder schreiten fort. Die meisten kann man bei rechtzeitiger Erkennung behandeln und zumindest lindern. Hierzu verwenden Sie das Sachverzeichnis.

3.10.2 Linsentrübung

Während des ganzen Lebens werden in der Linse des Katzenauges dauernd neue Fasern gebildet. Währenddessen werden die alten zusammengedrückt und zum Mittelpunkt der Linse geschoben. Außerdem verliert die Linse beim Alterungsvorgang Wasser, was ebenfalls deren Dichte erhöht. Der Vorgang wird als *Kernsklerose* bezeichnet, und man sollte ihn als einen Alterungsvorgang des Katzenauges kennen. Er führt zu einem bläulichen oder grau-weißen Schimmer in einem Teil der Linse, den man durch die Pupille beobachten kann. Er stört gewöhnlich nicht beim Sehen und bedarf auch keiner Behandlung. Dieser Zustand wird oft irrtümlicherweise als Katarakt bezeichnet, also als eine Linsentrübung, die den Durchtritt des Lichtes zur Netzhaut behindert. Tatsächlich kommen aber senile Katarakte, die gewöhnlich sehr weiß und dicht aussehen und die Sicht beeinträchtigen, sehr viel seltener vor.

□ Erblindet Ihre Katze als altes oder junges Tier, dann gibt es chirurgische Maßnahmen zur Entfernung der Trübung und zur Wiederherstellung der Sicht. Dieser Eingriff wird jedoch nicht häufig durchgeführt, weil Katarakte verhältnismäßig selten sind und die meisten Katzen sich einem allmählichen Verlust der Sehkraft völlig anzupassen scheinen.

3.10.3 Taubheit

Ein allmählicher Verlust des Gehörs tritt bei alternden Katzen ein, er kommt jedoch nicht so häufig vor wie bei älteren Hunden. Die anatomischen Veränderungen, die für den Gehörverlust verantwortlich sind, sind nicht genau geklärt, und es gibt keine Behandlung. Unaufmerksamkeit und das Nichtreagieren auf Zuruf sind erste Zeichen der Taubheit. Ein einfacher Test, um die Gehörfähigkeit zu überprüfen, besteht darin, sich hinter die Katze zu stellen und plötzlich ein Geräusch zu machen, zum Beispiel zu pfeifen, zu klatschen oder zu rufen. Katzen richten dann ihre Ohren auf die Geräuschquelle oder wenden ihren Kopf. Händeklatschen in der Nähe des Ohres, aber nicht vor den Augen, bewirkt einen kurzen Lidschluß beider Augen als Reaktion auf das Geräusch.

3.10.4 *Chronische Gelenkentzündungen (Arthrosen)*

Die *Arthrose* ist eine chronische Gelenkerkrankung, bei der die *Gelenkknorpel,* die die Gelenkflächen der Knochen bedecken, degenerieren. In der Folge kommt es außerdem zur Zubildung von Knochengewebe. Der Zustand schmerzt, das Tier lahmt im kranken Gelenk. Die Arthrose kann bei jungen Tieren in einzelnen Gelenken auftreten, bei angeborenen Gelenkerkrankungen oder nach Gewalteinwirkung. Im Alter sind dagegen mehrere Gelenke betroffen, wenn auch nicht in allen gelahmt wird. Das Lahmen bei der Arthrose ist morgens beim Aufstehen oft am ausgeprägtesten und geht mit der Bewegung zurück. Bewegt man befallene Gelenke leicht, so kann man *Krepitation* hören oder fühlen, also das Reiben eines Knochens gegen einen anderen. Röntgenaufnahmen zeigen den Schweregrad der Gelenk- und Knochenveränderungen. Obwohl die Erkrankung nicht auffällt, ehe Krankheitserscheinungen auftreten, sind doch die typischen Veränderungen bei der Arthrose dann schon lange im Gange.

□ Die Therapie ist symptomatisch, da man diese Altersveränderungen nicht aufhalten kann, das heißt sie ist schmerzlindernd. Leider sind die meisten Präparate, die die Symptome der Arthrose bei Menschen, Hunden und anderen Tieren lindern, für Katzen schädlich. Eine der sichersten Drogen beim Menschen oder beim Hund, das Aspirin, kann bei der Katze schwere Krankheitserscheinungen hervorrufen und soll nur mit größter Vorsicht und unter Anleitung des Tierarztes angewendet werden. Glücklicherweise leiden wenige Katzen unter ihrer Osteoarthrose, und das vorübergehende morgendliche Lahmen muß man gewöhnlich nicht behandeln. Bei fetten Katzen mit Arthrose wird das Lahmen durch eine Gewichtsreduktion oft bedeutend gemildert. Sind die Schmerzen erheblich, dann hilft der Tierarzt bei der Linderung.

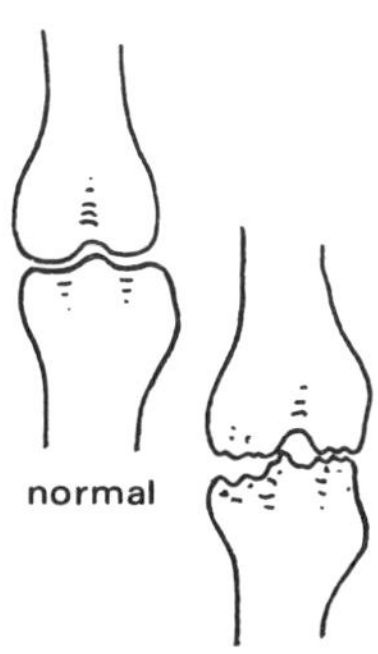

Abb. 64: Gelenkentzündung

3.10.5 *Tumoren (Neoplasien, Krebs)*

Unter einem *Tumor* versteht man überschüssiges Gewebswachstum (*Neoplasie* bedeutet neues Wachstum). *Gutartige (benigne) Tumoren* bleiben an der ursprünglichen Stelle ihres Auftretens. *Bösartige (maligne) Tumoren,* sogenannter Krebs, dringen in das umgebende Gewebe ein und gelangen über Blutgefäße oder Lymphkanäle an andere Stellen des Körpers, wo sie erneut wachsen. Katzen haben als Rasse eine verhältnismäßig hohe Krebsrate (siehe Kapitel 3.8.2). Die Wahrscheinlichkeit, daß ein Tumor entsteht, nimmt mit dem Alter zu.

□ Viele Tumoren wachsen unauffällig im Inneren, bis sie recht groß geworden sind. Man sollte sorgfältig nach Gewächsen am Mäulchen und an der Körperoberfläche seiner Katze fahnden. Bei weiblichen Katzen ist es zudem sinnvoll, die Milchdrüse in periodischen Abständen (einmal im Monat) nach Neubildungen abzutasten. Findet man einen Knoten beim jungen oder alten Tier, dann ist die Frage der Entfernung mit dem Tierarzt zu besprechen. Falls Sie einen Tierarzt nicht aufsuchen können, dann beobachten Sie das Wachstum des Tumors sorgfältig. Manche bösartige Tumoren metastasieren, das heißt sie streuen schon Tochterzellen aus, während der ursprüngliche Tumor noch sehr klein ist.

3.10.6 *Verstopfung (Obstipation)*

Der schwierige oder seltene Abgang von Kot (Obstipation oder Verstopfung) ist eins der häufigeren, aber im allgemeinen nicht ernsten Probleme älterer Katzen. Altersveränderungen führen oft zu einer Abnahme des Muskeltonus. Zusammen mit einer nicht optimalen Diät oder Veränderungen im Verdauungsablauf führen sie zu immer wieder auftretender Verstopfung. Hausmittel gegen die Verstopfung sind im Kapitel 3.6.3 besprochen, und man kann sie zur Behandlung der Verstopfung bei allen Katzen anwenden. Verlassen Sie sich aber nicht auf die wiederholte Anwendung irgendwelcher Methoden, außer den erwähnten Diätänderungen, wenn Sie dabei nicht einer ausdrücklichen Anweisung des Tierarztes folgen, der die Katze für gesund erklärt hat.

3.10.7 Nierenerkrankungen

Viele ältere Katzen zeigen eine herabgesetzte Nierenfunktion, die auf Altersveränderungen beruht oder auf Krankheitsvorgängen im harnleitenden System, die im früheren Leben nicht erkannt wurden. Da die Nieren eine große Gewebsreserve haben, treten Krankheitserscheinungen, die auf eine fortschreitende Nierenerkrankung zurückzuführen sind, nicht eher auf, bis der Schaden ernst und oft nicht wiedergutzumachen ist. Vor diesem Stadium ist er nicht augenscheinlich und nur mit Laboruntersuchungen nachzuweisen.

□ Vermehrtes Wassertrinken zusammen mit vermehrten Harnmengen ist meist ein Zeichen einer Nierenerkrankung. Da die Nieren degenerieren, steht weniger funktionsfähiges Nierengewebe zur Verfügung. Dabei wird vom Körper dieselbe Menge an Abfallstoffen produziert wie früher, als die Nieren gesund waren. In einem Versuch, den normalen Zustand aufrechtzuerhalten, wird eine größere Urinmenge, in der die Abfallstoffe weniger stark konzentriert sind, ausgeschieden, und die Katze muß dadurch täglich mehr trinken. Die Notwendigkeit, große Urinmengen auszuscheiden, kann manchmal eine alte Katze dazu führen, in der Wohnung Urin zu lassen, wenn sie keine Katzentoilette hat und keinen leichten Zugang nach draußen. Diese Katze hat nicht ihre »Erziehung« vergessen, und sie ist nicht »senil geworden«; die Urinmenge ist einfach zu groß, um zurückgehalten zu werden. Der einzige Weg, sich in dieser Situation zu helfen, besteht darin, in der Wohnung eine Katzentoilette aufzustellen oder einen leichteren Zugang nach draußen zu schaffen. Wenn man die Zugänglichkeit des Wassers einschränkt, dann hilft das nicht, sondern macht vielmehr die Katze krank, denn man stört dadurch die Ausscheidung von Abfallstoffen.

□ Kann eine Katze das Nierenversagen nicht mehr ausgleichen, dann kommt es zum Erbrechen, zum Appetitverlust und zur Gewichtsabnahme. Die Zähne können dabei unansehnlich werden und der Mundgeruch gewöhnlich aufdringlich (Ammoniak ähnlich). Betastet man die Nieren, dann können sie sich dabei ungewöhnlich klein anfühlen, am häufigsten bei älteren Katzen, oder ungewöhnlich groß. Zeigt Ihre Katze Zeichen des Nierenversagens, so ziehen Sie sofort den Tierarzt zu Rate. Andere Krankheiten (zum Beispiel *Diabetes mellitus*) können mit ähnlichen Krankheitserscheinungen einhergehen. Zur Diagnose sind Laboruntersuchungen einschließlich einer Harnanalyse und Blutproben notwendig. Ihr Tierarzt wird versuchen herauszufinden, ob der Krankheitsvorgang gebremst oder angehalten werden kann, und er wird Sie beraten, mit welcher Behandlung Sie das erträgliche Leben Ihrer Katze trotz erkrankter Nieren verlängern können.

3.10.8 Herzkrankheiten

Herzkrankheiten treten bei Katzen jeglichen Alters selten auf. Kommt es zur Herzerkrankung, so gibt es verschiedene Verlaufsarten, wie es auch verschiedene Typen der Herzerkrankung beim Menschen und beim Hund gibt. Herzkrankheiten treten bei Katzen häufig als *Herzinsuffizienz* auf. Man sieht sie bei älteren Katzen dann, wenn das Herz, das allmählich als Blutpumpe unwirksamer geworden ist, nicht mehr in der Lage ist, den Bedarf der Körpergewebe zu decken (Herzversagen). Es ist wichtig dabei zu verstehen, daß die Herzerkrankung (derer es viele Typen gibt) schon lange bestehen kann, ehe es tatsächlich zum Herzversagen kommt. Herzkrankheiten durchschreiten im allgemeinen verschiedene Stadien, in denen sie behandelt werden können, noch ehe das Herzversagen eintritt, das Notfallmaßnahmen erfordert oder zum Tode führt.

Herzgeräusche □ Ein *Herzgeräusch*, das durch abnorme Strömungsverhältnisse des Blutes im erkrankten Herzen entsteht, kann das erste Zeichen für eine Herzkrankheit sein. Ihr Tierarzt wird vielleicht das Vorhandensein eines Herzgeräusches erwähnen, wenn er das Tier jährlich einmal untersucht und die Wiederholungsimpfungen durchführt. Vielleicht werden Sie selbst das Geräusch als ein Zeichen zwischen den normalen, klopfenden Herztönen hören, während Sie Ihre Katze untersuchen. Ist es ausgeprägt genug, dann können Sie es sogar durch die Brustwand fühlen, während das Herz schlägt. Die Anwesenheit eines Herzgeräusches bei einer Katze in jedem Alter stellt nicht unbedingt einen Grund zur Beunruhigung dar, aber sie erfordert die Untersuchung durch den Tierarzt. Der wird vielleicht Röntgenaufnahmen des Brustkorbes, ein Elektrokardiogramm, ein vollständiges Blutbild und andere Untersuchungen vorschlagen.

Zeichen des Herzversagens □ Bei Fällen, in denen Sie kein Herzgeräusch finden können oder in denen kein Herzgeräusch vorliegt, treten keine Krankheitserscheinungen auf, bis es zum Herzversagen kommt. Dann macht sich Atemnot bemerkbar, bedingt durch eine Flüssigkeitsansammlung in den Lungen und im Brustkorb, die Herzfrequenz ist gesteigert, die Katze bewegt sich nur widerwillig, und der Appetit läßt nach. Wird keine Behandlung eingeleitet, dann kann die Katze in kurzer Zeit sterben. Die Behandlung der Herzkrankheiten der älteren Katze zielt auf eine Besserung des Kreislaufes, da der Alterungsvorgang an sich nicht gebremst werden kann. Die medizinische Behandlung umfaßt die Anwendung von Präparaten, die die Luftwege erweitern, *digitalisartigen* Medikamenten, die die Stärke des Herzschlages vergrößern, und von *Diuretika*, die helfen, die Natrium- und Wasserspeicherung zu vermindern, die beim Herzversagen vermehrt ist. Wenn die medikamentöse Behandlung erfolgreich ist, wird man Sie bitten, sie zu Hause fortzusetzen und möglichst eine Diät anzubieten, die wenig Natrium enthält. Eine Fortsetzung der Behandlung zu Hause kann beim älteren Tier verhältnismäßig einfach sein und hat den Vorteil, daß die Katze länger bequemer und aktiver leben wird.

3.10.9 Einschläfern (Euthanasie)

Es wäre schön, wenn alle alten Haustiere ohne vorhergehende Krankheit friedlich im Schlaf sterben würden. So ist es aber nicht immer, und manchmal steht man vor der Entscheidung, ob man das Leben seiner Katze beenden oder der fortschreitenden oder schmerzhaften Erkrankung ihren Lauf lassen soll. Dies ist nie eine einfache Entscheidung. Eine enge und auf gegenseitiges Verständnis aufgebaute Beziehung zum Tierarzt, die hergestellt wurde, als Ihre Katze noch jung war, wird Ihnen helfen, wenn Sie je mit dieser Frage konfrontiert sind. Ein Tierarzt, dem die Krankengeschichte Ihrer Katze geläufig ist, kann Ihnen sagen, wann ein Zustand nicht heilbar ist und fortschreitet, und er kann Ihnen auch seine Meinung dazu sagen, ob der Zustand wirklich eine Qual für Ihre Katze darstellt.

□ Es ist Ihnen selbst gegenüber, Ihrem Tier und auch Ihrem Tierarzt gegenüber unrecht, ihre Katze zu einem anderen Tierarzt zu bringen und von ihm die Euthanasie zu fordern. Ein Tierarzt, dem Ihre Katze nicht bekannt ist, könnte eine Euthanasie durchführen, obwohl der Zustand tatsächlich noch einer Behandlung zugänglich gewesen wäre. Ein Tierarzt, der Sie nicht kennt, könnte vielleicht diesen herzzerreißenden Akt nicht durchführen, weil ihm Ihre Katze gesund erscheint, und weil er nicht weiß, daß ein weiteres Zusammenleben mit der Katze für Sie eine Last darstellt. Die Tierärzte wählen ihren Beruf, um Tiere gesund zu machen, nicht um sie zu töten. Allzu oft sehe ich Menschen, die emotional reagieren, ohne die Tatsachen zu kennen, und die darauf bestehen, daß man ihr Tier »einschläfert« bei einem Krankheitszustand, der zu behandeln wäre und mit dem ihre Katze glücklich leben könnte. In anderen Fällen wird die Euthanasie gefordert, weil ein neues Tier billiger wäre als die Behandlung. Bei den meisten Menschen überwiegt die Lebensfreude kleinere Beschwerlichkeiten, und ich glaube, daß dies für die meisten Haustiere auch zutrifft. Vielleicht bin ich in meinem Denken zu sehr auf Menschen gerichtet. Aber der Geldwert eines Tieres hängt wohl von der Weltanschauung eines jeden ab. Ein Tierarzt, den Sie gut kennen und der Ihr Tier kennt, kann Ihnen die medizinischen Tatsachen über ein krankes oder altes Tier offen darstellen, so daß Sie sie, wenn Sie die letzte Entscheidung treffen, verwenden können. Muß eine Katze getötet werden, dann spritzt der Tierarzt eine Überdosis eines Schlafmittels, wodurch die Katze schnell und schmerzlos stirbt.

4 Medizinische Versorgung zu Hause

Informationen über Medikamente. Die Krankengeschichte Ihrer Katze.

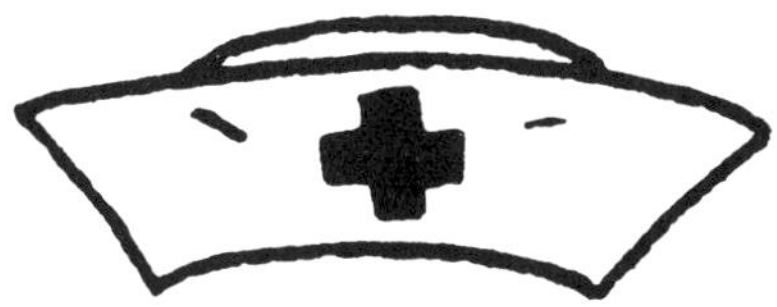

4.1 Krankenpflege daheim

Obwohl die meisten Katzen im Laufe ihres Lebens nur wenige Krankheiten erleiden, die eine längere Klinikunterbringung erfordern, können doch auch weniger ernste Erkrankungen schwerer werden, wenn man nicht für die richtige Behandlung zu Hause sorgt. Die meisten Tierärzte legen Wert darauf, daß Ihre Katze sich zu Hause erholt, wenn sie annehmen, daß Sie für eine entsprechende Pflege sorgen können. Das ist außerdem sehr viel billiger und wird Sie Ihrem Tier näherbringen. Dieser Abschnitt dient dazu, Ihnen die Informationen zu geben, die Sie zur häuslichen Krankenpflege benötigen. Wenn Ihnen der Inhalt geläufig wird, dann sollten Sie in der Lage sein, die meisten geringfügigeren Erkrankungen, die Ihr Tierarzt diagnostiziert hat, zu Hause zu behandeln. In Fällen, in denen es für den Klinikaufenthalt keine Alternative gibt, wird man mit einigem Können auf dem Gebiet der Pflegetechniken diesen Aufenthalt verkürzen können, und ein größerer Teil der Erholung wird zu Hause möglich sein.

4.1.1 Das Führen der Krankengeschichte

Leidet Ihre Katze unter einer schweren Krankheit, dann ist eine regelmäßige und präzise Krankengeschichte von unschätzbarem Wert, wenn es darum geht, Ihrem Tierarzt bei der Behandlung zu Hause zu helfen. Messen Sie die Körpertemperatur Ihrer Katze wenigstens einmal täglich, möglichst immer zur gleichen Zeit, und notieren Sie den Wert. Notieren Sie auch, wieviel Ihre Katze frißt und trinkt, wie oft sie Urin läßt und wie der Kot beschaffen ist. Das setzt natürlich voraus, daß Sie Ihre Katze in der Wohnung halten und Ihr eine Streuwanne zur Verfügung stellen. Manchmal ist es das beste, die sich erholende Katze in einem Raum einzusperren, in anderen Fällen kann man sie frei durch die Wohnung herumwandern lassen. Ihr Tierarzt kann Ihnen helfen, sich über die zweckmäßigste Art der Bewegungseinschränkung zu entscheiden. In keinem Fall aber sollte man eine kranke Katze frei und unbeaufsichtigt draußen herumstreunen lassen. Kranke Katzen verschwinden häufig nur, um später in einem viel schlimmeren Zustand aufgefunden zu werden oder nie wiederzukehren. In der Krankengeschichte ist auch festzuhalten, wie oft und wieviel Medikamente gegeben wurden und welche ungewöhnlichen Erscheinungen (zum Beispiel Erbrechen) oder welche anderen Veränderungen aufgetreten sind. Nehmen Sie diese Aufzeichnungen jedes Mal, wenn Sie den Tierarzt aufsuchen, mit sich. Wenn Sie sich einen Überblick über

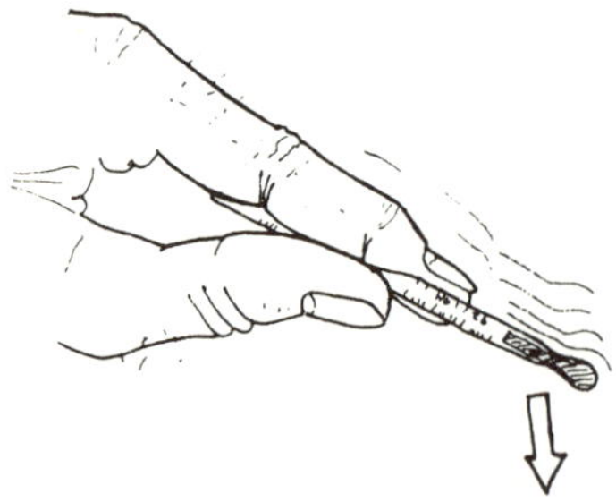

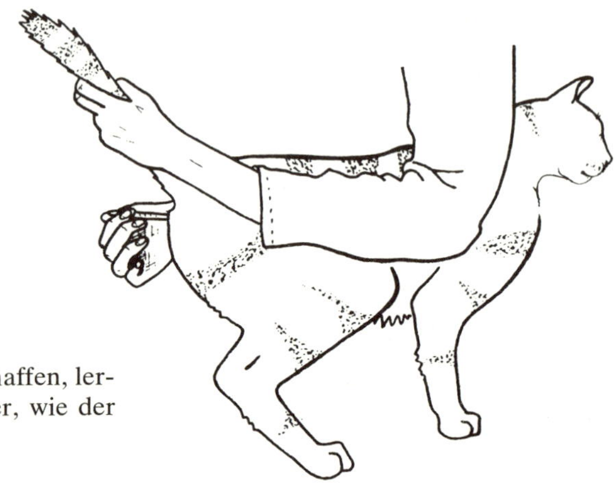

Abb. 65: Die Ruhigstellung beim Messen der Temperatur

die Erholung Ihres Tieres verschaffen, lernen Sie außerdem mehr darüber, wie der Körper sich selbst hilft.

4.1.2 Temperatur

Die Temperatur Ihrer Katze messen Sie mit einem Rektalthermometer. Wenn Sie kein anderes besitzen, können Sie auch ein Mund-Thermometer verwenden, dessen Quecksilberkolben aber leichter abbricht. Vor dem Einführen des Thermometers in den Enddarm schüttelt man die Quecksilbersäule unter 37,2 °C und schmiert die Thermometerspitze mit einem unschädlichen Gleitmittel (Vaseline, Pflanzenöl) ein. Nun stellen Sie Ihre Katze auf einen Tisch oder eine horizontale Plattform, mit einer Hand heben Sie den Schwanz an, mit der anderen führen Sie das Thermometer mit einem festen, vorsichtigen Schub in den Enddarm ein. Unmittelbar nach dem Passieren des Darmausganges wird dabei manchmal ein Widerstand spürbar sein, das liegt an dem kräftigen inneren Schließmuskel der Katze.

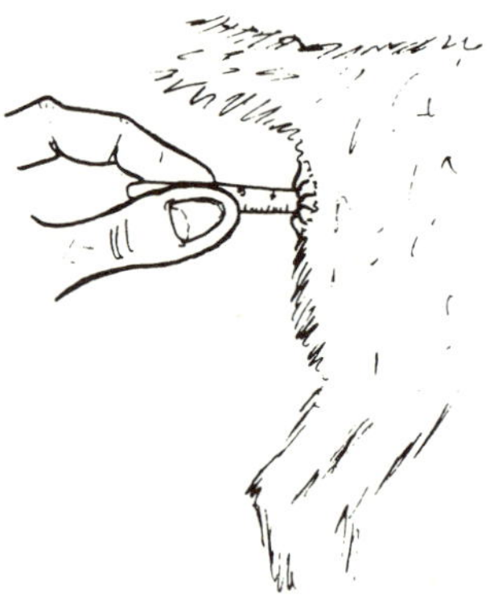

Abb. 66: Temperatur-Messen

□ Treffen Sie auf diesen Widerstand, dann schieben Sie einfach vorsichtig weiter, bis sich die Darmmuskulatur entspannt und das Thermometer durchläßt. Dabei können Sie es auch leicht drehen. Dies geht am einfachsten, wenn die Katze steht, man kann aber auch bei sitzender oder liegender Katze Fieber messen. Wie weit man das Thermometer einführen soll, um eine genaue Messung zu erreichen, hängt von der Größe der Katze ab, in aller Regel reichen 3–4 cm aus. Spüren Sie, daß das Thermometer in Kotmassen hineingeführt wird, dann versuchen Sie es erneut. Man sollte das Thermometer zwischen 2 und 3 Minuten lang eingeführt lassen, obwohl viele Thermometer bereits innerhalb einer Minute genau anzeigen. Das kann sehr nützlich sein, wenn Sie eine Katze haben, die

Tab. 14: Die Krankengeschichte Ihrer Katze

Datum	Temperatur	Stuhlgang	Urin	Vermischtes – hier sind einzutragen die Medikamente, wie oft sie gegeben wurden, wie oft Wunden gesäubert wurden, ungewöhnliche Erscheinungen, Veränderungen usw.

sich gegen das Thermometer sträubt. Um das Thermometer abzulesen, rollt man es zwischen seinen Fingern leicht hin und her, bis man innen die Quecksilbersäule sieht. Die Säule endet an der Stelle, an der die Temperatur abzulesen ist. Die großen Teilstriche bedeuten 1 Grad, die kleinen Teilstriche $^1/_{10}$ Grad Celsius.

4.1.3 Puls, Herzfrequenz

Wie man bei der Katze Puls und Herzfrequenz zählt, erfahren Sie auf Seite 35.

4.1.4 Wie man einer Katze eine Pille gibt

Es gibt nur einen Weg, um sicherzugehen, daß Ihre Katze wirklich ein Medikament nimmt, das Sie in Form einer Pille, einer Kapsel oder einer Tablette geben wollen, und zwar den folgenden: stellen Sie Ihre Katze auf einen Tisch oder eine ähnliche Fläche und lassen Sie sie dort verhältnismäßig ruhig stehen oder sitzen. Nun ergreifen Sie die Pille mit Daumen und Zeigefinger der einen Hand, um sie zum Einführen bereit zu halten. Die andere Hand legen Sie oben auf den Katzenkopf, mit Daumen und Zeigefinger an den Mundwinkeln, wie es die Abbildung 67 zeigt, und neigen den Kopf nach hinten, bis die Nase zur Decke gerichtet ist.

□ Mit Zeigefinger und Daumen drückt man nun gegen die Lippen der Katze, um das Mäulchen zu öffnen, der dritte Finger der anderen Hand, mit der Pille, hält den Unterkiefer geöffnet. Dann setzt man die Pille auf den Zungengrund der Katze. Mit etwas Übung kann man ihr mit dem Zeigefinger einen leichten Schubs geben, um sie auf den Weg in den Rachen zu schicken. Ist dies geschehen, läßt man das Mäulchen sich schnell schließen und hält es geschlossen, bis die Pille verschluckt ist. Der Erfolg ist nur gewährleistet, wenn die Katze dabei während der ganzen Zeit mit der Nase nach oben schaut. Das alles muß schnell und mit einiger Geschicklichkeit erfolgen, wenn es gelingen soll. Verbringen Sie allzu lange damit, sich vorzubereiten, dann hat eine widerspenstige Katze inzwischen ihre Abwehr mobilisiert, und wenn Sie endlich soweit sind, daß Sie das Medikament verabreichen wollen, sind Sie schon zum Scheitern verurteilt. Außer bei sehr wilden Katzen gelingt die Zufuhr von festen Medikamenten mit einiger Übung sehr leicht, obwohl sie zuerst recht schwierig zu sein scheint. Zweckmäßigerweise werden die einzelnen Bewegungen eingeübt, wenn Ihr Tier noch jung, gesund und kooperativ ist, denn so bereiten Sie sich auf den Ernstfall vor. Als Übungspille wird etwas Trockenfutter verwendet.

□ Die meisten Schwierigkeiten treten auf, wenn die Pille nicht richtig auf den Zungengrund gesetzt wird. Lassen Sie sie etwas

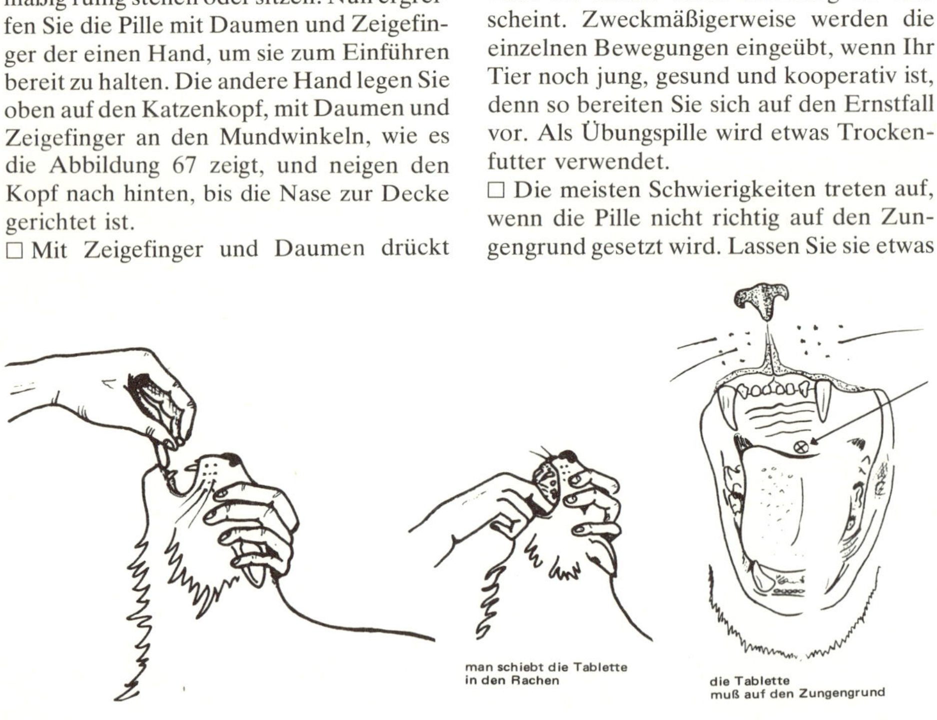

Abb. 67: Tabletteneingabe

abseits der Mitte oder zu weit vorn auftreffen, dann wird die Katze sie ausspucken oder hineinbeißen. Geschieht dies und bleibt die Katze kooperativ, dann versucht man es noch einmal. Oft aber wird sie dabei das Medikament geschmeckt haben und wird anfangen, stark zu speicheln. Darüber soll man sich keine Sorgen machen, man muß aber mit der Wiederholung einige Minuten warten. Das Eingeben kann man sich etwas erleichtern, indem man die nicht mit einer Schutzschicht versehenen Tabletten mit etwas Butter einschmiert, sie werden dadurch außerdem etwas glatter und gleiten besser, vor allem wenn sie groß sind. Stellt sich heraus, daß es ganz und gar unmöglich ist, feste Medikamente auf diese Art und Weise zuzuführen, dann können Sie versuchen, die Tablette oder die Pille zu zerstoßen oder den Inhalt einer Kapsel zu entleeren und dann mit einem kleinen Nahrungsbissen (Fleisch oder Lieblingsfutter) gründlich zu vermischen. Manchmal kann man die Medizin mit Wasser verrühren und als Flüssigkeit geben. Die meisten Arzneimittel schmecken aber so widerlich, daß eine kranke Katze sie weder im Futter noch in einer Flüssigkeit freiwillig einnimmt. Man sollte also diese Zufuhrwege möglichst vermeiden. Ist die Medizin mit der Nahrung gegeben worden, kann man nie ganz sicher sein, daß die Katze die ganze Medizin aufgenommen hat. Mörsert man eine *Tablette, die eine Schutzschicht hat,* um im Darm erst aufgelöst zu werden, oder entleert man den Inhalt einer Kapsel in das Futter, dann kann man dabei die normale Aufnahme des Medikaments im Darm unmöglich machen, denn Schutzschichten sind oft dazu da, solange heil zu bleiben, bis das Medikament jenen Teil des Darmes erreicht, von dem es am besten und am sichersten aufgenommen wird.

4.1.5 Flüssige Medikamente

Am einfachsten gibt man flüssige Medikamente, indem man sie mit einer Spritze oder einer Augentropfenpipette in den Rachen spritzt. Bei den meisten flüssigen Arzneimitteln wird Ihnen der Tierarzt ohne Aufforderung die Werkzeuge zum Zuführen des Medikaments bereitstellen; tut er es nicht, dann bitten Sie ihn darum und lassen Sie sich auch deren Gebrauch vorführen. Zur Flüssigkeitsgabe greift man den Kopf so, als ob man eine Pille geben würde (s. Seite 130), dann läßt man die Pipettenspitze zwischen die hinteren Zähne der Katze hindurchgleiten und spritzt die Flüssigkeit hinein. Öffnet die Katze das Mäulchen nicht weit genug, dann spritzt man die Flüssigkeit einfach auf den Zungenrücken. Während die Katze die Flüssigkeit abschluckt, soll ihre Schnauze nach oben zeigen. Tut sie das nicht, dann wird sie den Kopf schütteln und die Medizin ausspucken. Verabreichen Sie nur kleine Mengen mit einem Mal (etwa $^1/_4$ Teelöffel, 1 ml) und lassen Sie die Katze zwischendurch schlucken, damit sie nicht würgt oder sich verschluckt.

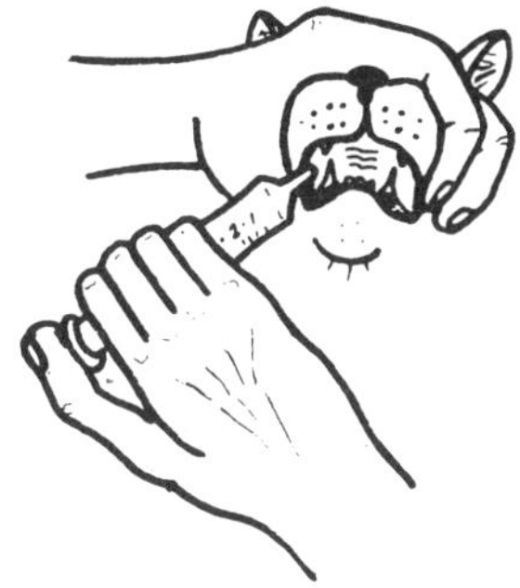

Abb. 68: Eingeben eines flüssigen Medikamentes

4.1.6 Zwangsernährung

Da die Freßunlust *(Anorexie)* sehr viele Katzenkrankheiten begleitet, ist es oft nötig, die Katze zum Fressen anzuregen oder durch Zwang zu ernähren, um lebenswichtige Funktionen und die Wiederherstellung von erkrankten Organen gewährleisten zu können. Wird einen Tag lang (bei einer Katze die gut im Futter steht und erwachsen ist, auch länger) nicht gefressen, so ist das wiedergutzumachen, aber längere Zeit ohne Fressen läßt den Katzenkörper seine eigenen lebenswichtigen Gewebe abbauen, um die Kalorien für die Lebensfunktionen zu erhalten. Läßt man diesen Vorgang zu

Abb. 69: Das Füttern mit der Spritze

lange ablaufen, dann kann er zum Tode führen, während die ursprüngliche Erkrankung das nicht getan hätte. Wasser ist auch für die Gesundheit und für die Erholung Ihrer Katze sehr wichtig, denn die Dehydration setzt dann ein, wenn die Wasseraufnahme nicht dem täglichen Wasserbedarf entspricht. (Mehr über die Dehydration erfahren Sie auf Seite 79.) Wasser kann man in gleicher Weise zuführen wie andere Flüssigkeiten. Da die meisten Futtersorten, die man bei der Zwangsernährung verwendet, zum großen Teil aus Wasser bestehen, hilft auch die Handfütterung, den täglichen Wasserbedarf der Katze zu decken. Wenn Ihr Tierarzt die Zwangsernährung für notwendig hält, um den Zustand Ihrer Katze zu stabilisieren, ist fachmännische Hilfe nötig, und dann sollten Sie die folgenden Anweisungen beachten. Ersetzen Sie die Diagnose aber nicht durch die Handfütterung, denn ohne die richtige Behandlung kann das Handfüttern allein eine Katze nicht gesundmachen.

□ Flüssiges Futter kann man genauso zuführen wie man flüssige Medikamente gibt (s. Seite 131). Feste oder halbfeste Futtersorten gibt man leichter, indem man das Futter mit dem Finger oder mit einem Spatel auf den Gaumen des Katzenmäulchens aufträgt. Greifen Sie den Katzenkopf so, als ob Sie eine Pille geben würden, statt dessen führen Sie Ihren Finger oder einen Spatel mit Futter ein und wischen ihn am Gaumen ab. Festes Futter kann man auch wie eine Pille geben, wenn man es zu kleinen Kügelchen aufrollt.

□ Passierte Babynahrung eignet sich gut zum vorübergehenden Handfüttern. Am besten ist passiertes Eigelb, weil es bei hohem Kaloriengehalt gut verdaulich ist. Findet Ihre Katze aber Fleisch schmackhafter, dann kann man auch passiertes Hühnchen-, Puten-, Hammel- oder Rindfleisch in Form von Babynahrung geben und 2 Eigelb jeweils einer 100 g-Packung zuführen. Das ergibt eine Diät mit hohem Fett- und Kaloriengehalt. Man kann aber auch Eigelb, Öl und/oder Sirup kombinieren. Sirup und Öl kann man auch Eierbabynahrungen zusetzen, um sie flüssiger zu machen und dabei zugleich ihren Kalorien- und Kohlehydratgehalt zu erhöhen. Geben Sie einer erwachsenen Katze wenigstens 2 Gläser passiertes Eigelb oder ein Glas Babynahrung oder eine Eigelbmischung pro Tag. Auch Katzenfertignahrung läßt sich zur Handfütterung verwenden, man sollte sich aber Zeit nehmen und ausreichende Mengen verfüttern, um den Kalorienbedarf der kranken Katze auch wirklich zu decken. Das sind 50–60 Kalorien auf ein knappes Kilo Körpergewicht täglich. Nötigenfalls kann Ihr Tierarzt Ihnen auch eine besondere Ergänzungsdiät nennen, die speziell zum Handfüttern kranker Katzen entwickelt wurde. Abgesehen vom eigentlichen Futter sollte man bei der kranken Katze je nach Rat des Tierarztes Vitamine und Mineralien ergänzen, um deren täglichen Vitamin-Mineralbedarf zu decken und dem durch die Krankheit bedingten zusätzlichen Bedarf nachzukommen.

□ Verfüttern Sie nicht mehr als 2–4 Löffel Nahrung oder Flüssigkeit pro Kilo Körpergewicht auf einmal. Das entspricht etwa 40–80 g Nahrung. Wenn Sie mehr geben, dann kann die Katze anfangen zu erbrechen. Um ihren Wasserhaushalt in Ordnung zu halten, müssen Sie die Wasseraufnahme messen und nötigenfalls durch Zufuhr mit der Spritze ergänzen, um etwa 3 Löffel (60 ml) Wasser pro Kilo Körpergewicht zuzuführen. Sie können auch Milch verwenden, wenn sie nicht Durchfälle hervorruft. Vergessen Sie nicht, daß Wasser oder andere Flüssigkeiten, die man zur Futterverflüssigung verwendet, mit dazu beitragen, den täglichen Wasserbedarf der Katze zu decken. Stellen Sie fest, daß Ihre Katze Zeichen der Dehydration zeigt (siehe Seite 79) und verbessert sich ihr Zustand weder bei der Handfütterung noch unter Ihren anderen Behandlungsmaßnahmen erwartungsgemäß, dann sollten Sie unter allen Umständen Ihren Tierarzt hinzuziehen. Manchmal muß eine kranke Katze mit den besonderen Mitteln behandelt werden, die es eben nur in einer Klinik gibt.

Tab. 15: Geeignete Nahrung zum Handfüttern

Nahrung	ungefährer Kaloriengehalt
Passierte Eigelbbabynahrung	35 kal in 30 g
Passierte Rindfleischbabynahrung	15 kal in 30 g
Passierte Hammelbabynahrung	18 kal in 30 g
Passierte Truthahn-Hühnerbabynahrung	22 kal in 30 g
Mittleres Eigelb	55 kal
Ganzes Ei (mittelgroß)	70 kal
Vollmilch	22 kal in 30 g
Honig	60 kal im Eßlöffel
Maissirup	55 kal im Eßlöffel
Maisöl	70 kal im Eßlöffel

Den Kaloriengehalt der Katzenfertignahrungen finden Sie auf Seite 53.
Jedes der oben angeführten Nahrungsmittel ist grundsätzlich zum Handfüttern einer kranken Katze geeignet, es sei denn, die Krankheit erfordert eine spezielle Diät.
Verwenden Sie diese Tabelle sowie die auf Seite 51, um den täglichen Nahrungsbedarf Ihrer Katze an Proteinen, Vitaminen und Mineralstoffen zu errechnen. Ganze Eier sollte man weich kochen, ehe man sie verfüttert oder anderen Nahrungsmitteln beimengt. Einer 100 g-Packung Babynahrung sollte man nicht mehr als einen Eßlöffel Sirup oder Honig und nicht mehr als einen Eßlöffel Öl hinzufügen, es sei denn der Tierarzt macht andere Angaben. Milch, Fleisch- oder Hühnerbrühe oder Wasser gibt man dazu, soweit sie nötig sind, um die Nahrungsmittel zum Handfüttern zu verflüssigen und den täglichen Flüssigkeitsbedarf der kranken Katze zu decken.

4.1.7 Medikamente am Auge

Augensalben gibt man am einfachsten in den Bindehautsack (siehe Seite 25). Mit Daumen oder Zeigefinger zieht man das Unterlid leicht hervor und preßt die Salbe in den dadurch freiwerdenden Raum. Beim Einführen von Augentropfen sollte das Mäulchen leicht nach oben zeigen. Mit einer Hand ergreift man es und hält zugleich das Unterlid nach unten. Die obere Hand, die die Tropfflasche hält, legt man über das Auge und hält sich so das Oberlid offen.

Abb. 70: Behandlung des Auges (Einträufeln von Augentropfen)

Dann träufelt man das Medikament ein. Man sollte vermeiden, mit der Spitze der Tropfpipette das Auge zu berühren, um einer Verunreinigung der Lösung und einer Augenverletzung vorzubeugen.

4.1.8 Ohrbehandlung

Haben sich die Ohren Ihrer Katze entzündet (siehe Kapitel 3.3.6), dann wird oft eine gründlichere Reinigung als die übliche vonnöten sein. Entzündete Ohren sollten tierärztlich untersucht werden, und ist eine Reinigung dann fällig, so sollte der Tierarzt sie übernehmen, denn er hat die erforderlichen Instrumente, um Gehörgang und Trommelfell während und nach dem Säubern zu untersuchen. Dann wird, um das für eine sichere und gründliche Reinigung nötige Stillhalten zu erreichen, außerdem eine Betäubung notwendig sein. Zum Glück müssen die Ohren bei Katzen selten gereinigt werden.

Abb. 71: Gummiballspritze

□ Zur Reinigung wenden Tierärzte verschiedene Methoden an. Bei der einen füllt man eine Gummiballspritze mit warmer, antiseptischer Seifenlösung oder einer wachsauflösenden Flüssigkeit und führt sie in den äußeren Gehörgang. Mit der Spritze spült man die Flüssigkeit im Gehörgang hin und her. Dies geschieht einige Male, und dann folgt die Spülung mit klarem Wasser oder antiseptischen Spülmitteln. Den sauberen Gehörgang trocknet man mit Wattestäbchen und führt das entsprechende Medikament ein. Bei einer anderen Methode bedient man sich der Wattestäbchen und eines Instrumentes, das man als *Ohrschlaufe* bezeichnet, um Schmutz zu entfernen.

□ Können Sie Ihre Katze nicht zum Tierarzt bringen, dann reinigen Sie ihre Ohren am besten zu Hause mit Hilfe eines Wattestäbchens, und zwar wie folgt: Greifen Sie zuerst die Spitze der Ohrmuschel (siehe Kapitel 1.5) und halten Sie sie senkrecht nach oben über den Kopf der Katze.

□ Nun führen Sie den Watteträger in den Gehörgang parallel zur Kopfseite ein. Sie können dabei das Trommelfell nicht verletzen, solange Sie in senkrechter Richtung bleiben und parallel zur Kopfseite vorgehen. Selbst wenn Sie das nicht beachten, sind die Gehörgänge einer Katze so schmal, daß man mit einem Wattestäbchen schwerlich das Trommelfell erreichen könnte, es sei denn unter Anwendung roher Gewalt. Mit dem Wattestäbchen beseitigen Sie den Schmutz, bevor Sie das Medikament einführen, und mit ihm beseitigen Sie einmal am Tag ältere Präparatspuren, bevor Sie das frische Medikament einführen. Man dreht dabei das Stäbchen leicht und versucht, den Schmutz herauszuhebeln statt ihn zusammen zu pressen. Nur selten wird es eine Katze zulassen, nach der Gummispritzmethode und ohne Betäubung ihre Ohren zu reinigen. Wenn Sie es versuchen sollten, nehmen Sie eine warme Lösung und spülen Sie die Flüssigkeit ganz leicht hin und her, bis der Schmutz völlig beseitigt ist. Dann trocknen Sie den Gehörgang sanft mit Wattestäbchen.

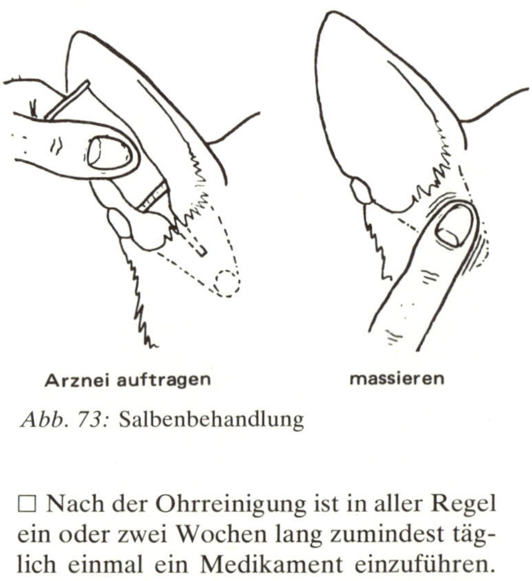

Abb. 73: Salbenbehandlung

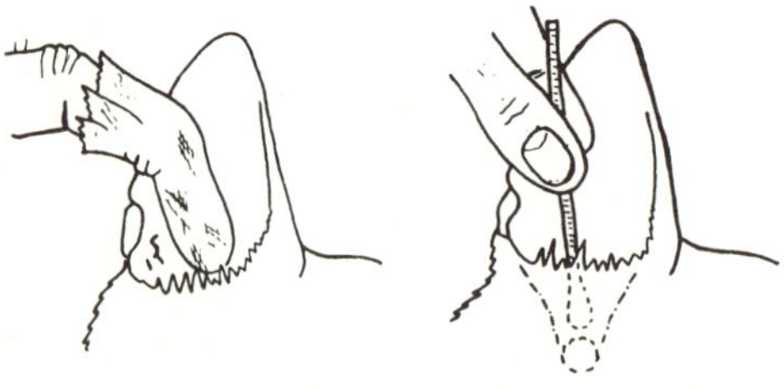

Abb. 72: Ohrensäubern

□ Nach der Ohrreinigung ist in aller Regel ein oder zwei Wochen lang zumindest täglich einmal ein Medikament einzuführen. Flüssigkeiten kann man in den Gehörgang einträufeln. Wenn das Medikament im Gehörgang ist, greift man den unteren Teil des Ohrknorpels durch die Haut und massiert ihn kräftig herauf und hinunter. Tut man das richtig, kann man dabei das Schwappen des Medikaments im Innern hören. Diese Maßnahme ist ein sehr wichtiger Teil der Ohrpflege, denn dadurch wird das Medikament im Gehörgang verteilt. Bevor man täglich neue Medikamente einführt, ist es sinnvoll, das Ohr teilweise zu reinigen, um Medikamentenreste und angesammelten

Schmutz zu beseitigen. Verwenden Sie dazu, wie beschrieben, einen Wattebausch, oder wickeln Sie Ihren Finger in ein weiches Tuch und reinigen Sie das Ohr, so weit Ihr durch das Tuch bedeckter Finger hineinkommt.

4.1.9 Das Festhalten der Katze

Im Gegensatz zu gut erzogenen und oft behandelten Hunden kann man von Katzen nicht erwarten, daß sie ruhig sitzen, stehen oder liegen, während man unangenehme Behandlungsmaßnahmen an ihnen vornimmt. Deshalb muß man für eine erfolgreiche Gesundheitspflege zu Hause voraussetzen, daß man über die günstigsten Methoden des Festhaltens Bescheid weiß. Sie werden notwendig, um einerseits bei sich selbst und bei seiner Katze Verletzungen zu vermeiden und andererseits zum Erfolg zu kommen. Katzen unterscheiden sich in ihren Persönlichkeiten sehr stark, und so muß jeder Zwang, wenn er seinen Zweck erreichen soll, ganz auf das einzelne Tier abgestellt werden. Die beste Grundregel heißt: mit einem *Minimum* an Gewalt sein Ziel erreichen. Lassen Sie nie zwei Menschen etwas tun, was auch einer tun kann, und wenden Sie stets die schonendste Methode zuerst an, es sei denn, Sie wissen aus Ihrer Erfahrung mit der Katze, daß ein sehr fester Griff notwendig ist. Alle häuslichen Pflegemaßnahmen werden in diesem Abschnitt so beschrieben, als ob sie von einer Person durchgeführt würden, denn die meisten Katzen beginnen zu kämpfen, wenn man mit Gewalt vorgeht, und ein zarter Zwang ist für das Tier am harmlosesten. Stellen Sie fest, daß es mit sanften Methoden nicht geht, dann müssen Sie etwas fester vorgehen, bestimmt und zielstrebig, aber nicht grob, sonst verlieren Sie die Katze aus Ihrem Griff, und Sie werden womöglich gekratzt oder gebissen.

□ Versuchen Sie nie, mit der Behandlung anzufangen, wenn die Katze auf dem Fußboden, im Bett oder auf Ihrem Schoß sitzt, es sei denn, sie ist sehr kooperativ. Am besten setzen Sie sie auf die glatte Oberfläche eines Tisches oder auf eine andere ebene Platte, neben der Sie stehen können. Benutzen Sie nur eine Hand zum Festhalten und lassen Sie die andere Hand zur Behandlung frei. Im einfachen Fall legen Sie eine Hand fest über die Schultern der liegenden Katze oder umfassen mit einer Hand ihren Brustkorb von vorn, wenn sie steht oder sitzt. Dadurch hindern Sie sie daran, sich vorwärts zu bewegen. Wenn man einen Arm um den Körper der Katze legt, so daß ihr Kopf zwischen Arm und Körper eingekeilt ist und man mit der Hand den Schwanz ergreift, kann man sie damit sicher festhalten, um viele Maßnahmen an den Hinterläufen und am Schwanz durchzuführen und auch ihre Temperatur zu messen (siehe Abb. auf Seite 128). Eine bessere Kontrolle erreichen Sie, wenn Sie die Katze fest am *Nak-*

Abb. 74: Der Griff am Nacken

Abb. 75: Einwickeln in ein Handtuch

ken greifen oder an der Basis des Schädels, wobei Sie mit Daumen und Fingern fest zudrücken. Wenn Sie eine dieser Methoden anwenden, dann können Sie nötigenfalls den Arm der ruhenden Hand auf den Rükken der Katze legen, um eine noch bessere Kontrolle zu erreichen.

□ Versagen diese einfachen Festhaltemethoden und steht Ihnen kein Assistent zur Verfügung, dann versuchen Sie, die Katze in ein Handtuch zu wickeln oder sie in einen Kopfkissenbezug zu stecken. Zur Verabreichung von Medikamenten durch das Mäulchen lassen Sie ihren Kopf herausschauen, und dann folgen Sie den Hinweisen zur Gabe von festen oder flüssigen Medikamenten auf Seite 130. Wenn Sie etwas anderes behandeln wollen, dann legen Sie nur das Gebiet frei, das Sie versorgen müssen, während Sie den Rest der Katze zugedeckt lassen. Man muß sie dabei nicht immer fest in das Handtuch einwickeln. Wenn man ein Handtuch einfach über eine nicht kooperative Katze legt, dann scheint sie das oft zu beruhigen, und das wird Ihnen manchmal ermöglichen, einen sonst ganz und gar widerspenstigen Patienten festzuhalten. Kommt es während dieser oder der folgenden Maßnahmen dazu, daß die Katze anfängt, nach Luft zu ringen, oder daß sie schwächer wird, dann hören Sie auf und lassen Sie sie wieder zu Kräften kommen, bevor Sie fortfahren. Schwache Katzen, die durch den Kampf gegen die Ruhigstellung übermäßig angestrengt werden, können zusammenbrechen. Wenn zwei Leute zusammenarbeiten, kann der Umgang mit einer sehr schwierigen Katze einfacher werden. Wird ein Medikament durch das Mäulchen gegeben, dann kann Ihr Assistent seine Arme um die Katze legen und die beiden Vorderläufe fest greifen, wobei er sie nach unten drückt, so daß sie nicht nach oben greifen können, während Sie Kopf und Mäulchen manipulieren. Er kann auch das Handtuch halten, wenn man feststellt, daß es leichter ist, die Behandlung durchzuführen, wenn die Katze zum Teil abgedeckt ist. Ihr Assistent kann die Katze auch so festhalten, wie es die Abbildungen 77 zeigen.

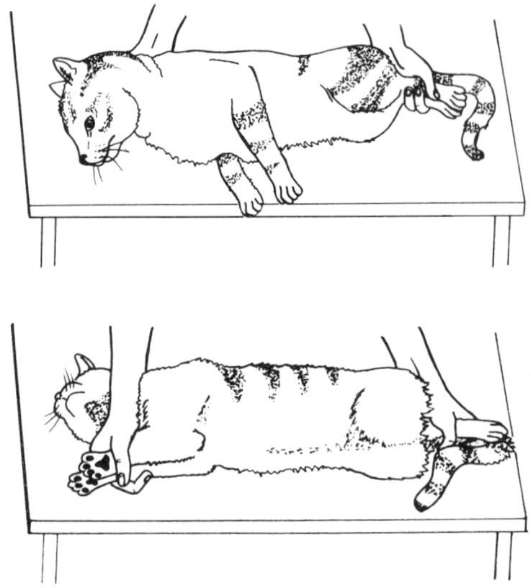

Abb. 77 oben: Griff an Nacken und Hinterläufe.
Unten: Halten der Vorder- und Hinterläufe

Abb. 76: Das Fixieren der Vorderläufe

Das Anfertigen des Maulkorbs □ Die meisten Tierärzte legen einer Katze einen Maulkorb nur selten an, folglich werden Sie es auch selten tun müssen. Es kann aber sehr nützlich sein, wenn Sie es mit einer Katze zu tun haben, die erfahrungsgemäß beißt, oder wenn man eine verletzte Katze transportiert.

□ Nehmen Sie ein langes Stück Schnur, einen Streifen Gazeverband oder Stoff, bilden Sie daraus eine Schlaufe und ziehen sie diese soweit wie möglich über das Mäulchen der Katze. Nun wird die Schlaufe fest

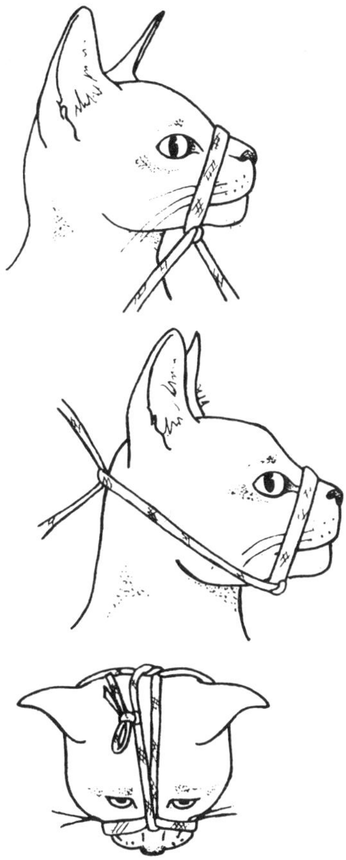

Abb. 78: Das »Schnauzenband« (Zubinden des Mäulchens)

über der Nase zusammengezogen, wobei die beiden Enden unter dem Kinn hängen. Diese beiden Enden führen Sie an jeder Seite des Kopfes entlang und verknüpfen sie fest im Nacken. Nun führen Sie das eine Ende des Streifens unter die Nasenschlaufe (wie abgebildet), um es anschließend zum Nacken zurückzuführen und dort wiederum fest zu verknüpfen. Ist die Maulschlinge richtig angelegt, werden alle Bißversuche der Katze umsonst sein. Die Maulschlinge selbst wird so stark ablenken, daß Sie allein schon deshalb ungestört Ihre Behandlung zu Ende führen können.

4.1.10 Wunden und Verbände

Infizierte Hautverletzungen und Abszesse erfordern auch zu Hause eine wiederholte Reinigung (siehe Kapitel 3.2.1). Bei der Wundversorgung werden diese Wunden ganz oder zum Teil offen gehalten, um Eiter abfließen zu lassen und die Reinigung zu ermöglichen. Eine 3 %ige Wasserstoffperoxidlösung aus der Drogerie verwendet man bei derartigen Wunden am besten. Wie Sie mit der Lösung zweckmäßig umgehen, steht auf den Seiten 81 bis 83. Dort finden Sie weitere Informationen über Wunden, Infektionen und Abszesse.

□ Wunden heilen am schnellsten, wenn man sie unbedeckt läßt. Wird die Wunde allerdings dauernd verunreinigt oder beleckt die Katze das Gebiet so stark, daß sie die Heilung verzögert oder gar die Wunde verschlimmert, dann muß diese geschützt werden. Daß es bei Katzen nur selten dazu kommt, ist ein Glücksfall, denn Verbände sind bei diesen kleinen Tieren sehr viel schwieriger anzubringen und zu fixieren als bei größeren Tieren, zum Beispiel bei Hunden.

Fußverband □ Als leichter Fußverband kann ein Kinderstrumpf oder ein Puppenstrumpf dienen. Er wird über den Fuß gezogen und an seinem oberen Ende mit einem Klebepflaster am Bein befestigt. Hierbei umwickelt man das Bein am besten mehrere Male, vergewissert sich dabei aber, daß die Umwicklung locker genug ist, um den Blutkreislauf im Fuß nicht zu un-

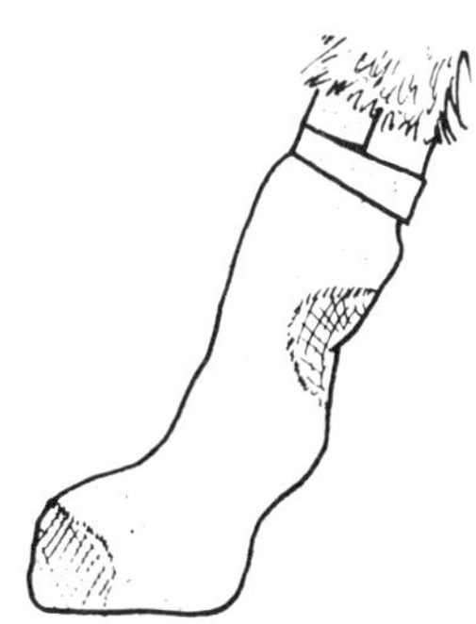

Abb. 79: Pfotenverband: Strumpfverband

terbrechen. Auf diese Weise bleibt der größte Teil des Strumpfes locker, und etwas Luft kann an die Wunde heran. Am besten geeignet ist ein derartiger Verband, um die Krallen der Hinterfüße abzudecken und damit zu verhindern, daß die Katze eine Wunde aufkratzt, oder um bestimmte Gebiete am Fuß selbst vor dem Belecktwerden zu schützen. Unter dem Verband können Salben aufgetragen werden, und durch den Strumpf bleiben sie am Fuß und kommen nicht auf dem Teppich.

□ Wehren sich Katzen gegen einen leichten Verband, wie es der Strumpf ist, und reißen sie ihn immer wieder ab, so muß man einen etwas stabileren Verband anlegen. Dies kann geschehen, indem man den ganzen Strumpf mit Klebepflaster umwickelt oder Gazestreifen oder einen Gazestrumpf mit dem Klebepflaster kombiniert. Vor dem Anlegen eines handfesten Verbandes werden die Räume zwischen den Zehen mit einzelnen kleinen Wattestückchen ausgepolstert. Je nach der Lokalisation der Wunde deckt man sie mit Gaze oder einer nicht haftenden Kompresse ab. Daraufhin wird der Fuß fest mit Gaze umwickelt, wobei einige Schichten nicht nur um den Fuß herum, sondern auch senkrecht anzulegen sind. Dem Verlauf der Gazestreifen folgt dann das Klebepflaster. Die langen, senkrechten Streifen bilden nicht nur das Ende des Verbandes, sie helfen auch, das Durchscheuern zu verhindern. Der Druck des Verbandes sollte von den Zehen bis zum oberen Ende gleichmäßig sein, so daß die normalen Kreislaufverhältnisse im Fuß

Abb. 80: Pfotenverband: Verband mit Pflaster und Binde

aufrechterhalten werden. Verzagen Sie nicht, wenn Ihr erster Verband verrutscht; man braucht etwas Übung, um eine Katzenpfote so zu bandagieren, daß der Verband nicht abgleitet.

□ Um Ihre Katze daran zu hindern, am Verband zu kauen und ihn abzunehmen, können Sie noch flexiblen Draht oder Isolierband über die Bandage wickeln. Gewöhnlich ist das aber nicht nötig. Nach ein paar Minuten der heftigen Abwehr beginnen die meisten Katzen, die künstlichen Bedeckungen zu dulden. Wenn vom Tierarzt nicht anders verordnet, sollten Verbände spätestens an jedem dritten Tag gewechselt werden.

Bauch-, Rücken- und Halsverbände □ Verbände mit mehreren Enden – mehrfach geknüpfte Verbände – kann man aus jedem rechteckigen oder quadratischen

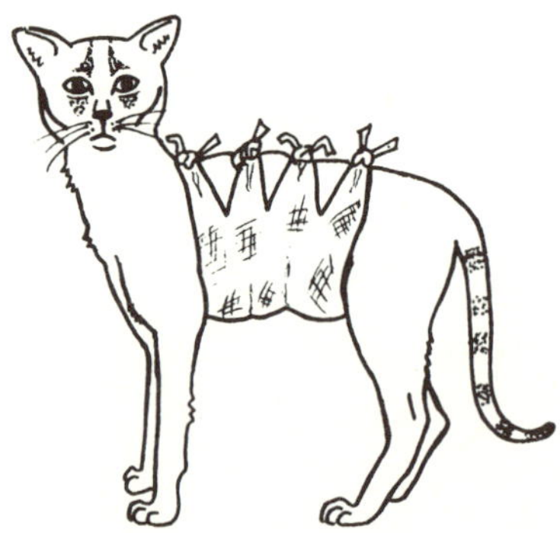

Abb. 81: Mehrfach geknüpfter Bauchverband

sauberen Tuch anfertigen. Man verwendet sie am besten, um eine Katze vom Belecken einer Wunde (zum Beispiel einer Operationswunde) abzuhalten oder um Teppiche oder Möbel vor dem Ausfluß aus offenen Wunden (wie Abszessen) zu schützen. Nötigenfalls kann Gaze oder Wattepolster zwischen Wunde und Verband eingelegt werden. Mit dieser Art Verband deckt man Wunden am Hals, Bauch oder Rücken ab. Seien Sie aber nicht allzu überrascht, wenn es Ihrer Katze gelingt, sich auch der perfekten Bandage zu entwinden.

□ In seltenen Fällen wird eine Katze jeder Verbandsmethode zum Trotz Wunden

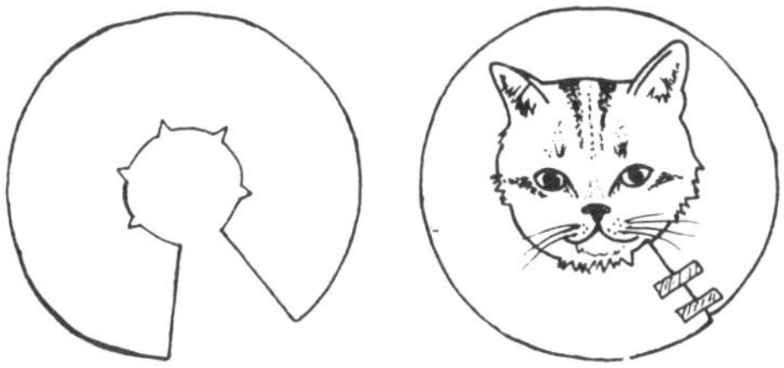

Abb. 82: Der Schutzkragen

oder Reizstellen nicht in Ruhe lassen. Außerdem kommen gelegentlich Wunden vor, zum Beispiel am Kopf, die man nicht so leicht mit einem Verband schützen kann. Hier versucht man es mit einem Schutzkragen. Manche Tierhandlungen führen fertige Schutzkragen aus Kunststoff oder Pappe, man kann sie auch von Tierärzten bekommen. Damit wird es bei den meisten Katzen gelingen, sie davon abzuhalten, Wunden am Körper zu stören und sich an Kopf- oder Ohrwunden zu kratzen. Einer entschlossenen Katze gelingt es gewöhnlich, sich auch eines perfekt angelegten Schutzkragens zu entledigen. Richten Sie sich also darauf ein, ihn mehrere Male anzulegen und in der Übergangsphase auch Beruhigungsmittel zu geben, wenn Ihr Tierarzt das empfiehlt. Darüber hinaus können oder wollen viele Katzen, wenn sie einen Schutzkragen tragen, weder fressen noch trinken. Darauf müssen Sie Rücksicht nehmen und den Kragen abnehmen, wenn Sie zu Hause sind und die Katze überwachen können. Sie sollten Sie sich auch über die Ursachen im klaren sein; ein Schutzkragen mag Ihre Katze davon abhalten, an den Ohren zu kratzen, hat sie aber Ohrmilben, so kann der Schutzkragen sie davon nicht befreien.

4.2 Information über Medikamente

4.2.1 Allgemeine Informationen

Für Medikamente gibt es eine *chemische* Bezeichnung, einen *pharmakologischen* (einen sogenannten *»generic name«*) und den *Markennamen.* Die pharmakologische Bezeichnung ist gewöhnlich einfacher und leichter zu behalten als die chemische Formel. So ist beispielsweise *Azetylsalizylsäure* die chemische Bezeichnung für ein Präparat, dessen Markenname *Aspirin* lautet.

□ Im allgemeinen sind Medikamente in der Veterinärmedizin die gleichen wie in der Humanmedizin, aber sie sind billiger, wenn sie als tierärztliche Präparate verkauft werden. Viele Tierärzte allerdings werden Ihnen die Präparate, die Sie brauchen, selbst geben, statt ein Rezept für den Apotheker auszuschreiben. Wenn Tierärzte daran auch verdienen, so ist diese Regelung für Sie doch bequem und in der Regel billiger, als wenn Sie das entsprechende Medikament in der Apotheke kaufen müßten.

□ Manche Firmen verkaufen Leuten, die keine Tierärzte sind, Medikamente direkt, in manchen Fällen handelt es sich um Präparate, wie sie auch Tierärzte verwenden. In anderen Fällen allerdings sind sie weniger wirksam und eher schädlich als die Präparate, die der Tierarzt geben würde. Ich glaube, daß die Firmen, die viele dieser Präparate nur verkaufen, primär am Profit interessiert sind und nicht an der Gesundheit des Tieres. In der Regel geben sie sich wenig Mühe dafür zu sorgen, daß die Medikamente richtig angewendet werden, und manchmal unterlassen sie es, auf mögliche Nebenwirkungen hinzuweisen. Vermeiden Sie solche Präparate, wenn sie nicht von einem Tierarzt Ihres Vertrauens empfohlen werden*.

□ Auf allen vom Apotheker oder vom Tierarzt abgegebenen Präparaten muß entweder der internationale Freiname (»generic name«) oder der (rechtsgeschützte) Markenname stehen, darüber hinaus gegebenenfalls das Haltbarkeitsdatum, die Menge der wirksamen Substanzen und eine klare Gebrauchsanweisung. Dadurch werden bei der Behandlung Mißverständnisse vermieden, und man hilft anderen, die möglicherweise später den Fall behandeln. Medikamente sind Hilfsmittel, aber keine Zauber-

* Rezeptpflichtige Medikamente dürfen in der Bundesrepublik Deutschland nur über Tierärzte und Apotheken abgegeben werden.

stoffe. Deshalb sollte Ihr Tierarzt über das, was er verordnet, offen sprechen. Medikamente sollte man aber auch nicht als Allheilmittel ansehen oder sie fahrlässig verordnen und anwenden. Bei Katzen ist besondere Vorsicht angebracht; gerade bei ihnen gibt es viele Unverträglichkeiten. Dadurch reagieren sie gegenüber vielen Medikamenten ungünstig, die beim Gebrauch durch Menschen oder beim Hund ganz unbedenklich sind. Folgen Sie den Anweisungen ihres Tierarztes genau und verwenden Sie kein Präparat, das nicht vom Tierarzt oder durch einen anderen *kompetenten Ratgeber* zum Gebrauch bei Katzen empfohlen wird. Bedenken Sie außerdem, daß es ständig neue Medikamente gibt. Obwohl in diesem Buch einige Präparate erwähnt werden, die für die Anwendung bei Katzen geeignet sind, werden möglicherweise bessere Arzneimittel zur Verfügung stehen, noch ehe dieses Buch überarbeitet ist. Ihr Tierarzt ist am besten geeignet, Sie auf dem laufenden zu halten.

4.2.2 Antibiotika

Ursprünglich waren *Antibiotika* chemische Substanzen, die von Mikroorganismen produziert wurden und das Wachstum anderer Mikroorganismen behinderten. Heutzutage gehört zur Gruppe der Antibiotika eine große Zahl von Substanzen, von denen viele synthetisch hergestellt werden und die man hauptsächlich zur Behandlung bakterieller Infektionen einsetzt. Werden sie richtig angewendet, sind Antibiotika Wundermittel. Sie ermöglichen es, Infektionen zu heilen, die früher sicher tödlich gewesen wären. Sie können allerdings auch leicht mißbraucht werden.

□ Nicht jedes Antibiotikum wirkt gegen alle Bakterien. Die Entscheidung eines Tierarztes, ein bestimmtes Antibiotikum zu verwenden, beruht auf dem wahrscheinlichen Krankheitserreger und/oder auf dem Ergebnis einer Laboruntersuchung, bei der die Erreger gezüchtet werden und wobei man ihre Empfindlichkeit gegenüber bestimmten Antibiotika testet. Wird das falsche Antibiotikum verwendet, so tritt keine günstige Wirkung ein. Wird das richtige Antibiotikum angewendet und ist es korrekt dosiert, so wird das Wachstum der Bakterien gestoppt oder zumindest soweit beherrscht, daß die natürlichen Abwehrsysteme des Körpers die Infektion überwinden können. Wird das Antibiotikum nicht so häufig gegeben, wie es verordnet wurde, oder hört man mit der Gabe zu früh auf, dann können sich Bakterienformen vermehren, die gegenüber dem Antibiotikum resistent sind, oder die Infektion kann wieder auftreten.

□ Manche Leute glauben, daß Antibiotika bei jeder infektiösen oder fiebrigen Erkrankung nützlich sind. Das ist sicherlich nicht richtig. Bei Virusinfektionen bedeuten Antibiotika keine Hilfe.

Antibiotika sind unwirksam gegen Viren □ *Viren* leben in Körperzellen und benötigen deren Stoffwechselvorgänge, um sich zu vermehren. Da die Stoffwechselverhältnisse bei Viren denen der Bakterien nicht ähnlich sind – diese leben ja zum größten Teil außerhalb von Zellen und vermehren sich unabhängig von ihnen –, sind Medikamente, die gegen Bakterien wirksam sind, gegen Viren ohne Wirkung. Werden Antibiotika im Laufe einer Virusinfektion verordnet, dann dienen sie dazu, Bakterien zu bekämpfen, die eingedrungen sind, nachdem das Virus das Tier geschwächt hat (sogenannte Sekundärinfektion). Zur Behandlung von Virusinfektionen gibt es nur wenige Medikamente. Da die Virusvermehrung mit der normalen Zellfunktion so innig verbunden ist, stören die meisten gegen Viren wirksamen Präparate auch die Körperzellen.

Medikamente haben Nebenwirkungen □ Wie andere Medikamente haben auch Antibiotika mögliche Nebenwirkungen. Da Bakterien einzellige Organismen sind, die in vielerlei Hinsicht einzelnen Körperzellen ähneln, können Antibiotika manchmal ähnlich schädigend auf Körperzellen wirken wie auf Bakterien. Zu den möglichen Nebenwirkungen zählen allergische Reaktionen, Vergiftungserscheinungen, Stoffwechseländerungen sowie eine Veränderung der normalen, günstigen

Bakterienflora des Körpers. Ein guter Tierarzt wird Sie darüber aufklären, ob bei dem verordneten Antibiotikum mit bestimmten Nebenwirkungen zu rechnen ist. Durch die Verwendung überlagerter Präparate und durch die Kombination von Antibiotika mit bestimmten anderen Medikamenten sowie bei bestimmten Krankheiten können die Nebenwirkungen noch verstärkt werden.

□ Die unkritische Anwendung von Antibiotika ist zu vermeiden. Unter richtiger Anleitung werden schädliche Nebenwirkungen vermieden, und die Entwicklung antibiotikaresistenter Bakterien wird verhindert. Seien Sie froh und nicht enttäuscht, wenn Ihr Tierarzt der Meinung ist, daß eine Krankheit ohne Antibiotika oder überhaupt ohne Medikamente behandelt werden kann, und Sie mit leeren Händen nach Hause schickt. Verwenden Sie auch keine übriggebliebenen Antibiotika, wenn Sie nicht dazu von Ihrem Tierarzt angeregt werden.

4.2.3 Nebennierenrindenhormone (Kortikosteroide)

Zu den *Kortikosteroiden* zählen Hormone, die von den Nebennieren gebildet werden, und synthetische Präparate, die diesen natürlich vorkommenden ähnlich sind. Diese Medikamentengruppe hat im Körper ein breites Wirkungsfeld und beeinflußt unter anderem den Fett-, Eiweiß- und Kohlenhydratstoffwechsel, den Wasserhaushalt, den Salzhaushalt und die Funktionen von Herz, Kreislauf und Nieren. Diese Substanzen sind sehr wichtig, wenn es um die Fähigkeit eines Individuums geht, bestimmten Umweltveränderungen und schädlichen Reizen zu widerstehen.

□ Kortikosteroide werden in der Veterinärmedizin gewöhnlich wegen ihrer entzündungshemmenden Wirkung angewendet, beispielsweise um den Juckreiz bei Allergien oder anderen Hauterkrankungen zu mildern. Wegen ihrer bemerkenswerten Wirksamkeit neigen manche Tierbesitzer und manche Tierärzte dazu, diese Präparate zu oft zu benutzen. Bedenken Sie, daß Kortikosteroide nur das Symptom bekämpfen, es mildern, aber die Erkrankung selbst nicht heilen, es sei denn die Krankheit selbst besteht in einer mangelnden Produktion von Nebennierenrindenhormonen. Vergessen Sie auch nicht, daß Kortikosteroide nicht nebenwirkungsfrei sind. Obwohl sie sicher und bei regelrechter Anwendung sogar lebensrettend sein können, stellen sie bei Mißbrauch eine Bedrohung der Gesundheit Ihrer Katze dar. Vermeiden Sie steroidhaltige Präparate, die man in Tierhandlungen kaufen kann*, und verlassen Sie sich bei der Verwendung von Kortikosteroiden auf den Rat eines guten Tierarztes. Einige Namen von häufigen Kortikosteroidmedikamenten sind: *Prednison, Prednisolon, Kortison, Triamzinolon* und *Dexamethason*. Manche davon haben ein geringeres Wirkungsspektrum als andere.

4.2.4 Über die Anwendung von Medikamenten aus der Hausapotheke

Beruhigungsmittel □ *Beruhigungsmittel* sind Präparate, die durch verschiedene Wirkungen auf das Gehirn bei Katzen zur Dämpfung der Reaktionen führen. Sie werden berechtigterweise angewendet, wenn es darum geht, Angst zu lindern und zu dämpfen, und manchmal helfen sie auch, unerwünschtes Verhalten zu korrigieren. Tierärzte verwenden Beruhigungsmittel am häufigsten, um Aufregung zu lösen, die manche Katzen widersetzlich macht, wenn sie in eine Praxis kommen, und sie geben sie vor der Narkoseeinleitung. Andere Gründe, Katzen ein Dämpfungsmittel zu verabreichen, sind: das Einsperren in einen Transportbehälter, Lärm (wie beim Versenden) und die Verletzung (wie beim Belecken von Wunden).

□ Benötigt man voraussichtlich ein Beruhigungsmittel, dann bespricht man dessen Vor- und Nachteile am besten mit dem Tierarzt und läßt sich ein entsprechendes Rezept geben. Manchmal reagieren Katzen auf Beruhigungsmittel unerwartet und

* Rezeptpflichtige Medikamente dürfen in der Bundesrepublik Deutschland nur über Tierärzte und Apotheken abgegeben werden.

werden unter deren Wirkung widersetzlicher und wilder als vorher. Muß man unvorhergesehen zum Beruhigungsmittel greifen, dann kann man zwei Mittel aus der Humanmedizin (sogenannte Tranquilizer) verwenden, nämlich *Diazepam* (Valium) und *Chlorpromazin* (Megaphen). In einer solchen Situation ruft man den Tierarzt an und fragt, ob die Anwendung des Medikamentes, das einem zur Verfügung steht, sinnvoll ist, und erkundet zugleich auch die richtige Dosierung.

□ Unter keinen Umständen sollten Sie Beruhigungsmittel zu Ihrer eigenen Entlastung verwenden; mit immer wiederkehrenden Schwierigkeiten wird man durch Erziehung und durch Gewöhnung Ihrer Katze an eine schwierige Situation fertig. Außerdem sollten Sie nie Beruhigungsmittel verwenden, um Ihre Katze nach einem Unfall mit möglicherweise schweren Verletzungen ruhigzustellen; sie könnten unerwünschte Wirkungen auf den Blutdruck haben und dadurch zu einem Schock beitragen.

Aspirin □ Beim *Aspirin (Azetylsalizylsäure)* handelt es sich um ein häufiges Hausmittel, das von Katzenbesitzern fälschlicherweise angewendet wird. Es ist fiebersenkend, lindert leichten Schmerz und hatte eine gewisse entzündungshemmende Wirkung, es ist aber kein Heilmittel für Krankheiten. Aspirin senkt das Fieber, indem es die Temperaturregulation des Körpers im Gehirn neu einstellt. Wie es seine anderen Wirkungen entfaltet, ist unbekannt. Bekannt ist aber, daß Aspirin in Dosen, die bei anderen Tieren unschädlich sind, bei Katzen äußerst giftig sein kann. Bei Mißbrauch kann es schwere Krankheitserscheinungen hervorrufen, wie Erbrechen, Schwäche, Appetitverlust, Überempfindlichkeit, Blut im Stuhl und Krampfanfälle. Die Anwendung von Aspirin bei Katzen hat oft zu Magengeschwüren und zum Tode geführt. Da eine Verordnung von Aspirin bei Katzen selten notwendig ist, sollten Sie zu Hause kein Aspirin verabreichen. Überlassen Sie Ihrem Tierarzt die Entscheidung darüber, ob Aspirin angezeigt ist, und lassen Sie es ihn verabreichen, so daß es nicht zur Überdosierung und zur Vergiftung kommt.

Antacida □ Die Verwendung von säurebindenden Mitteln (Antacida) wird auf Seite 99 behandelt.

Durchfallmittel □ Die Verwendung von Durchfallmitteln (Schutzmittel der Darmschleimhaut) wird auf Seite 100 besprochen.

Abführmittel □ Die Anwendung von abführenden Präparaten wird auf Seite 101 dargestellt.

Wasserstoffperoxid □ Auf Seite 81 erfahren Sie, wie man mit Wasserstoffperoxid Wunden und Abszesse reinigt. Seine Verwendung zum Auslösen von Erbrechen finden Sie auf Seite 117.

Isopropylalkohol □ Man kann zur Behandlung entzündeter Ohren Isopropylalkohol verwenden; siehe Seite 89.

5 Zucht und Fortpflanzung

5.1 Allgemeine Informationen

Kater und Katzen erreichen die Geschlechtsreife gewöhnlich im Alter von 6 bis 12 Monaten, obwohl manche bis zum 15. Monat noch nicht geschlechtsreif sind. Der tatsächliche Beginn der sexuellen Reife, der Zeitpunkt der ersten Paarung, schwankt sehr stark von Tier zu Tier, da er von vielen Faktoren beeinflußt wird. Dazu zählen das Klima, die Ernährungsweise, die züchterische Herkunft und die »psychologische« Reife. Gewöhnlich reifen männliche Tiere körperlich später und paaren sich auch etwas später als weibliche. Obwohl ein Kater möglicherweise schon mit 4 oder 5 Monaten in der Lage ist, Samenzellen (Spermien) zu produzieren und zu kopulieren, hängt der Zeitpunkt, an dem es tatsächlich zur Paarung kommt, von vielen sozialen Faktoren ab, die nicht mit der körperlichen Reife zusammenhängen. Es kann vorkommen, daß sich ein Kater, der noch nicht »psychologisch« reif und in seiner Verhaltensweise noch nicht gefestigt ist, nicht paaren wird, obwohl er körperlich dazu in der Lage wäre.

□ Katzen unterliegen einem physiologischen Zyklus in ihrer Geschlechtsfunktion, den man als *Brunst* (Östrus) oder *Rolligkeit* bezeichnet. Den Zyklus teilt man in vier Stadien ein: *Anöstrus, Proöstrus, Östrus* und *Metöstrus.* Von den vier Stadien kann man allerdings ohne Laboruntersuchungen nur den Anöstrus vom Östrus unterscheiden. Während der brunstfreien Periode (Anöstrus) ruhen die Eierstöcke (Ovarien). Diese Periode zieht sich gewöhnlich über 3 bis 4 Monate hin und tritt im Herbst und im frühen Winter ein (September oder Oktober bis Januar). Sie kann aber auch zu jeder Jahreszeit auftreten. Den Zustand dieser Periode kann man künstlich herbeiführen, indem man eine *Eierstocks- und Gebärmutterentfernung (Ovariohysterektomie)* durchführt (siehe Seite 145). Dem Anöstrus folgt die Vorbrunst (Proöstrus), die Brunst oder Rolligkeit (Östrus) und die Nachbrunst (Metöstrus), die wiederholt in dieser Folge im Frühling und im Sommer auftreten. Während dieser Periode des *aktiven Geschlechtszyklus* kommt es zur Paarung. Während des Östrus ist die Katze sexuell empfänglich, und es kann zur Paarung kommen; in dieser Periode tritt in der Regel eine merkliche Veränderung des Verhaltens und der Stimme auf. Das Miauen wird tiefer und sehr häufig, und die Katze wird gewöhnlich gegenüber Menschen sehr viel liebevoller, wobei sie sich an Menschen schmiegt (oder auch an unbelebte Objekte) und sich rollt.

Zeichen der Brunst □ Manchmal wird

Abb. 83: Brunststellung

Ihnen eine Vergrößerung der Scheide auffallen, aber dies ist kein zuverlässiges Zeichen der Brunst. Greift man sie am Nacken mit der einen Hand und streicht über den Rücken oder die Genitalzone mit der anderen, dann werden Katzen während der Brunst gewöhnlich ihr Hinterteil anheben, den Schwanz zur einen Seite bewegen und mit den Hinterläufen mehrmals auftreten. Zur selben Haltung kommt es, wenn eine Katze einen Kater bei der Paarung empfängt (siehe Seite 150).

□ Am einfachsten kann man die mit der Brunst zusammenhängenden Veränderungen bei Katzen feststellen, die in der Wohnung gehalten werden und bei denen man die Paarung nicht zuläßt, denn unter diesen Umständen können die Zeichen 9 bis 10 Tage lang anhalten. Katzen, die unbeschränkt nach draußen dürfen oder zu einem Kater, können unbemerkt durch diese Phase hindurchgehen. Bei Katzen kommt es zum induzierten Eisprung (einem Eisprung, der durch die Paarung ausgelöst wird), und wenn es zur Paarung kommt, dann verschwinden die Zeichen der Brunst bald, und es kommt fast immer zur Trächtigkeit. Bei Katzen, die sich nach Belieben paaren dürfen, dauert die Brunstperiode maximal 4 Tage. Während der Paarungszeit werden bei Katzen diese Perioden einmal alle 2 oder 3 Wochen auftreten, es sei denn, daß sie gedeckt werden oder der Eisprung künstlich angeregt wird (siehe Seite 144). Bedenken Sie aber, daß diese Zeitangaben nur Durchschnittswerte bedeuten. Jede Katze hat ihren eigenen Zyklus, der sich wiederholt, wenn er einmal abgelaufen ist.

5.2 Trächtigkeitsverhütung

Da der Geschlechtszyklus eine große individuelle Variationsbreite hat und der Beginn der Brunst und der Paarung leicht übersehen werden kann, wenn Ihre Katze freien Zugang nach draußen hat, müssen Sie, um bei einem fortpflanzungsfähigen weiblichen Tier die Trächtigkeit zu verhüten, es in der Wohnung behalten und von fortpflanzungsfähigen Katern trennen. Obwohl verschiedene Hersteller an Präparaten arbeiten, die bei Katzen und Hunden trächtigkeitsverhütend sein sollen, gibt es bislang keine sicheren und zuverlässigen, nichtchirurgischen Verfahren, um bei der Katze eine Trächtigkeit zu vermeiden. Wenn Sie es also vorziehen, mit einer fortpflanzungsfähigen Katze zu leben, müssen Sie die immer wieder vorkommenden Verhaltensänderungen in Kauf nehmen, die im Laufe der Paarungszeit auftreten.

□ Das kann Schwierigkeiten bereiten, insbesondere dann, wenn Ihre Katze zu einer liebevolleren Art gehört, wie zum Beispiel Siamkatzen. Ihr Tierarzt kann Ihnen helfen, indem er Beruhigungsmittel verschreibt, die das Verhalten etwas dämpfen, oder er wird den Eisprung künstlich einleiten und damit die Länge der Brunst verringern.

Künstlich eingeleiteter Eisprung (Ovulation) □ Die künstlich ausgelöste Ovulation erreicht man, indem man eine Paarung mit einem nicht fortpflanzungsfähigen Kater zuläßt oder indem man die Scheide mit einem Glasstäbchen reibt. Diesen unfruchtbaren Paarungen folgt eine Schein- oder falsche Trächtigkeit (siehe Seite 150). Dadurch kann es zu einer Verzögerung von einem Monat oder länger kommen, bis Zeichen der Brunst wiederauftreten. Wenn Sie es wünschen, kann Ihnen Ihr Tierarzt die beste Methode zeigen, mit der Sie ein Glasstäbchen zur unfruchtbaren Paarung anwenden, oder er wird Sie in Verbindung setzen können mit dem Besitzer eines nicht fortpflanzungsfähigen Katers. Wenn Ihre Katze jedoch nicht für die Zucht bestimmt ist, sind diese Methoden in der Regel sehr viel mühevoller als nutzbringend. Die zur

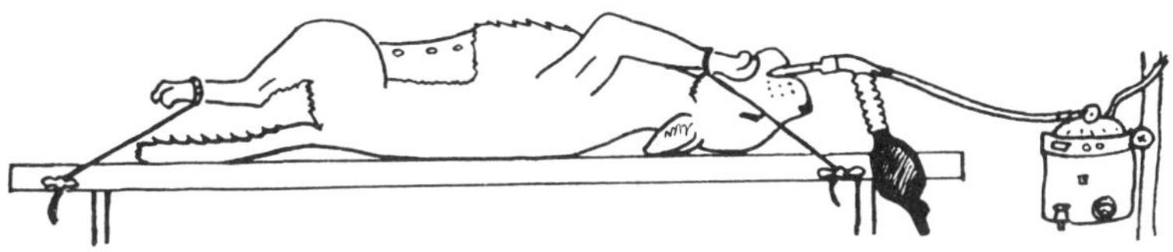

Abb. 84: Körperlage für einen chirurgischen Eingriff am Bauch

Zeit beste Methode, um die Trächtigkeit zu verhüten und das Brunstverhalten zu beseitigen, ist die Kastration. Darunter versteht man die Entfernung der Keimdrüsen, also der Eierstöcke bei der Katze oder der Hoden beim Kater.

*Kastration, Ovariohysterektomie** □ Diese Operation ist von vielen falschen Vorstellungen umgeben. Eine davon ist, daß dadurch eine Katze fett und faul wird. Dem ist nicht so. Wie oben geschildert, ruft dieser Eingriff einen Dauerzustand hervor, der mit der Brunstlosigkeit vergleichbar ist. Katzen werden nur dann fett, wenn sie weniger Kalorien verbrauchen, als sie fressen. Faulheit (Aktivitätsmangel) geht in der Regel mit Übergewicht einher. Fettsucht kann durch Stoffwechselanomalien (etwa Schilddrüsenunterfunktion) hervorgerufen werden, aber dies ist selten. Am häufigsten kommt sie durch Überfüttern zustande und ist nicht verursacht durch eine Kastration. Eine andere häufige, irrtümliche Annahme besteht darin, daß man meint, es sei für eine Katze vor einer solchen Operation wichtig, einmal geworfen zu haben, daß ein Wurf wichtig für die »Entwicklung der Persönlichkeit« sei oder daß er »beruhige«. Tatsächlich aber haben weder der Geschlechtszyklus noch der Wurf irgendwie günstige Wirkung. Obwohl eine Katze während der Brunst oft deutliche Verhaltensänderungen durchmacht und dies auch für die Trächtigkeit und Säugezeit gilt, so kehren doch die meisten Katzen, nachdem die Jungtiere sie verlassen haben, zu ihrem ursprünglichen Verhalten zurück.

* Die Verf. empfiehlt hier für die weibliche Katze die Eierstock-Gebärmutterentfernung – Ovariohysterektomie; in der Bundesrepublik Deutschland ist nur die Entfernung der Eierstöcke – die Kastration – üblich.

□ Der günstigste Zeitpunkt, um eine Kastration durchzuführen, liegt noch vor dem ersten Zyklus, aber die meisten Tierärzte raten dazu, den Eingriff nicht vor dem 5. Lebensmonat durchführen zu lassen. Es ist zwar selten, daß die Brunst bei einer Katze vor dem 6. Lebensmonat auftritt, es kommt aber vor. Der Eingriff läßt sich bei der jungen Katze am einfachsten durchführen und ist infolgedessen zu diesem Zeitpunkt auch für Sie am wenigsten belastend, außerdem ist es für Sie dann auch am billigsten. Gelingt es Ihnen nicht, den Eingriff vor der Brunst oder vor der Paarung durchzuführen, dann brauchen Sie dennoch nicht zu befürchten, mit einem ungewollten Wurf konfrontiert zu werden. Die Operation kann leicht während der Brunst durchgeführt werden und auch im Laufe der Trächtigkeit, obwohl sie zu diesem späteren Zeitpunkt etwas teurer wird, weil dann Eierstöcke und Gebärmutter entfernt werden. *Obwohl es individuelle Variationen* gibt, wird in den meisten guten Tierkliniken ein Verfahren angewandt, das dem folgenden ähnelt: Ihr Tierarzt wird Sie bitten, über mindestens 8 bis 12 Stunden vor dem Eingriff das Tier nüchtern zu halten. Diese Zeit erlaubt es dem Magen, sich zu entleeren, und verhindert so das Erbrechen und das Einatmen des Erbrochenen in die Luftröhre und in die Lungen im Laufe der Narkose.

□ Die meisten gesunden Katzen erholen sich 1 oder 2 Tage nach der Operation vollständig. Tatsächlich fühlen sich die meisten so wohl, daß es oft schwierig wird, sie in ihrem Bewegungsdrang einzuschränken.

□ Wenn Sie Ihre Katze nach der Operation nach Hause nehmen, ist es ratsam, täglich Fieber zu messen und sich die Operationswunde anzuschauen, selbst wenn Ihr Tierarzt es Ihnen nicht gesagt hat (dies sollte man übrigens nach jeder Operation tun).

Bei Fieber und/oder Schwellung, Rötung oder Wundsekret im Operationsgebiet sollten Sie Ihren Tierarzt um Rat fragen. Mit dem normalen Füttern kann man 48 Stunden nach dem Eingriff beginnen. Die meisten Tierärzte werden Ihnen erlauben, Ihre Katze vor Ablauf dieser Zeitspanne nach Hause zu nehmen. Geben Sie dann häufig kleine Mahlzeiten und Wasser, um eine Magenverstimmung zu vermeiden. Bei Erbrechen, das häufiger als 1- oder 2mal auftritt, und insbesondere dann, wenn es mit Mattigkeit des Tiers einhergeht, sollten Sie den Tierarzt, bei dem die Operation ausgeführt wurde, anrufen.

Eileiter-Tubenligatur □ Manche Tierärzte führen die sogenannte *Eileiterunterbindung (Tubenligatur)* durch (ein Abbinden der Eileiter [Tubae ovarii], damit die Eier nicht in den Uterus gelangen können). Der Weg in die Bauchhöhle ist der gleiche wie bei der Kastration, und obwohl der Eingriff sicher trächtigkeitsverhütend ist, glaube ich doch, daß er ganz bestimmte Nachteile im Vergleich zur Kastration hat. Die *Gebärmuttervereiterung (Pyometra)* wird dadurch nicht verhindert (siehe Kapitel 3.7.5), außerdem werden die Zeichen der Brunst nicht beseitigt. Sind Sie sicher, daß Sie die immer wieder auftretenden Brunsterscheinungen nicht stören werden, können Sie eine Tubenligatur wählen oder, was die Gesundheit betrifft, etwas vorteilhafter eine *Gebärmutterentfernung (Hysterectomie)* (darunter versteht man die Entfernung des Uterus, wobei aber ein oder beide Ovarien belassen werden). Vergessen Sie aber nicht, daß beide Eingriffe die Zeichen der Brunst nicht beseitigen. Treffen Sie Ihre Entscheidung sorgfältig, sonst gehören Sie am Ende zu den Leuten, die nach ein oder zwei Jahren Ihre Meinung geändert haben und dann eine zusätzliche Operation zur Entfernung der Ovarien verlangen.

5.3 Unbeabsichtigte Paarung

Ist es bei Ihrer Katze zu einem unbeabsichtigten Deckakt gekommen, dann gibt es Möglichkeiten, einen ungewollten Wurf zu vermeiden. Hatten Sie eine der oben geschilderten Operationen bereits geplant, dann kann sie in aller Regel Ihr Tierarzt durchführen. Meist ist dies die beste und sicherste Maßnahme. Besonders in der Frühträchtigkeit ist der Eingriff nicht viel schwieriger als bei einer Katze während der Brunst, und der Preis wird der gleiche sein. In späteren Stadien wird die Operation schwieriger, und der Preis erhöht sich entsprechend. Hat man sich noch nicht zum Eingriff entschlossen, so besteht außerdem die Möglichkeit, durch Injektion einer östrogenartigen Verbindung und nachfolgender Gabe eines oralen Präparates (als Pille) zu Hause eine Trächtigkeit zu verhüten, wenn Sie Ihre Katze nach der Paarung bald zum Tierarzt bringen. Falls Sie genau wissen, wann die Paarung stattgefunden hat, innerhalb der ersten 24 Stunden danach. Verbindungen dieser Art wirken, indem sie die Einnistung des befruchteten Eies in ein Bett in der Gebärmutterwand verhindern. Zu diesen Präparaten sollte man zwecks einer Trächtigkeitsverhütung nur dann greifen, wenn man sich zu anderen Alternativen nicht entscheiden will und bereit ist, plötzliche Nebenwirkungen in Kauf zu nehmen. Normalerweise empfehlen Tierärzte ihre Verwendung bei Katzen nicht, denn sie können schädlich (unter Umständen tödlich) sein, abgesehen davon, daß die meisten Besitzer nicht genau wissen, wann es zu einer Paarung gekommen ist.

□ Eine regelrechte Trächtigkeitsunterbrechung kann in der späten Trächtigkeit durchgeführt werden, wenn sie unbedingt notwendig ist. Methoden, wie sie beim Menschen Anwendung finden, wählt man bei Katzen nicht. Künstliche Aborte bei Katzen sind daher stets Kaiserschnitte, wobei die Jungtiere durch einen Schnitt in die Bauchwand und Gebärmutter entfernt werden. Durch diese Prozedur kommt es meist zu Blutverlusten, die Operation belastet die Katze und wird von den meisten Tierärzten nicht befürwortet.

5.4 »*Geburtenkontrolle*« *beim Kater*

Kastration □ Die *Kastration* [Entfernung der Hoden (Testes)] ist die traditionelle Methode des Unfruchtbarmachens männlicher Tiere. Obwohl die Kastration einen Kater unfruchtbar macht und somit unfähig zur Befruchtung einer Katze, ist dieser Aspekt bei der Geburtenkontrolle nicht das Hauptproblem, solange andere Kater in der Nachbarschaft nicht ebenfalls unfruchtbar gemacht werden. Ein herumstreunender Kater kann alle weiblichen Tiere in der Nachbarschaft befruchten. Die wesentliche Bedeutung der Kastration liegt für die meisten Katerbesitzer in den Verhaltensänderungen, die darauf folgen. Wenn nach der Geschlechtsreife der Blutspiegel des Testosteron – ein Hormon, das von den Hoden gebildet wird – ansteigt, dann stellen sich bestimmte Verhaltensweisen ein wie das Paaren, das Balgen, das Herumstreunen und das Harnspritzen. Das Herumstreunen führt zu Begegnungen mit anderen Katzen, die ja von Natur aus Einzelgänger sind, und oft kommt es zu heftigen Balgereien. Die dadurch zwangsläufig entstehenden Wunden und Abszesse sind nicht nur äußerst belastend für den Kater, sie können auch sehr teuer werden, wenn sie wiederholt auftreten und tierärztliche Behandlung erfordern. Das Harnspritzen ist eine Art Markierungsverhalten, das mit der Absteckung eines Reviers zusammenhängt. Der markierende Kater geht auf das Objekt, das er markieren will, rückwärts zu, hebt seinen Schwanz, und während der Schwanz zittert, sprüht oder spritzt er eine kleine Menge Harn auf die senkrechte Fläche des Objekts. Obwohl es völlig normal ist, können die meisten Katzenbesitzer ein derartiges Verhalten zu Hause nicht dulden. Katerharn hat einen starken, unangenehmen Geruch, der schwer zu beseitigen ist, ebenso wie die Flecke, die durch das Spritzen entstehen.

Vorteile der Kastration □ Die vor der Geschlechtsreife durchgeführte Kastration verhindert das Auftreten der Verhaltensmuster, die von den Besitzern meist als lästig empfunden werden. Die Kastration in einem späteren Lebensabschnitt, wenn das Streunen, Balgen und/oder Spritzen bereits eingesetzt hat, beendet dieses lästige Verhalten innerhalb von 2 Wochen. Manchmal allerdings dauert es einige Monate, bis eine Besserung eintritt, und in einigen wenigen Fällen (6–13 %) bleiben Balgen, Streunen und/oder Sprühen weiterbestehen. Durch die Kastration vermeidet man auch die bei Katern gelegentlich zu beobachtende Haarlosigkeit am Schwanz (siehe Seite 21). □ Im allgemeinen sind kastrierte Kater liebevoller und gelehriger. Mit anderen Worten: ein kastrierter Kater ist ein viel besseres Haustier und ein viel angenehmerer Gefährte als ein nicht kastriertes Tier. Die Kastration kann von Ihrem Tierarzt bereits im Alter von 6 Monaten durchgeführt werden. Kater, die später kastriert werden, bekommen größere Körper und breitere Köpfe. Ist dieser männliche Körperbau für Sie wichtig, dann sollten Sie die Operation solange hinausschieben, bis sich das lästige Harnspritzen tatsächlich einstellt. Der Eingriff ist einfach und sollte nicht teuer sein. Ein nur kurze Zeit wirksames Narkosemittel wird gewöhnlich intravenös gegeben. Haar wird vom Hodensack (Scrotum) entfernt (siehe Seite 31). Nach der Desinfektion werden zwei Einschnitte in den Hodensack gelegt, einer über jeden Hoden, und nach Unterbrechung des Samenleiters und der Blutzufuhr werden durch diese Schnitte die Hoden entfernt. Man läßt die Schnitte als offene Wunden heilen. Die meisten Tierärzte werden die Katze zur Erholung nach Hause schicken. Es ist ratsam, die Operationsstelle auf Infektionszeichen hin zu untersuchen und täglich Fieber zu messen, bis die Kastrationswunden gut verheilen. Danach sind keine besonderen Maßnahmen erforderlich, abgesehen vielleicht davon, daß man auf die Diät der Katze achten sollte. Wenn auch die Kastration nicht dazu führt, daß ein Kater fett wird, so kann doch der niedrigere tägliche kalorische Bedarf eines kastrierten Katers zur Körperfülle führen, wenn man ihn nach Wahl oder übermäßig füttert.

Vasektomie □ Die *Samenleiterdurchtren-*

nung (Vasektomie) wird bei Katern selten durchgeführt. Es handelt sich um die chirurgische Entfernung eines Teils des Samenleiters (vas deferens) (siehe Seite 147), der die Samenzellen (Spermien) von den Hoden zur Harnröhre leitet. Obwohl die Vasektomie einen Kater unfruchtbar und somit unfähig macht, eine Katze zu befruchten, beeinflußt sie doch nicht sein Paarungsverhalten oder andere unerwünschte Verhaltensmuster, da die Hoden und damit die männlichen Geschlechtshormone nicht beseitigt werden. Für den Besitzer einer Katzenzucht kann eine Vasektomie nützlich sein, wenn er einen sexuell aktiven aber unfruchtbaren Kater braucht, um bei seinen Katzen die Periode des Östrus zu beenden. Für Haustiere ist sie nicht zu empfehlen, da sie auf das Balgen, Streunen, Harnspritzen, Putzen oder auf die Gelehrsamkeit keinen Einfluß hat. Außerdem ist die Vasektomie technisch schwieriger und deshalb eine teurere Operation als die Kastration.

5.5 Hodenhochstand (Kryptorchismus)

Unter *Kryptorchismus* versteht man, daß bei einem Kater nur ein Hoden *(sogenannter Monorchismus)* oder kein Hoden in den Hodensack hinabgewandert ist. Kater mit dieser Anomalie sollte man nicht decken lassen, da die Anomalie wahrscheinlich weiter vererbt wird. Da sich beide Hoden normalerweise bei der Geburt schon im Hodensack befinden, sollten Sie davon ausgehen, daß der Zustand sich nicht mehr ändern wird, wenn die Hoden im Alter von 6–8 Monaten noch nicht hinabgewandert sind. Obwohl zurückgebliebene Hoden keine Spermien produzieren, erzeugen sie weiterhin männliches Geschlechtshormon (Testosteron) und müssen entfernt werden, wenn Sie nicht wollen, daß Ihr Tier sich wie ein Kater verhält. Nicht abgestiegene Hoden neigen eher zur Geschwulstbildung, und obwohl dies bei Katzen selten vorkommt, ist es immerhin ein weiterer Grund, diese Hoden zu entfernen. Zur Untersuchung der Hoden vergleiche im Kapitel »*Anatomie*« die Seite 32.

5.6 Zucht

Der Entschluß zur Zucht □ Ehe Sie sich dazu entschließen, mit Ihrer Katze zu züchten, müssen Sie sich einige Fragen stellen. Die erste ist, ob Sie sicher sind, ein gutes Zuhause für die jungen Tiere zu schaffen. Abgesehen von den gesuchten reinrassigen Katzen sind *dauerhafte* gute Unterbringungsmöglichkeiten schwierig zu finden. Im Jahr 1973 wurden allein in Kalifornien fast 350 000 Katzen getötet. Dabei handelt es sich nicht um Katzen, die einfach von zu Hause wegliefen, viele sind Haustiere, die von ihren Besitzern zum Tierheim gebracht wurden, wobei die Besitzer genau wußten, daß ihre Katzen getötet würden. Zu ihnen zählen Katzen, die als ungewollte Geschenke vergeben wurden, niedliche Weihnachtskätzchen, die erwachsen geworden sind, ihren kuschligen Charme verloren haben, Katzen die aus einer momentanen Gefühlsregung heraus aus dem Schaufenster des Tiergeschäfts erworben wurden, und ganze Würfe, die gewollt oder ungewollt entstanden, für die sich aber kein gutes Zuhause fand. Die Statistiken sagen nichts über jene Hunderte von Tieren, die sterben, nachdem sie ihrem Schicksal überlassen wurden, noche ehe sie zum Tierheim gelangen konnten, oder über jene, die von Menschen entweder aus Bosheit oder wenn es nicht gelingt, für sie ein Zuhause zu finden, einfach getötet werden. Sind Sie nicht absolut sicher, daß Ihre Kätzchen nicht auch in einem Tierheim oder in einer Tierhandlung enden werden, und wollen Sie für jene Kätzchen, die Sie nicht unterbringen können, selbst kein gutes Zuhause schaffen, dann betreiben Sie mit Ihrer Katze *keine* Zucht.

□ Die zweite Frage lautet: Haben Sie genügend geeigneten Platz zur Haltung der Kätzchen und wollen Sie sich um sie kümmern, wenn die Mutter dazu nicht in der Lage ist? Gewöhnlich reicht selbst die kleinste Wohnung aus, um einen Wurf großzuziehen, da Mutter und Jungtiere nur wenig Platz brauchen und die Mutter sich etwa bis zur 4. Lebenswoche um die Kätzchen kümmert, bis sie anfangen, feste Nahrung aufzunehmen. Was aber, wenn die Katze die Versorgung der kleinen Katzen ablehnt oder einfach dazu nicht in der Lage ist? Sind Sie bereit, dafür die Verantwortung zu übernehmen und ihr viele Stunden Ihrer Zeit zu opfern? Was, wenn die Mutter bei der Geburt in Schwierigkeiten gerät? Sie müssen bereit sein, während der Geburt dabei zu bleiben, so daß keine Schwierigkeiten entstehen, und Sie müssen sowohl willens als auch in der Lage sein, die Tierarztrechnung zu bezahlen – manchmal auch für einen Kaiserschnitt –, wenn wirkliche Komplikationen auftreten.

□ Warum wollen Sie mit Ihrer Katze züchten? Fast jeder wird vom Geburtsvorgang beeindruckt, und kaum jemand kann sich dem Charme eines Kätzchens entziehen, aber die große Zahl von herrenlosen Katzen läßt es nicht zu, noch einen Wurf entstehen zu lassen, nur damit Sie oder die Kinder sich den Geburtsvorgang anschauen können. Falls dies der einzige Grund für die Zucht ist, dann wird es das beste sein, mit einer Melkerei, mit Pferde- oder Hundezüchtern Verabredungen zu treffen, um einmal eine Geburt zu beobachten, oder Filme und Bücher über die Fortpflanzung in Anspruch zu nehmen. Züchten Sie wegen des finanziellen Vorteils, dann werden Sie feststellen, daß die Zucht von *einwandfrei* reinrassigen Katzen und deren Pflege eine Aufgabe ist, die Ihre ganze Zeit erfordert, wenn Sie daran verdienen wollen. Viele Rassezüchter haben die Katzen als Steckenpferd, weil Sie wissen, daß sie wahrscheinlich nichts verdienen oder Verluste einstecken werden. Wollen Sie deshalb züchten, weil die Katze so »die Erfahrung des Mutterwerdens« haben kann oder damit sie »sich beruhigt«, dann sind Sie allzu vermenschlicht und sind möglicherweise auf Altweibergeschwätz hereingefallen. Ich glaube nicht, daß Katzen die Erfahrung der Geburt derart wahrnehmen; wenige werden sogar ihren Wurf vernachlässigen, um mit ihren Besitzern zusammenzusein. Wir haben schon besprochen, daß die Zucht keine dauerhafte Wirkung auf die Persönlichkeit hat. Diese faszinierenden und schönen Kreaturen werden solange Mißhandlung und Vernachlässigung erleben, bis die Zahl der Haustiere eine überschaubarere Größe erreicht. Jeder, sowohl Rassezüchter als auch Haustierbesitzer, sollte sich darüber ernsthaft Gedanken machen, bevor er sich dazu entschließt, mit seinem Kater oder seiner Katze eine Zucht zu betreiben und das Entstehen auch nur eines einzigen Wurfs zu verantworten.

Vor der Zucht □ Kommen Sie zu dem Ergebnis, daß es vernünftig ist, mit Ihrer Katze zu züchten, dann werden Sie zusätzliche Informationen brauchen. Vor der Zucht sollte eine Katze gegen Panleukopenie und gegen Tollwut geimpft werden (siehe Kapitel 2.6). Lebende Impfstoffe sollte man während der Trächtigkeit nicht geben. Impfstoffe mit abgetöteten Erregern kann man indessen verabreichen. Vor der Zucht sollte aber das weibliche Tier einen vollen Impfschutz haben, den es mit dem *Kolostrum* (der ersten Milch) an seine Jungen weitergeben kann. Lassen Sie eine Stuhlprobe vom Tierarzt untersuchen, um sicherzugehen, daß die zur Zucht ausgewählte Katze keine Darmparasiten hat, die Nährstoffe verbrauchen. Am besten vermeidet man das Paaren von Katzen in der ersten Rolligkeit, wenn sie nicht voll ausgewachsen sind. Im allgemeinen heißt das, daß man warten muß, bis die Katze wenigstens 1 Jahr alt ist, damit sie nicht zugleich Nährstoffe für das Wachstum und für die Trächtigkeit aufnehmen muß. Spezielles Futter ist nicht notwendig, wenn man davon ausgeht, daß Ihre Katze schon eine ausgewogene Ernährung erhält. Fette Katzen sollte man jedoch nicht decken lassen, denn sie werden bei der Geburt öfters Schwierigkeiten haben. Sollte Ihre Katze zu dem Zeitpunkt, da Sie zum ersten Mal an eine Zucht denken, schon älter als 5 Jahre sein (bei einer Katze eine ziemlich seltene Situation), dann wäre wohl doch zu überlegen, ob Sie die Trächtigkeit nicht vermeiden sollten. Die Zahl der schweren Geburten ist bei älteren, erstgebärenden Tieren sehr viel höher. Um sicherzugehen, daß es auch zur Paarung kommt, nimmt man am besten die Katze während der Brunst zur Wohnung des Katers und überläßt es den Tieren, wann sie sich paaren wollen. »Emotionale« Faktoren bestimmen das Paarungsverhalten des Katers ganz wesentlich. Oft klappt es nicht in einer ungewohnten Umgebung, deshalb ist es am besten, die Katze zum Kater zu bringen. Verfährt man umgekehrt, dann soll man nicht vergessen, daß es Tage, vielleicht sogar einige Wochen dauern kann, bis der Kater zum Deckakt bereit ist, und das sollte man bei seinen Zuchtplänen berücksichtigen. Selbst wenn sich der Kater wohlfühlt und die Katze rollig ist, kommt es manchmal nicht zur Paarung. In der Tat ziehen rollige Katzen bestimmte Kater vor und werden manchmal den einen ablehnen, während sie einen anderen gern annehmen.

Paarungsverhalten □ Läßt man eine empfangsbereite Katze (siehe Kapitel 5.1) und einen interessierten Kater zusammen, so werden sie sich oft gegenseitig die Mäulchen beschnüffeln, und die Katze wird sich an den Kater schmiegen oder auf dem Boden wälzen. Das Männchen bewegt sich zum Rücken der Katze und schnappt mit seinen Zähnen die Haut in ihrem Nacken. In diesem Augenblick wird das Weibchen anfangen, mit ihren Hinterbeinen zu treten, ihren Schwanz nach der einen Seite zu wenden und ihren Rücken kräftig nach unten zu beugen. Der Kater schlüpft dann über den Rücken der Katze und bewegt sich nach rückwärts, bis es zur Berührung der Geschlechtsorgane kommt. Darauf folgen einige kräftige, schnelle Beckenstöße mit dem Einführen des Penis und dann rasch die Ejakulation. 5–10 Sekunden nach dem eigentlichen Geschlechtsakt stößt das Weibchen gewöhnlich einen lauten Schrei aus, und der Kater steigt schnell ab und springt davon, um nicht von der Katze gekratzt zu werden. Sie beleckt die Scheide, rollt sich und reibt sich am Boden (die sogenannte Nachreaktion). Läßt man die Katzen beisammen, so wird sich dieser Vorgang 3- bis 5mal, manchmal auch häufiger in einer Stunde wiederholen. Bereits 12 Stunden nach der Paarung kann die Katze ihre Bereitschaft zum Deckakt verlieren, durchschnittlich aber kommt es 27 Stunden nach der Paarung zum Eisprung (Ovulation). Nach der Paarung sperren Sie Ihre Katze am besten ein, bis Sie sicher sind, daß ihre Bereitschaft nicht mehr besteht. Wird nämlich ein weiterer Kater angenommen und kommt es zur Paarung, noch ehe alle Eier vom vorgesehenen Vatertier befruchtet worden sind, dann kann der Wurf mehr als einen Vater bekommen.

Abb. 85: Paarung, Deckakt

5.7 Trächtigkeitsfeststellung

Etwa 3–4 Wochen nach der Befruchtung kann der Tierarzt oft die Früchte (Foeten) in der Gebärmutter (Uterus) durch die Bauchwand hindurch tasten. Zu diesem Zeitpunkt stellen sie sich als abgrenzbare, runde Knoten in der Gebärmutter dar. Später sind die Foeten nicht mehr so gut abgrenzbar, der Tierarzt kann dennoch die Trächtigkeit durch Tasten feststellen, denn Katzen sind klein, und ihre Bauchwand ist dünn. Wenn nötig, kann eine Röntgenaufnahme nach $5^1/_2$ Wochen bestehender Trächtigkeit – dann sind bereits die Knochen der Kätzchen verkalkt – die Trächtigkeit bestätigen und die Zahl der vorhandenen Kätzchen im Mutterleib bestimmen.

Falsche oder Scheinschwangerschaft □ Nach einer unfruchtbaren Paarung, die bei Katzen gelegentlich vorkommt, kann eine *Scheinträchtigkeit* auftreten. Obwohl die Trächtigkeitszeichen in aller Regel nicht besonders ausgeprägt sind, kann es doch zur Milchabsonderung kommen, aber nur selten wird eine Katze ein Nest bauen und falsche Wehen durchmachen. Normalerweise hört eine Scheinträchtigkeit etwa 5 Wochen nach der Paarung spontan auf: der Tierarzt kann Östrogenhormone und/oder Testosteron geben, um schwere Zeichen einer Scheinträchtigkeit zu lindern. Am besten vermeidet man aber, wenn es geht, die Hormonbehandlung, denn insbesondere Östrogen kann für Katzen giftig sein, und manche Katzen scheinen nach einer Hormonbehandlung in einem immerwährenden Östrus oder Anöstrus zu verbleiben. Katzen, bei denen immer wieder Scheinträchtigkeiten auftreten, sollte man kastrieren, um die immer wieder auftretenden Trächtigkeitserscheinungen zu vermeiden.

5.8 Versorgung während der Trächtigkeit

Eine Trächtigkeit dauert in der Regel zwischen 56 und 65 Tagen, wenn auch manche normale Trächtigkeiten schon bis 71 Tage gedauert haben. Die meisten Katzen werfen nach etwa 63 Tagen. Durch die Trächtigkeit wird der Protein- und Kalorienbedarf der Mutter erhöht; wenn man bereits ein qualitativ gutes und ausgewogenes Futter gegeben hat, dann sind im Laufe der ersten 3–4 Wochen keine wesentlichen Veränderungen des Kaloriengehalts nötig. Während der ganzen Trächtigkeit ist es äußerst wichtig, einerseits das Überfüttern und andererseits die Bewegungsarmut zu vermeiden; damit verhindert man den Fettansatz und den schlaffen Muskeltonus, die beide eine schwere Geburt verursachen können. Kurzum: während der meisten Zeit der Trächtigkeit werden Sie Ihre Katze völlig normal behandeln.

□ Haben Sie bisher ein qualitativ weniger ausgeglichenes Futter angeboten, dann sollten Sie mit Proteinen, wie Milchprodukten, Eiern und Muskelfleisch, die Eiweißqualität der Katzennahrung in der Trächtigkeit verbessern. Es gibt spezielle Substitutionsdiäten (Ergänzungsdiäten siehe Seite 56), mit denen man auch hohen Futteransprüchen genügen kann. Mit der Zunahme des gesamten Kalorienbedarfs in der späteren Trächtigkeit (nach der 4. Woche) werden Sie bis doppelt soviel geben müssen wie zuvor. Obwohl damit die Nahrungsaufnahme zunimmt, kommt es jedoch nur zu einer geringen Steigerung des Kalorienbedarfs im Laufe der Trächtigkeit, wenn man ihn auf die Gewichtseinheit umrechnet: er liegt bei etwa 80–100 Kalorien auf etwa 1 kg pro Tag, wobei das Muttertier wegen des Wachstums der Jungen mit der Zunahme ihrer Nahrung an Gewicht zunimmt. Da es für eine Katze oft unmöglich ist, das notwendige Futterquantum in 2 Mahlzeiten zu sich zu nehmen – das ist besonders schwierig dann, wenn die Gebärmutter sich vergrößert und dadurch die Bauchorgane beengt –, müssen Sie die Zahl der einzelnen Mahlzeiten im Laufe der Trächtigkeit und auch während des Säugens erhöhen oder Futter nach Bedarf anbieten. Nehmen Sie qualitativ gute Fertignahrungen als Futtergrundlage und sorgen Sie außerdem für qualitativ gute Ergänzungsstoffe, wie Fleisch, Eier und Milchprodukte, dann sind Vitamin- und Mineralergänzungen nicht notwendig. Machen Sie sich über mögliche Mangelzustände Sorgen, dann beraten Sie sich mit Ihrem Tierarzt, der Ihrer Katze ein ausgewogenes Vitamin-Mineralergänzungspräparat besorgen kann.

□ Die meisten Katzen schränken mit dem Herannahen des Geburtstermins ihr Bewegungspensum immer mehr ein. Scheint Ihre Katze im Laufe der letzten Trächtigkeitswoche indessen zu aktiv, dann werden Sie sie in bestimmten Teilen der Wohnung einsperren müssen, in denen das Springen und Herumtollen kaum möglich ist.

□ Um die psychologische Belastung herabzusetzen und Ihre Katze nicht an einem unerwünschten Ort werfen zu lassen – zum Beispiel mitten in Ihrem Bett! –, gewöhnen Sie sie an einen warmen, zugfreien Platz für die Geburt, und zwar schon lange vor dem Termin. Bevorzugt die Katze ihr eigenes Körbchen, dann ist damit alles Nötige getan. Andernfalls müssen Sie für den Wurf eine Kiste bereitstellen. Am besten eignet sich eine einfache Pappschachtel, in die auf der einen Seite etwa 15–20 cm von unten eine Öffnung hineingeschnitten worden ist. Dadurch hat die Katze bequemen Ein- und

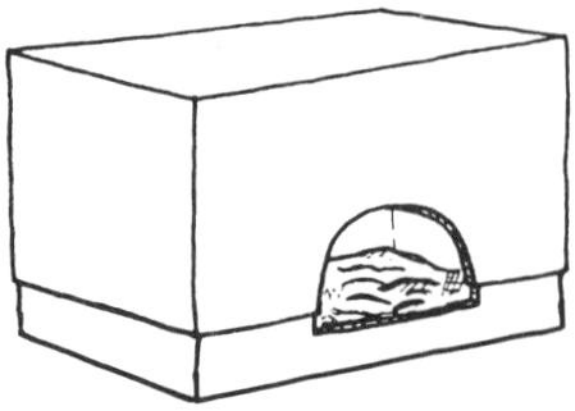

Abb. 86: Wurfkiste

Ausgang, aber die jungen Tiere fallen nicht heraus. Wenigstens eine Woche vor dem Termin bringen Sie die Katze mit dieser Kiste mindestens täglich zusammen. Wenn Sie sie mit weichen sauberen Tüchern auslegen, dann wird sie darin gern schlafen. Stellt sich heraus, daß sie nicht daran interessiert ist, sondern vielmehr versucht, sich in einem Schrank oder an einem anderen Platz ein Nest zu bauen, dann werden Sie die Kiste eben dort hinstellen müssen, um das Tier zur Benutzung zu bewegen. Da man Zeitungen einfach entfernen und wegwerfen kann, ist es am leichtesten, zum Termin die Kiste mit einigen Zeitungsschichten auszupolstern. Saubere Laken und Tücher sind allerdings genauso gut und vielleicht für Ihre Katze angenehmer.

5.9 Das Werfen

Etwa 5 Tage vor dem errechneten *Geburtstermin* kann man anfangen, morgens und abends die Temperatur seiner Katze zu messen. Mit dem Einsetzen der ersten Phase der Wehen wird die Rektaltemperatur vorübergehend vom Normalwert (ca. 38,3–38,9 °C) deutlich absinken und bis auf etwa 36,7 °C fallen. Zu diesem Zeitpunkt oder manchmal etwas davor wird die Katze ruhiger, verliert ihren Appetit und sucht ihr Nest auf. Sie beleckt dabei häufig ihren Bauch und ihren Geschlechtsbereich. Erbrechen kann auftreten. Ist es Ihnen nicht gelungen, sie an einen bestimmten Ort zum Werfen zu gewöhnen, dann wird sie vielleicht versuchen, sich auf Ihrem Bett, in einem Schrank oder an irgendeiner anderen ungeeigneten Stelle einzunisten. Versuchen Sie sie in dem vorbereiteten Nest zu halten, bleiben Sie bei ihr, bis sie sich daran gewöhnt hat und sich wohlfühlt. Wird sie allerdings dadurch verängstigt, dann läßt man sie sich am besten dort werfen, wo es ihr am meisten gefällt, und versucht dann später, die Jungen von dort fortzunehmen.

□ Während der *ersten Wehenphase* wühlt die Katze in ihren Decken und versucht sie umzuordnen; in dem Versuch, sich ein Nest zu bauen, kann sie sich sogar Haare ausrupfen. Oft sieht man eine beschleunigte Atmung (manchmal ein Hecheln), oft Zittern, die Pulsfrequenz steigt an. Sie ändert ihre Lage oft, und Milch kann aus dem Gesäuge tropfen. Während dieser Phase laufen Kontraktionen der Uterusmuskulatur ab, wobei das Junge vom Uterushorn zum Uteruskörper und zum Muttermund (Zervix) bewegt wird. Diese Phase kann zwischen 12 und 24 Stunden lang anhalten. Eine langandauernde erste Phase ist für eine Erstgebärende typisch. Halten diese Zeichen 25 Stunden oder mehr an oder scheint Ihre Katze in die zweite Phase überzugehen und dann wieder zurück zur ersten oder scheint sie ungewöhnlich zu leiden, dann beraten Sie sich mit Ihrem Tierarzt.

□ Während der *zweiten Wehenphase* sieht man kräftige Preßbewegungen, die durch das gleichzeitige Zusammenziehen der Bauchmuskulatur und des Zwerchfells zustande kommen. Zu Beginn dieser Phase sehen Sie *möglicherweise* eine kleine Menge einer strohfarbenen oder grünlichen Flüssigkeit aus der Scheide laufen. Das beruht auf dem Einreißen der *Eihäute* (*Chorioallantoismembran,* Schutzhaut, die das Junge bedeckt), wenn sie in den Vaginalkanal eintreten. Die Katze kann auf der Seite oder auf dem Bauch liegen. Selten wird eine Katze stehen oder sich hinhokken, als ob sie Kot absetzen wolle, während der schwierigste Teil der Austreibung vor sich geht. Ein Teil der Eihäute, der den Kopf des jungen Tieres enthält, erscheint manchmal im Scheidenausgang. Er kann allerdings auch noch vor dem Werfen einreißen. Sind erst einmal Kopf und Pfoten des Kätzchens zutage getreten, dann sollte die Geburt innerhalb einer Viertelstunde beendet sein; ist dies nicht der Fall, rufen Sie den Tierarzt an. Schnauze und Pfoten

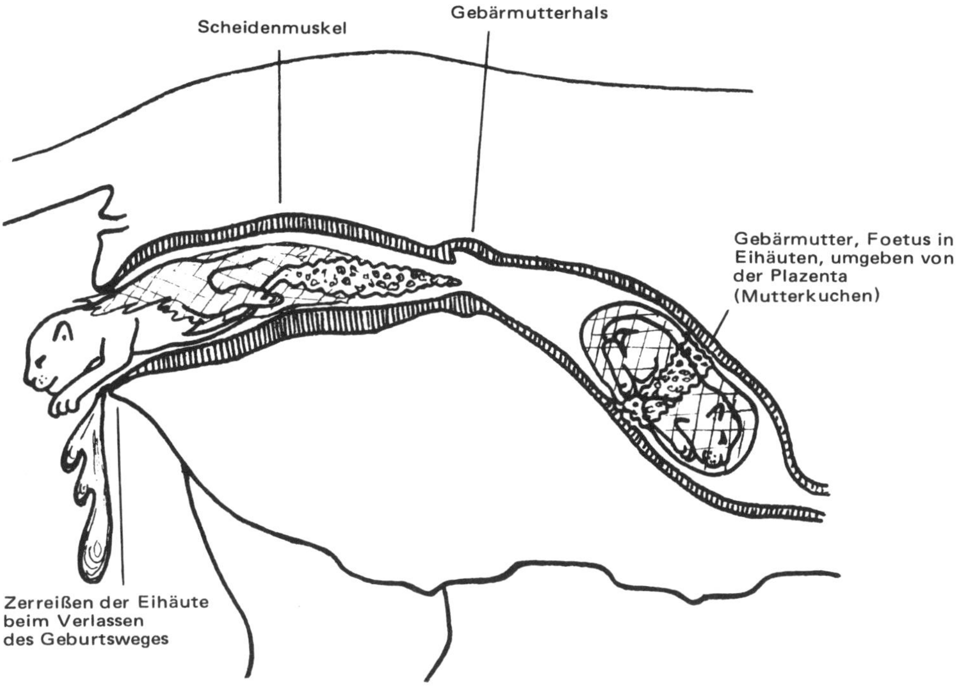

Abb. 87: Die Geburt

des Jungen sollten nicht mit jeder Preßbewegung der Katze vortreten und dann wieder verschwinden. Bei der klassischen Geburtslage liegt das Kätzchen mit seinem Brustbein auf dem Scheidenboden und kommt mit der Nase und den Vorderpfötchen voran zur Welt. Fast die Hälfte sämtlicher Jungen kommt allerdings mit den Hinterbeinen zuerst auf die Welt, was gewöhnlich keine Schwierigkeiten bereitet.

□ Sobald das Kätzchen geboren ist, sollten die Eihäute durchtrennt werden, damit es atmen kann. Gewöhnlich sind Katzen sehr gute Mütter und machen das sofort selbst, aber unerfahrene oder nervöse Katzen können es unterlassen. Dann müssen Sie es tun, sonst erstickt das Kätzchen. Ist allerdings die Nabelschnur während der Geburt nicht unterbrochen worden, so muß man die Eihäute nicht sofort durchtrennen. Der Mutterkuchen enthält erhebliche Mengen Blut; läßt man die Nabelschnur unverletzt, kann dieses Blut zum Kätzchen gelangen. Normalerweise zerbeißt die Mutter die Nabelschnur, während sie das Kätzchen nach der Geburt säubert und ableckt. Tut sie das nach etwa 15 Minuten nicht, dann muß ein sauberer Bindfaden oder Zahnseide um die Nabelschnur gebunden werden, und zwar etwa 2–4 cm vom Körper entfernt. Daraufhin schneidet oder reißt man die Nabelschnur jenseits (distal) der Unterbindung ab.

□ Normalerweise wird die Nachgeburt entweder zusammen mit dem Kätzchen oder kurz danach ausgestoßen. Sinnvoll ist es, die einzelnen Nachgeburten zu zählen, um sicherzugehen, daß alle abgegangen sind. Zurückgehaltene Nachgeburten kön-

Abb. 88: Das Abbinden der Nabelschnur

nen eine Entzündung der Gebärmutter und eine Infektion verursachen (siehe Kapitel 3.7.5). Es ist die Regel, aber nicht unbedingt notwendig, daß die Katze nach jeder Geburt die Nachgeburt auffrißt. Am besten läßt man sie nur ein oder zwei Nachgeburten fressen, die Aufnahme von allzu vielen kann zu Erbrechen und Durchfall führen. Der Zeitabschnitt, der den Abgang der Nachgeburt und die Ruhephase der Gebärmutter nach der Geburt jedes einzelnen Kätzchens umfaßt, wird als die *dritte Phase der Wehen* bezeichnet. Während der Ruhephase liegt die Katze gewöhnlich still und kümmert sich um ihre Kätzchen, einige Katzen erheben sich, um etwas Wasser zu trinken. Die Ruheperiode zwischen den Geburten der einzelnen Kätzchen variiert zwischen 10–15 Minuten und einigen Stunden. Gewöhnlich dauert es aber nicht länger als ein oder zwei Stunden. Die durchschnittliche Zahl pro Wurf liegt zwischen 3 und 5 Kätzchen, die durchschnittliche Dauer der Geburt liegt zwischen 2 und 6 Stunden. Normale Geburten können allerdings auch länger als 6 Stunden dauern; manche ziehen sich bis zu 24 oder sogar 36 Stunden hin.

5.10 Die Schwergeburt (Dystokie)

Die Ursachen der Schwergeburt liegen entweder in einer Behinderung im Geburtsweg oder in einer Wehenschwäche (s. rechte Spalte). Zur Behandlung der Dystokie muß man gewöhnlich einen Tierarzt hinzuziehen. Scheinen bestimmte Wehenperioden ungewöhnlich lang oder scheint Ihre Katze übermäßig zu leiden, dann rufen Sie den Tierarzt an.

□ Sehen Sie ein Kätzchen im Scheidenausgang und geht seine Geburt langsam voran, wobei es erscheint und wieder verschwindet, dann können Sie bei der Geburt helfen. Waschen Sie sich die Hände und schmieren Sie sich einen Finger mit Vaseline ein. Nun führen Sie diesen Finger in die Scheide ein und bewegen ihn um das Kätzchen, wobei Sie herauszufinden versuchen, wo Kopf, Vorderbeine und Hinterbeine sind. Es kann Ihnen dabei unter Umständen gelingen, ein Vorderbein, das zurückgeschlagen ist, nach vorn zu ziehen. Erscheint Ihnen das Kätzchen einigermaßen normal zu liegen (vergleiche die Abb. auf Seite 153), dann greifen Sie es mit einem Mulltupfer, einem Stück Stoff oder mit Ihren Fingern, und mit jeder Wehe ziehen Sie zart daran. Am besten versucht man dabei das Kätzchen an oder unter die Schultern zu greifen, um zu starken Druck auf den Kopf zu vermeiden. Man zieht am besten nach unten, denn die Scheide ist nach unten abgewinkelt. Zerren Sie nicht an den Eihäuten, die das Kätzchen umgeben. Scheint der Kopf des Kätzchens gerade etwas zu groß, um durch die Geburtsöffnung (Vulva) hindurchzugehen, dann können Sie manchmal die Ränder der Vulva ganz zart um den Kopf herum spreizen. Um ein Kätzchen, das im Geburtskanal steckengeblieben ist, zu befreien, wird der Tierarzt manchmal einen Einschnitt am oberen Teil der Vulva durchführen. Durch diesen *Dammschnitt (Episiotomie)* wird die Öffnung der Vulva vergrößert. Ich würde Ihnen nicht raten, das selbst zu tun, es sei denn, Sie können keine tierärztliche Hilfe erreichen.

□ Verhindert eine zurückgebliebene Nachgeburt die folgende Geburt, dann können Sie diese oft mit den Fingern erreichen. Greifen Sie sie mit einem Mulltupfer oder einem Stück Stoff und ziehen Sie leicht aber bestimmt, bis die Nachgeburt aus dem Geburtskanal heraustritt. Ist einmal ein solches Geburtshindernis beiseite geräumt, dann wird die Mutter vor der Geburt des nächsten Kätzchens eine lange Ruheperiode durchmachen.

□ Die Unfähigkeit der Gebärmutter, sich wirksam zu kontrahieren *(sogenannte Wehenschwäche)*, kann nach anstrengendem Pressen im Laufe der Geburt auftreten (sekundäre Wehenschwäche). Es kann sich aber um eine primäre Sache handeln, so bei einer fetten oder etwas älteren Katze. Eine bestimmte Form der Wehenschwäche kann durch übermäßige Aufregung oder durch andere psychologische Belastungen im Laufe der Geburt zustande kommen. Deshalb ist es wichtig, Ihre Katze rechtzeitig an den für die Geburt vorgesehenen Ort zu gewöhnen. Deshalb sollten auch bei der Geburt keine Fremden dabei sein, es sei denn, die Katze verhält sich ihnen gegenüber ausgesprochen ruhig. Wehenschwächen, die durch psychologische Belastungen verursacht werden, kann man vermeiden, indem man nur ein oder zwei dem Tier bekannte Personen während der Geburt mit der Katze zusammenläßt. Selten werden Beruhigungsmittel nötig sein.

□ Findet sich kein Hindernis in den Geburtswegen, dann wird der Tierarzt ein Präparat, das man als *Oxytocin* bezeichnet, verabreichen müssen, um damit neue Uterusbewegungen einzuleiten. Außerdem können noch andere Medikamente gegeben werden. Führt die konservative Therapie nicht zu einer regulären Geburt oder gibt es andere Schwierigkeiten, die man von außen nicht angehen kann, dann wird Ihr Tierarzt einen *Kaiserschnitt* durchführen müssen, also einen Eingriff, bei dem die Kätzchen durch einen Schnitt in die Bauchwand und die Gebärmutter entfernt werden. Bei demselben Eingriff ist es gewöhnlich auch möglich, Ihre Katze zu kastrieren (siehe Seite 145). Wenn die Ursache der Schwergeburt nicht allein bei der Frucht liegt, ist es wahrscheinlich das beste, das Muttertier zu kastrieren bzw. Eierstöcke und Gebärmutter herauszunehmen. Mütter mit schweren Geburten neigen zur Wiederholung dieser Schwierigkeiten. Die meisten Katzen sind nach einem Kaiserschnitt in der Lage, ihre Jungen normal zu versorgen.

5.11 Kätzchen, die nicht atmen

Öffnet das Muttertier die Eihaut, die den Kopf des Kätzchens umhüllt, nicht innerhalb von 1 oder 2 Minuten, dann sollten Sie es tun. Danach halten Sie das Kätzchen in Ihren Händen oder wickeln es in ein Handtuch. Nun stützen Sie den Kopf ab, damit er nicht frei hin und her pendelt und schwenken das ganze Kätzchen im weiten Bogen von Brust- zu Kniehöhe. Am Ende des Bogens sollte die Nase des Kätzchens zum Boden zeigen. Dadurch wird überschüssige Flüssigkeit aus der Nase und den Hauptluftwegen entfernt. Bei anderen Methoden zum gleichen Zwecke setzt man seinen Mund über das Mäulchen des Kätzchens und saugt, oder man saugt mit einer kleinen Spritze die Flüssigkeit aus dem Mäulchen und dem Rachen des Jungen. Nach der Reinigung der Luftwege sollten Sie Gesicht, Brust und Leib des Kätzchens mit einem groben Handtuch abreiben. Beginnt es trotzdem immer noch nicht zu atmen und zu maunzen, dann holen Sie tief Luft, setzen Ihren Mund über das Mäulchen und blasen sanft, bis Sie sehen, daß sich der Brustkorb ausdehnt. Dann geben Sie das Mäulchen frei, lassen das Kätzchen ausatmen und wiederholen diese Prozedur. Das Schwenken und Abtrocknen ist sogar bei gesunden Kätzchen durchaus ratsam, wenn die Mutter nicht allzusehr an ihnen interessiert oder zu langsam ist, aber unbedingt notwendig ist das nicht.

Abb. 89: Herausschütteln des Fruchtwassers aus Nase und Mäulchen

5.12 Die Versorgung des Muttertiers nach der Geburt

Während der ersten zwei Tage wird die Mutter dauernd mit ihren Kätzchen zusammenbleiben. Im Laufe der ersten 24 Stunden nach der Geburt sollte sie dennoch das Nest für kurze Augenblicke verlassen, sich bewegen, normal fressen und trinken. Bei Katzen, die weder fressen noch trinken wollen oder nach der Geburt ungewöhnlich ruhig scheinen, und auch bei denen, die ihre

Jungen vernachlässigen, sollte man nicht zögern, einen Untersuchungstermin beim Tierarzt auszumachen. Die auf die Geburt folgenden Schwierigkeiten können zu kompliziert sein, als daß man sie zu Hause ohne tierärztlichen Rat angehen sollte.

□ Kurz nach der Geburt kann man an der Vulva einen bräunlich-rötlichen Ausfluß sehen. In einer Woche sollte dieser klar und schleimig werden oder überhaupt aufhören. Leuchtend roter, blutiger Ausfluß nach der Geburt und ein weiterbestehender grünlicher oder grünlich-schwarzer Ausfluß sowie irgendein Ausfluß aus der Vulva, der riecht oder wie Eiter aussieht, oder Ausfluß in ungewöhnlich großen Mengen sollte Sie veranlassen, Ihre Katze vom Tierarzt untersuchen zu lassen. Solche ungewöhnlichen Ausflüsse können übermäßige innere Blutungen anzeigen, sie können auf eine zurückgebliebene Nachgeburt oder auf ein zurückgebliebenes Junges hinweisen und/oder auf eine Infektion der Gebärmutter (siehe Kapitel 3.7.5).

□ Wenn es dem Muttertier gut geht, sind kaum besondere Behandlungsmaßnahmen nötig. Nach der Geburt sollte es zunächst in geschlossenen Räumen bleiben. Der Östrus tritt oft innerhalb von ein oder zwei Wochen nach der Geburt auf, und die Katze kann dann noch während des Säugens der Jungen erneut trächtig werden. Zu diesem Zeitpunkt sollte man keine Paarung zulassen, denn das Säugen selbst stellt eine große Belastung dar, und die Gebärmutter hat noch nicht genügend Zeit gehabt, um in ihren ursprünglichen Zustand zurückzukehren. Hält man die Katze im Hause, dann vermeidet man auch, daß sie Krankheiten ausgesetzt wird, die sie sich einfangen oder den empfindlichen säugenden Jungen mitbringen könnte. In den ersten paar Tagen nach der Geburt kann ihre Ernährung unverändert bleiben. Mit fortdauerndem Säugen aber muß man davon ausgehen, daß die Nahrungsaufnahme zunimmt. Als Faustregel dient hier das Verfüttern der normalen Erhaltungsdiät (etwa 70 Kalorien/kg pro Tag) plus etwa 200–250 Kalorien pro kg Gewicht der Kätzchen. Vergessen Sie nicht, auch weiterhin Nahrung mit hohem Eiweißgehalt zu verfüttern, genauso wie Sie es während der Trächtigkeit getan haben, denn der Eiweißbedarf ist während der Säugezeit höher als normal. Bis zum Ende dieser Periode kann eine Katze 3- oder 4mal soviel Nahrung aufnehmen, wie sie vor der Paarung gefressen hat; tatsächlich ist es fast unmöglich, eine säugende Mutter zu überfüttern. Trotz aller Faustregeln aber bleibt die beste Richtlinie zum Füttern ihr Aussehen. Sieht sie dünn und heruntergekommen aus, dann wird man ihre Diät verändern müssen. Ausgewogene Vitamin-Mineral-Ergänzungspräparate sind während der Säugeperiode wahrscheinlich zweckmäßiger als zu irgendeiner anderen Zeit.

5.13 Die Zeit nach der Geburt

Während des Säugens beobachtet man beim Muttertier nicht selten Durchfälle. Obwohl sie ein Anzeichen schwerer Erkrankung sein können (siehe die Seiten 100 und 108, und das alphabetische Sachverzeichnis), so ist der Durchfall doch oft Zeichen dafür, daß man die Ernährung ändern muß, zumal wenn die Temperatur der Katze normal ist und sie in jeder Hinsicht gesund erscheint. Der häufigste Grund für Durchfall liegt darin, daß die Ernährung von unzureichender Qualität ist, also zuviel unverdauliches Material enthält, das unverändert den Verdauungstrakt (Gastrointestinaltrakt) passiert. Solche Durchfälle treten auf, wenn der größte Teil der Nahrung Ihrer säugenden Katze aus billiger (qualitativ schlechter) Fertignahrung besteht oder aus Trocken- oder halbfeuchtem Futter mit relativ hohem Rohfasergehalt. Die Diätänderung, um den Durchfall bei einer säugenden Katze zu beseitigen, besteht darin, daß man Trockenfutter oder halbfeuchtes Futter reduziert oder eliminiert. Achten Sie darauf, daß das Büchsenfutter von guter Qualität ist, und bieten Sie gut verdauliche Nahrung an wie gekochte Eier, gekochtes Muskelfleisch und Milchprodukte (falls Ihre Katze dies gut verträgt). Darüber hinaus kann der Tierarzt Ihnen leicht verdauliche, qualitativ gute Büchsennahrung beschaffen. Ist der Kot

wäßrig oder führen diese Diätveränderungen zu keiner Besserung, dann ziehen Sie den Tierarzt zu Rate.
□ Andere Krankheiten, die beim Muttertier nach der Geburt auftreten können, sind die Infektion der Gebärmutter (die *akute Metritis*), die Entzündung der Milchdrüsen *(Mastitis)* und die *Eklampsie (»Milchfieber«)*. Diese Krankheiten werden im Kapitel »*Diagnostik*« auf den Seiten 108, 86 und 121 sowie im Abschnitt »*Notfallmedizin*« auf Seite 121 berührt.

5.14 Die Versorgung der Jungen nach der Geburt

Selten wird man einer Mutter beim Versorgen ihrer Kätzchen nach der Geburt helfen müssen. Die häufigste Schwierigkeit nach der Geburt besteht eher darin, daß die Menschen allzu gern die Kätzchen anfassen wollen und dabei die Mutter stören, die sie hin- und herschleppt. Üblicherweise untersucht ein Tierarzt Mutter und Junge nicht unmittelbar nach der Geburt. Krankheiten sind selten, und das Anfassen kann das Verhalten stören. Deshalb sollte jemand, an den das Muttertier gewöhnt ist, die Kätzchen etwa 24 Stunden nach der Geburt gründlich untersuchen, um sicher zu sein, daß sie frei von Mißbildungen sind (siehe Kapitel 5.16). Danach sollte man das Anfassen der Kätzchen auf etwa einmal täglich beschränken, bis sich ihre Augen geöffnet haben und sie sich frei bewegen. Ein normaler Wurf ist ruhig, und wenn die Jungen nicht saugen, dann schlafen sie meist. Bei Kätzchen, die schreien und sich dauernd hin- und herbewegen, muß man auf Anzeichen von Vernachlässigung oder Krankheit achten, wie etwa allgemeine Schwäche oder Trinkschwäche, Durchfall oder Untertemperatur. Treten Anzeichen auf, die auf eine Erkrankung oder auf einen Geburtsfehler hindeuten, dann lassen Sie den ganzen Wurf vom Tierarzt untersuchen, denn die Behandlung junger Kätzchen ist schwierig.
□ Erstgebärende haben während der ersten 24 Stunden nach der Geburt noch nicht allzuviel Milch. Die erste Milch bezeichnen wir als Kolostrum. Sie enthält sehr viele Antikörper (siehe Kapitel 2.6), wodurch die Kätzchen in ihren ersten Lebenswochen vor Krankheiten geschützt werden sollen. Wenn irgendmöglich, sollten die Kätzchen die erste Milch bald nach der Geburt saugen, denn nur in den ersten 24 bis 36 Lebensstunden sind sie in der Lage, diese speziellen Eiweißstoffe zu resorbieren. Dabei werden nur geringe Mengen benötigt. Achten Sie darauf, ob die Milchmenge der Mutter nach dem Ablauf der ersten 24 Stunden weiterhin gering bleibt. Dies kann man überprüfen, wenn man mit einer melkenden Bewegung eine Zitze ausdrückt, indem man mit den Fingern vom Körper bis zur Zitzenspitze streicht. Dabei sollte es leicht gelingen, ein paar Tropfen Milch auszudrücken. Katzen, die ihren Wurf nicht beachten oder zurückweisen, sollten vom Tierarzt untersucht werden. Der kann manchmal das Problem lösen, indem er Beruhigungsmittel verschreibt. In manchen Fällen hilft das allerdings nicht. Dann und bei Fällen, in denen zu wenig Milch vorhanden ist oder bei denen die Mutter stirbt, müssen Sie an deren Stelle treten.
□ Haben die Kätzchen kein Kolostrum gesaugt, dann wird Ihr Tierarzt zum Schutz der Jungen vor Erkrankungen Katzenserum geben. Die Versorgung der Kätzchen müssen Sie entweder selbst übernehmen, oder Sie müssen die Jungen einer anderen säugenden Katze geben. Säugende Katzen nehmen neue Kätzchen bereitwillig an. Verwaiste oder abgewiesene Kätzchen sollte man möglichst Muttertieren geben, die Kätzchen der gleichen Größe haben, oder das Säugen beobachten, um sicherzugehen, daß alle genügend Milch erhalten.
□ Kätzchen, die vom Muttertier getrennt sind, muß man in einer warmen und zugfreien Umgebung halten, denn sie haben noch Schwierigkeiten, ihre Körpertemperatur zu regulieren. Von der Geburt bis zu dem 5. Lebenstag sollte die Raum- oder die Nesttemperatur zwischen 30 und 32 °C liegen, vom 5. bis zum 20. Lebenstag etwa bei 30 °C. Nach 20 Tagen bis zur 4. Lebenswoche sollte die Umgebungstemperatur allmählich auf 27–25 °C gesenkt werden.

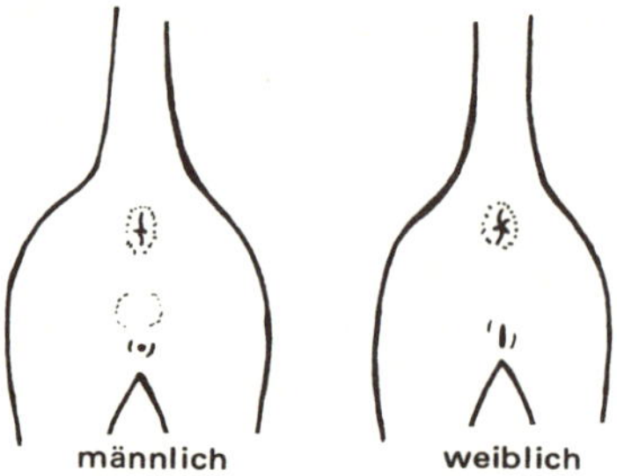

Abb. 90: Geschlechtsbestimmung

Steht Ihnen kein Brutschrank (Inkubator) zur Verfügung, dann sorgen Sie bei verwaisten jungen Katzen mit einem Heizkissen für die richtige Temperatur. Lassen Sie es an einer Seite der Schachtel herunterhängen und bedecken Sie etwa $^1/_4$ des Bodens damit. Nun stellen Sie das Heizkissen so ein, daß die richtige Lufttemperatur erreicht wird. Wenn Sie nur einen Teil des Bodens bedecken, können die Kätzchen sich notfalls von der Wärme wegbewegen. Heizkissen und Boden der Schachtel sollten mit Zeitungspapier oder mit einem Tuch überzogen sein, das man bei Verschmutzung auswechseln kann. Die meisten Fachleute empfehlen, Kätzchen bis zum Alter von 2 oder 3 Wochen voneinander getrennt zu halten. Dadurch vermeidet man, daß sie sich gegenseitig an den Ohren und Schwänzen, Beinen und Geschlechtsorganen saugen. Können sie während ihrer Saugperiode ausreichend saugen, dann wird dies gar nicht notwendig sein.

□ Wissenschaftliche Untersuchungen deuten darauf hin, daß Kätzchen, die täglich angefaßt wurden, ausgeglichener im Verhalten und gegenüber Belastungen widerstandsfähiger sind. Damit sei allerdings nicht gesagt, daß Kinder sie unbeaufsichtigt anfassen oder daß sie von Fremden (als mögliche Krankheitsüberträger) berührt werden sollten. Das Anfassen beim Füttern reicht bei Kätzchen, die jünger als 3 Wochen sind, völlig aus. Sie können davon ausgehen, daß die eingetrockente Nabelschnur beim normalen Kätzchen 2–3 Tage nach der Geburt abfallen wird. Die Augen öffnen sich etwa am 10. bis 12. Lebenstag, die Gehörgänge etwa zwei Tage später. Zur Geschlechtsbestimmung benutzen Sie am besten die Abbildung.

Die Ernährung verwaister Kätzchen □ Verwaiste Kätzchen müssen eine Nahrung erhalten, die der normalen Muttermilch ähnlich ist. Mit einer zu Hause zubereiteten Nahrung, die man aus Kuhmilch herstellt, kann man auskommen. Katzenmilch ist in ihrem Proteingehalt sehr hoch (zweimal so hoch wie Kuhmilch und fünfmal so proteinreich wie menschliche Milch), und sie enthält relativ viel Fett. Für Katzen speziell entwickelte Milchersatznahrung kommt der Muttermilch sehr viel näher. Diese Fertignahrungen gibt es gewöhnlich in Tierhandlungen, man kann sie auch bei manchen Tierärzten bekommen. Ist das nicht möglich, kann man ähnliche, für junge Hunde bestimmte Nahrungen verwenden, die normalerweise leichter erhältlich sind. Nahrung für verwaiste Katzen kann man auch zur Ergänzung der Ernährung größerer Würfe verwenden. Wieviel Nahrung ein Kätzchen braucht, errechnet man, indem man es wiegt und dann in einer »Tabelle für Kalorienbedarf« nachschaut. Die erforderliche Menge wird in 3 Portionen aufgeteilt und in achtstündigen Intervallen verfüttert, wenn das Kätzchen nicht sehr klein ist. Kätzchen, die weniger als 100 g wiegen, bekommt es besser, wenn in sechsstündigen Intervallen gefüttert wird.

Tab. 16

Kalorienbedarf/500 g	*Lebenswoche*
210	1
140	2– 5
110	5–10

(Ein ca. 100 g wiegendes Kätzchen braucht beispielsweise ein Fünftel mal 210 = 52 Kalorien pro Tag während der ersten Lebenswoche. Das entspricht etwa 50 g zubereiteter Nahrung, die 30 Kalorien auf etwa 30 ml enthält.)

Deckt man den Kalorienbedarf richtig, dann braucht man die meisten Kätzchen nicht öfter als dreimal am Tag zu füttern. Ist ein junges Tier allerdings nicht in der Lage, die erforderliche Nahrungsmenge bei 3 Fütterungen aufzunehmen, dann muß man häufiger füttern. Bei jeder Mahlzeit sollte das Kätzchen fressen, bis es gerade satt ist, aber nicht etwa, bis der Leib fest und geschwollen ist. Zeichen dafür, daß eine junge Katze vernünftig gefüttert wird, sind ständige Gewichtszunahme (etwa 100-150 g pro Woche) und normaler Kot.

Abb. 91: Das Füttern mit der Flasche im Ständer

Tab. 17: Zusammensetzung eines Muttermilchersatzes, den man selbst zubereiten kann

I.	
Kondensmilch	110 g
Wasser	100 ml
Maissirup	7 g
Lebertran	2 Tropfen
Vitamin B_1	1 mg
II.	
Kuhvollmilch	110 g
Sahne (12 % Fett)	70 g
Eigelb	1
Knochenmehl	6 g
Zitronensäure	4 g
Vitamin A	2000 IE
Vitamin D	500 IE
III.	
Kuhvollmilch	50 g
Maissirup	1 Teelöffel
Eigelb	1
Tafelsalz	1 Prise
Vitamin-Mineralergänzung je nach Gebrauchsanweisung oder nach dem Rat des Tierarztes.	
I. enthält etwa 30 Kalorien auf etwa 30 ml; II. enthält ca. 38 Kalorien auf etwa 30 ml und III. enthält ca. 24 Kalorien auf etwa 30 ml.	

All diese Nahrungen verfüttert man am besten, nachdem man sie auf Körpertemperatur angewärmt hat (ca. 38 °C). Man kann sie mit einer Augentropfenpipette, mit einer Säuglingsflasche, einer Spritze oder Magensonde füttern. Für Unerfahrene sind Säuglingsflasche und Saugnippel gewöhnlich am einfachsten und sichersten. Die Löcher des Saugers sollte man vergrößern, wenn die Nahrung bei gefüllter, auf den Kopf gestellter Flasche nicht allmählich heraustropft. Achten Sie darauf, daß die Saugergröße für das Kätzchen geeignet ist. Man greift dem Kätzchen um den Bauch, öffnet die Lippen leicht mit den Fingern und setzt den Sauger dazwischen. Wenn es die Milch schmeckt, wird ein gesundes, hungriges Kätzchen in der Regel anfangen, kräftig zu saugen. Ein Handtuch sorgt dafür, daß sich das Tier gegen einen Widerstand stemmen und etwas treten kann wie beim natürlichen Säugen.

□ Schwache Junge wird man senkrecht halten und ihnen die Nahrung langsam mit einer Spritze oder einer Augentropfenpipette ins Maul tun. Niemals legt man ein Kätzchen zum Füttern auf den Rücken oder spritzt ihm schnell Flüssigkeit ins Maul. Bei diesem Vorgehen kann es zum Einatmen der Flüssigkeit kommen, dem eine Lungenentzündung folgt. Wollen Sie zum Füttern eine Magensonde verwenden – das ist die schnellste Methode –, dann lassen Sie sich vom Tierarzt zeigen, wie man damit umgeht. Nach jeder Fütterung sollte man die Kätzchen anregen, Wasser zu lassen. Man feuchtet einen Wattebausch, ein Taschentuch oder ein weiches Stück Stoff mit warmem Wasser an und massiert zart aber kräftig die After- und Geschlechtsregion. Der Kot von säugenden Kätzchen ist

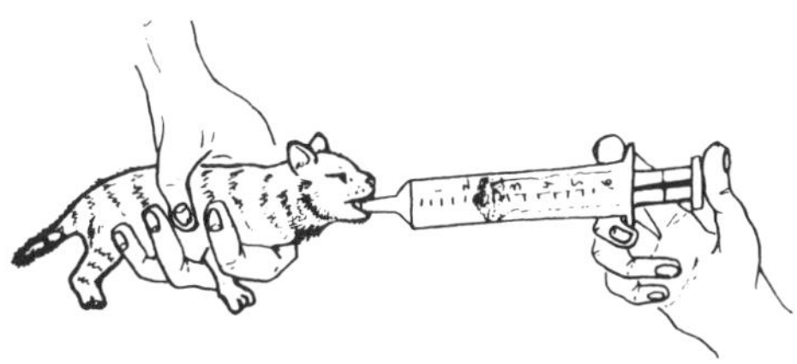

Abb. 92: Das Füttern mit der Spritze

normalerweise fest (aber nicht hart) und gelb. Stellt sich Durchfall ein, sollte man zuerst die Nahrung um etwa das $1^1/_2$fache verdünnen, indem man gekochtes Wasser dazutut. Hilft das nicht innerhalb 24 Stunden, zieht man den Tierarzt zu Rate. Das Füttern von Kuhmilch führt wegen ihres hohen Lactosegehaltes oft zum Durchfall.

5.15 Entwöhnen/Absetzen

Bei den meisten Kätzchen kann man im Alter von 3–4 Wochen mit der Entwöhnung beginnen. Man setzt eine flache Schale, die Nahrung enthält, auf den Boden der Kiste. Zuerst werden die Kätzchen hineintapsen und hineinfallen und alles verschmutzen, aber bald werden sie anfangen, darin zu schlecken. Ist diese Stufe erreicht, kann man aus proteinreicher Nahrung, Fleisch oder Eigelb-Babynahrung oder aus Katzenfertignahrung eine Suppe zubereiten, indem man alles zur ursprünglichen Nahrung hinzufügt. Wenn Sie diese Suppe füttern, kann man allmählich den Anteil der ursprünglichen Nahrung reduzieren, bis die Kätzchen feste Nahrung aufnehmen und Wasser saufen. Während sie sich daran gewöhnen, feste Nahrung zu fressen, kann man Eier, Quark, Joghurt und Fleisch zufügen. Bei Kätzchen, die eine natürliche Mutter haben, sollte man das Säugen während der Entwöhnungsphase ruhig weiterlaufen lassen, bis sie in der Lage sind, ausgewogene Mahlzeiten aus fester Nahrung allein zu fressen. Alle Veränderungen im Fütterungsmodus sollte man allmählich durchführen, um Verdauungsstörungen zu vermeiden.

□ Mit 5 Wochen haben die Kätzchen den größten Teil ihrer ersten Zähne verloren, so daß das Muttertier immer weniger gern säugt. Mit der zunehmenden Nahrungsaufnahme der Jungen reduziert das Muttertier allmählich seine eigene Nahrungsaufnahme (zumindest sollte es das tun) und verkürzt die Säugezeiten. So kann man zum vollständigen Entwöhnen kommen. Am Tag des Absetzens der Jungen sollte das Muttertier zwar Wasser, aber keine Nahrung oder nur wenig Futter erhalten. Im Laufe der folgenden 5 Tage gibt man ihm wieder etwas mehr Nahrung, bis man zur normalen Menge zurückgekehrt ist. Dadurch hilft man ihm, die Milchbildung zu verringern.

□ Verringert sich die Milchbildung nicht schnell genug und scheint die Katze darunter zu leiden, melken Sie nie Milch aus den Drüsen. Dadurch verzögern Sie die Rückbildung der Milchdrüse. Kalte Umschläge am Gesäuge können helfen, genauso wie Kampfer. Gibt es größere Schwierigkeiten, bitten Sie den Tierarzt um Hilfe.

5.16 Nabelbrüche und andere Geburtsfehler

Schwere Geburtsfehler sind bei Kätzchen selten, man sollte aber alle Tiere eines Wurfs kurz nach der Geburt untersuchen und sie auch während ihrer Entwicklung beobachten, um allmählich auftretende Anomalie zu erkennen. Anomalien, auf die man bald nach der Geburt achten muß, sind die Gaumenspalte (ein Defekt des harten Gaumens, wodurch das Saugen schwierig oder unmöglich wird), ein nichtgeöffneter Anus (ein Anus, der durch Haut überdeckt ist, so daß kein Kot abgehen kann) und der Nabelbruch (Nabelhernie).

□ Unter einer Hernie versteht man den Vorfall eines Teiles des Bauchhöhleninhaltes in eine abnorme Ausstülpung des Bauchfells und der äußeren Haut. Bei der Nabelhernie treten Fett oder innere Organe durch einen nicht vollständig verschlossenen Nabelring. Die meisten Nabelhernien bestehen von Geburt an, manche können aber auch erworben sein, wenn die Mutter die Nabelschnur zu kurz abgebissen hat oder wenn auf andere Weise mit der Nabelschnur unvorsichtig umgegangen wurde. Nabelhernien sind bei Kätzchen meist klein und werden mit zunehmendem Alter oft noch kleiner. Gewöhnlich bedarf es keiner chirurgischen Korrektur. Haben Ihre Kätzchen große Nabelhernien oder Hernien, die Sie mit Ihrem Finger in die Bauchhöhle drücken können, dann beraten Sie sich mit Ihrem Tierarzt über die Notwendigkeit einer Operation.

□ Treten Schwierigkeiten nach den ersten drei Lebenswochen auf, hängen sie meist mit dem Laufenlernen zusammen. Wenn Kätzchen noch in der Gebärmutter mit dem Panleukopenievirus infiziert wurden, kann sich daraus eine Bewegungsstörung ergeben. Es gibt aber viele andere Gründe für derartige Koordinationsstörungen. Wenn Sie solche Störungen beobachten, dann sollte der Tierarzt hinzugezogen werden.

5.17 Infektiöse Bindehautentzündung (Konjunktivitis, Ophthalmia Neonatorum)

Anzeichen von Bindehautinfektion entdeckt man oft, wenn die Kätzchen ihre Augen öffnen (10–12 Tage alt). Dabei sieht man eine klebrige, gelbe Absonderung, die oft die Augenlider verschließt, bis Sie oder das Muttertier das wegputzen. Diese Absonderungen treten jedoch bald wieder auf. In manchen Fällen ist die Infektion so schwer, daß es zu keiner Öffnung der Augenlider kommt und das Auge selbst schwer geschädigt wird. Diese infektiöse Konjunktivitis bei Kätzchen wird durch verschiedene Bakterien und bakterienartige Erreger hervorgerufen, von denen man annimmt, daß die Kätzchen die Infektion noch in der Gebärmutter oder kurz nach der Geburt von der Mutter übernehmen.

□ Bemerken Sie eine Konjunktivitis bei Ihren Kätzchen oder öffnen sich die Augen nicht rechtzeitig, dann ist eine frühe Behandlung nötig, um Dauerschäden an den Augen zu vermeiden. Am besten nimmt man den ganzen Wurf zum Tierarzt, der Ihnen sagen kann, ob tatsächlich eine Schädigung des Auges vorliegt oder möglicherweise eintreten wird. Ist es eine einfache Infektion, dann wird er antibiotische Salbe verordnen und Sie anweisen, diese mehrmals täglich (nach dem Reinigen der Augen) in die Augen zu streichen.

6 Sie, Ihre Katze und Ihr Tierarzt

Wie man einen guten Tierarzt findet □ Die Wahl des Tierarztes ist eine der wichtigsten Entscheidungen, die Sie im Hinblick auf die Gesundheit Ihrer Katze treffen müssen. Wie auch in jedem anderen Beruf gibt es schlechte Tierärzte und gute. Ich kann Ihnen keine speziellen Regeln geben, mit denen Sie den für Ihre Katze geeigneten finden. Die folgenden Gedanken werden Ihnen aber vielleicht dabei helfen.

□ Suchen Sie sich einen Tierarzt, mit dem Sie gut auskommen. Ganz gleich, wie geschickt ein Tierarzt sein mag, Sie können die Dienste eines Menschen nicht voll ausschöpfen, den Sie persönlich nicht mögen oder der Ihnen unangenehm ist.

□ Ein guter Tierarzt erklärt Ihnen die Dinge gründlich, und zwar so, daß Sie sie verstehen können. Erfolgreiche Tierärzte werden meist stark in Anspruch genommen, dadurch ist ihre Zeit knapp. So kann es manchmal geschehen, daß Ihr Tierarzt in Eile ist oder nicht dazu kommt, Ihnen gewisse Dinge gründlich auseinanderzusetzen. Ich halte das für verständlich, aber wenn es vorkommt und wenn Sie das stört, dann lassen Sie es Ihren Tierarzt wissen.

□ Zwingende Gründe, Erklärungen in einer reinen Fachsprache abzugeben, gibt es nicht. Die medizinische Fachsprache ist zwar genauer, sie kann aber für die meisten Katzenbesitzer verwirrend sein, und deshalb sollte man Fragen dieser Art soweit möglich mit allgemein verständlichen Ausdrücken klären. Tierärzte, die sich ständig auf ihre medizinische Sprache verlassen, wenn sie über die Gesundheit Ihrer Katze reden, sind entweder sehr von sich selbst eingenommen oder versuchen, Sie irgendwie hinters Licht zu führen. Manchmal allerdings ist ihnen die medizinische Nomenklatur so geläufig, daß sie die Unkenntnis des Laien vergessen. Haben Sie also Schwierigkeiten, Ihren Tierarzt zu verstehen, dann sagen Sie es und verlangen Sie eine verständlichere Erklärung. Der gute Tierarzt wird eine höfliche Bitte anerkennen und auf sie eingehen.

□ Gute und schlechte Tierärzte gibt es in allen Altersstufen. Erliegen Sie nicht dem Trugschluß, daß ein alter Tierarzt mehr und ein junger weniger weiß oder umgekehrt. Gewöhnlich haben Tierärzte, die eine Weile praktizieren, mehr Erfahrung, aber vergessen Sie nicht, daß nicht jeder aus der Erfahrung lernt. Ein frisch Graduierter verfügt oft über ein besseres Wissen der neu verfügbaren Techniken, er kann aber ungeschickt und unsicher erscheinen. Behalten Sie dies im Sinn und versuchen Sie, Ihren Tierarzt nach der Qualität der Versorgung, die er Ihrem Tier angedeihen läßt, zu bewerten. Die besten Tierärzte verbessern laufend ihre Fähigkeiten, indem sie sich in ihrer Praxis weiterbilden werden.

□ Bereits beim ersten Besuch in der Praxis können Sie einen neuen Tierarzt beurteilen. Sie müssen ihn am besten persönlich kennenlernen, und man sollte nicht von Ihnen verlangen, daß Sie Ihre Katze zurücklassen und später wiederkommen oder daß eine Hilfskraft die ganze Sache regelt. Die Leute, die mit Ihrem Haustier umgehen, sowohl Helfer als auch Tierärzte, müssen es verstehen, nur ein Minimum an Zwang beim nervösen Tier anwenden, es sei denn, der Versuch, mit dem Tier Freundschaft zu schließen, bleibt erfolglos. Eine gründliche Untersuchung sollte durchgeführt werden, und man sollte Ihnen wesentliche Fragen zur Krankengeschichte der Katze stellen. Wenn Ihre Katze nicht sehr oft beim Tierarzt ist, sollte bei jedem Arztbesuch eine allgemeine Untersuchung durchgeführt werden.

□ Die saubere Praxis und neue Geräte deuten oft auf eine gute veterinärmedizinische Versorgung hin. Lassen Sie sich aber nicht durch ein imponierendes Vorzimmer täuschen. Bei passender Gelegenheit werden es Ihnen die meisten guten Tierärzte erlauben, sich die ganze Klinik oder Praxis anzuschauen. Wer nichts zu verbergen hat, wird das jedenfalls tun. Manche Tierärzte verfügen über raffinierte technische Einrichtungen, verwenden sie aber nicht oder nur unzulänglich. Tierärzte in kleinen Städten oder auf dem Lande haben unter Umständen in ihrer Praxis keinen Bedarf an teuren, speziellen Geräten. Versuchen Sie wiederum, Ihren Tierarzt nach der Art, wie er medizinische Dinge praktiziert, zu beurteilen und nicht nach dem äußeren Schein.

□ Einen Tierarzt nach seinem Honorar zu beurteilen, ist genauso schwierig, wie nach der Art der technischen Einrichtungen in seiner Praxis. Wie hoch eine vernünftige Liquidation zu sein hat, hängt von der Lage und von der Art der Praxis ab. Im allgemeinen ist es vernünftig davon auszugehen, daß veterinärmedizinische Dienstleistungen in Kliniken, in denen die neuesten Geräte und spezialisierte Leistungen zur Verfügung stehen, teurer sind. Denn es kostet den Tierarzt mehr, derartige Dienstleistungen aufrechtzuerhalten. Vergessen Sie nicht, daß die meisten Tierärzte – im Gegensatz zu den Humanmedizinern – für ihre Patienten keine großen zentralen Krankenhäuser zu bieten haben, an denen eine spezielle Versorgung möglich ist, sondern daß sie dies selbst garantieren müssen. Falls Sie sich über die Höhe der Rechnung Gedanken machen, dann sprechen Sie Ihren Tierarzt daraufhin an, wenn er nicht selbst darauf kommt. Tierärzte, die keine speziellen Geräte einsetzen können, müssen einen Teil ihrer Fälle überweisen. Ein guter Tierarzt kennt seine eigenen Grenzen. Tierärzte, die nicht überweisen, wenn man sie darum bittet, versuchen möglicherweise, ihre eigenen Unzulänglichkeiten zu verbergen.

□ Suchen Sie sich einen Tierarzt, der auch im Notfall dienstbereit ist oder Sie an einen Notfalldienst überweisen kann. In manchen Städten ist ein tierärztlicher Bereitschaftsdienst organisiert. Erkundigen Sie sich danach, wie das in Ihrer Wohngegend organisiert ist, solange Ihre Katze gesund ist; dann werden Sie keine kostbare Zeit vergeuden, wenn tatsächlich ein Notfall auftritt.

□ Wenn Sie einmal einen Tierarzt gefunden haben, der Ihnen zusagt, dann können Sie noch mehr tun, um zu einer erfolgreichen Zusammenarbeit zu kommen. Wie andere Menschen, so neigen auch Tierärzte dazu, *den* Leuten die besten Dienste zu leisten, die zu ihnen nett, also gute Klienten, sind.

Wie man ein guter Klient ist □ Da auch Tierärzte Menschen sind und als solche weder unfehlbar noch unermüdlich, schätzen sie etwas Einfühlungsvermögen Ihrerseits. Wenn Sie ein paar Grundsätze des höflichen Umgangs bewahren und versuchen, sie auch anzuwenden, werden die meisten Tierärzte auf diese Zeichen der Anerkennung antworten, indem sie ihr Bestes geben.

□ Vergibt Ihr Tierarzt Termine, dann seien Sie pünktlich. Dadurch bleibt er in seinem Zeitplan und erspart anderen Patienten besonders lange Wartezeiten. Vermeiden Sie es, ohne einen Termin zu haben, »einfach mal hereinzuschauen«. Ist Ihr Tier krank und können Sie keinen weiteren Tag warten, dann rufen Sie vorher an. Um Routinebehandlungen durchführen zu lassen, etwa eine Impfung oder eine Wurmkur, sollten Sie nicht unvorangemeldet kommen, wenn Ihr Tierarzt eine Terminpraxis hat. Und wenn Sie kommen, dann bringen Sie doch bitte Ihre Katze in einer Tragetasche oder an der Leine, um Unfälle und Störungen im Wartezimmer auszuschließen.

□ Vermeiden Sie es, Ihre Katze zur Behandlung dazulassen, wenn Ihr Tierarzt es nicht verlangt. Die meisten Leute würden nie auf den Gedanken kommen, ihr Kind beim Kinderarzt zu lassen, während viele zu erwarten scheinen, daß Tierärzte eine Art »Kundendienst« mit gutem Erfolg praktizieren können. In der Regel erfährt Ihre Katze eine bessere Behandlung, wenn Sie die Krankheit mit Ihrem Tierarzt besprechen, während er untersucht. Ist Ihr Tier sehr krank und ist es für Sie unmöglich, auf einen Praxisbesuch zu warten, dann rufen Sie zuvor an und besprechen Sie die Sache zuerst mit dem Tierarzt. Er wird Sie bei der häuslichen Behandlung beraten und zumindest die Behandlung etwas ruhiger angehen können, als wenn Sie plötzlich bei ihm auftauchen und das Tier in letzter Minute bei ihm abgeben möchten.

□ Wenn kein ausgesprochener Notfall vorliegt, dann stören Sie Ihren Tierarzt nicht nachts oder in den Ferien oder in seiner Freizeit. Haben Sie über die Schwere einer Erkrankung im Hinblick auf einen möglichen Notfall Zweifel, dann rufen Sie an, aber rufen Sie nicht an, um allgemeine Informationen zu bekommen.

□ Erwarten Sie nicht von Ihrem Tierarzt, daß er telefonisch oder schon nach einer Routineuntersuchung Diagnosen stellt. Erwarten Sie auch nicht, daß die Tierklinik eine Apotheke ist, die Medikamente nur nach Bedarf austeilt. Zuverlässige Tierärzte, die an der Gesundheit Ihrer Katze interessiert sind, wollen Ihr Tier untersuchen und benötigen vielleicht Labortests, ehe sie Medikamente verschreiben oder eine Diagnose stellen. All das ganz unabhängig davon, wie klar Ihnen selbst die Krankheitserscheinungen sind. Man tut das nicht, um Sie zu ärgern, sondern um Ihre Katze und um sich selbst zu schützen. Sie dürfen nicht das Gefühl haben, daß der Tierarzt nie zur telefonischen Beratung bereit wäre. Aber seien Sie bitte auch bereit, ihm ein paar verläßliche Informationen zu liefern. Wenn Sie ihm mitteilen können, ob Ihre Katze Fieber hat oder nicht, worin die allgemeinen Anzeichen der Erkrankung oder Verletzung bestehen und wie lange diese Anzeichen schon vorliegen, dann wird er wahrscheinlich bereit sein, trotz seines gedrängten Terminkalenders, Ihnen am Telefon einige Ratschläge zu geben. Wenn Sie ihm aber derartige Informationen nicht anbieten können, dann seien Sie nicht überrascht, wenn er Ihnen sagt, daß es nicht möglich ist, Ihnen telefonisch zu helfen.

□ Lassen Sie Krankheitserscheinungen nicht tagelang anhalten, bevor Sie einen Tierarzt zu Rate ziehen, ganz gleich, ob Sie sie zu Hause behandeln oder nicht. Für den Tierarzt ist es äußerst frustrierend zuzusehen, wie ein Tier nach einer Krankheit stirbt, die erfolgreich hätte behandelt werden können, wenn eine fachmännische Versorgung früher eingesetzt hätte.

□ Wenn Sie ihn zu Rate gezogen haben, dann folgen Sie bitte seinen Anweisungen. Es ist ausgesprochen ärgerlich, wenn sich jemand über die Unwirksamkeit einer Behandlung beklagt und wenn sich herausstellt, daß das Medikament nicht oder nur unzulänglich gegeben wurde. Haben Sie Schwierigkeiten, den Anweisungen zu folgen, dann benachrichtigen Sie den Tierarzt, aber hören Sie nicht ohne seinen Rat mit der Behandlung auf.

□ Lernen Sie Ihren Tierarzt im Interesse der Gesundheit Ihres Tieres nutzen. Seien Sie gewiß, daß Hilfe da ist, wenn sie gebraucht wird; benutzen Sie aber dieses Buch zusammen mit Ihrer Geduld und Ihrem gesunden Menschenverstand, um den größten Teil der Verantwortung für die Gesundheit Ihrer Katze selbst zu tragen. Dieses Buch ist gedacht als eine Art Hilfsmittel, um Ihnen die Grenzen Ihrer Verantwortlichkeit abstecken zu helfen. Sie sollten daraus erfahren, wann Sie sich auf die Fähigkeiten des Tierarztes zu verlassen haben. Benutzen Sie es so, dann betreiben Sie

Präventivmedizin, Sie werden Erkrankungen und damit zusätzlichen Tierarztrechnungen vorbeugen. Vergessen Sie nicht, daß Ihre Beziehung zur Katze, Ihre Stimmungen und Ihre Einstellung zu deren Gesundheit und Wohlergehen die entscheidenden Faktoren sind, wenn es um Gesundheitspflege und um die Wirksamkeit Ihres Tierarztes geht. Wenn es Ihnen gelingt, die Sorge für Ihr Tier mit einem intuitiven Verständnis und mit dem Wissen, das Sie aus diesem Buch bezogen haben, zu verbinden, dann werden Sie unnötige Aufregungen vermeiden, und es wird sich eine reifere, um die Gesundheit orientierte Beziehung zwischen Ihnen, Ihrer Katze und Ihrem Tierarzt herausbilden.

Sachverzeichnis

Verhaltensstudien an Katzen

Von Prof. Dr. Paul Leyhausen, Wuppertal.
4. Auflage. 1975. 232 Seiten mit 119 Abbildungen. Kartoniert DM 48,–

Durch Körpersprache und mit ihrem modulierfähigen Stimmorgan können sich Katzen gut verständlich machen. Das sind Lebensäußerungen, die leicht zu deuten sind. Darüber hinaus aber wird der anspruchsvolle Katzenliebhaber noch mehr über das Verhalten seines Tieres und dessen artspezifische Besonderheiten wissen wollen. Er findet es in diesem Buch von Professor Paul Leyhausen, der sich seit mehr als dreißig Jahren mit der wissenschaftlichen und systematischen Erforschung des Verhaltens von Katzen beschäftigt. Seine Experimente, Beobachtungen und Erfahrungen hat er in diesem so überaus erfolgreichen Buch zusammengefaßt.
Im Mittelpunkt der Darstellung steht das Verhalten der Hauskatze, jedoch wurde auch vergleichenden Betrachtungen über Beobachtungen an anderen Katzenarten Raum gegeben. Das Buch ist in zwei Hauptabschnitte »Das Verhalten zur Beute« und »Das Sozialverhalten« gegliedert, in denen das Thema mit vielen anschaulichen Fotos und Skizzen verdeutlicht wird. Von der Annäherung an die Beute, über das Ergreifen, Töten und Verzehren der Beute bis zu Bemerkungen über die Entwicklung der Beutefanghandlungen erstreckt sich der erste Abschnitt, während im zweiten Abschnitt die verschiedenen Formen des sozialen Verhaltens der Katze ausführlich erläutert werden; dazu gehören u. a. das Droh-, Angriffs-, Kampf- und Abwehrverhalten, Revierverhalten und Rangordnung, das Verhalten gegenüber vertrauten Personen, das Sexualverhalten und die Aufzucht der Jungen. Dabei findet jeder an der Psychologie der Katze interessierte Tierfreund aufschlußreiche und wertvolle Hinweise für den Umgang mit Katzen. Das Buch von Professor Leyhausen wird mit Recht als Standardwerk bezeichnet.

Verlag Paul Parey · Berlin und Hamburg